CONSIDERAÇÕES SOBRE O

GOVERNO REPRESENTATIVO

Título original: *Considerations on Representative Government*

Direção Editorial *Ethel Santaella*
Tradução *Débora Ginza e Rita de Cássia Gondim*
Revisão *Rita Del Monaco*
Texto de capa *Dida Bessana*
Diagramação *Demetrios Cardozo*
Imagem de Capa *Nuvolanevicata / Shutterstock.com*

Dados Internacionais de Catalogação na Publicação (CIP)
(Câmara Brasileira do Livro, SP, Brasil)

Mill, John Stuart, 1806-1873
Considerações sobre o governo representativo / John Stuart Mill ; tradução Débora Ginza e Rita de Cássia Gondim. -- São Paulo : Lafonte, 2021.

Título original: Considerations on representative government
ISBN 978-65-5870-193-4

1. Democracia direta - Filosofia 2. Governo representativo - Filosofia 3. Governo representativo e representação I. Título.

21-85205 CDD-321.801

Índices para catálogo sistemático:

1. Governo democrático : Ciência política 321.801

Cibele Maria Dias - Bibliotecária - CRB-8/9427

Editora Lafonte

Av. Profª Ida Kolb, 551, Casa Verde, CEP 02518-000, São Paulo-SP, Brasil - Tel.: (+55) 11 3855-2100,
Atendimento ao leitor (+55) 11 3855- 2216 / 11 – 3855 - 2213 – *atendimento@editoralafonte.com.br*
Venda de livros avulsos (+55) 11 3855- 2216 – *vendas@editoralafonte.com.br*
Venda de livros no atacado (+55) 11 3855-2275 – *atacado@escala.com.br*

Impressão e Acabamento
Gráfica Oceano

STUART MILL

CONSIDERAÇÕES SOBRE O GOVERNO REPRESENTATIVO

TRADUÇÃO
DÉBORA GINZA E RITA DE CÁSSIA GONDIM

Lafonte

2021 - BRASIL

Índice

Índice

APRESENTAÇÃO

Em seu livro *Considerações sobre o governo representativo*, Stuart Mill anuncia a forma de governo que considera ideal, dizendo que uma doutrina melhor seria possível se pudesse ser adotada tanto por um liberal quanto por um conservador, sem que nenhum deles renunciasse aos valores de suas crenças. Tal doutrina seria a do governo representativo, que não ameaçaria os conservadores, porque não seria totalmente democrática e satisfaria os liberais, pois o poder absoluto do rei seria limitado. Este governo teria uma assembleia representativa cuja função seria a de observar e controlar o governo, tornando seus atos conhecidos pelo público e conduzindo uma completa exposição e justificação de todos aqueles atos que fossem considerados condenáveis; e se os homens que constituíssem o governo abusassem de seu mandato ou o cumprissem de modo contrário ao deliberado pela nação, deveriam ser expulsos do gabinete, e seus sucessores deveriam ser, expressa ou virtualmente, nomeados. De acordo com Mill, a "máquina política" não age por si mesma, ela precisa ser operada por homens, e para que isso aconteça, a população deve escolher a forma de governo assim como desejar e ser capaz de manter o sistema em funcionamento, para que possa atingir os objetivos. Portanto, a forma de governo é uma questão de escolha e depende do desenvolvimento intelectual e da consciência de cada indivíduo e de cada povo. Mill também reconhece que há profundas forças sociais que atuam sobre o processo político, e algumas delas baseiam sua força na existência de uma maioria no poder. De modo geral, a melhor forma de governo para uma determinada sociedade seria aquela na qual se produz a maior quantidade de consequências benéficas imediatas ou posteriores. Um governo completamente popular, de acordo com Mill, seria o único que poderia atender a essa exigência por dois motivos: o primeiro é que os direitos e interesses só estão realmente seguros nas mãos do próprio interessado, e o segundo é que a prosperidade geral está diretamente relacionada com a quantidade e a variedade das energias empenhadas em promovê-la.

Débora Ginza

PREFÁCIO

Aqueles que me deram a honra de ler meus trabalhos anteriores provavelmente não terão uma forte impressão com a novidade do presente volume, pois os princípios são os mesmos que já venho desenvolvendo durante a maior parte de minha vida, e a maioria das sugestões práticas já foram antecipadas por outros e por mim mesmo. A novidade está, contudo, no fato de reuni-los e apresentar suas respectivas conexões; acredito, também, que grande parte servirá de apoio para tais princípios. Várias opiniões sobre todos os eventos, se não forem inovadoras, provavelmente serão pouco aceitas no presente momento como deveriam ser.

Contudo, me parece que, a partir de várias indicações e de alguns recentes debates sobre a Reforma do Parlamento, tanto os Conservadores quanto os Liberais (se posso continuar a chamá-los da forma como eles mesmos ainda se denominam) perderam a confiança nas crenças políticas que eles nominalmente professam, uma vez que nenhum dos dois lados obteve progresso em fornecer uma crença melhor. Porém, uma doutrina melhor deve ser possível; não um simples compromisso, separando as diferenças de cada lado, mas algo mais amplo, em virtude de sua abrangência, pode ser adotado tanto por um Liberal quanto por um Conservador, sem nenhum ter de renunciar os valores das próprias crenças. Quando tantas pessoas obscuramente sentem a falta de tal doutrina e somente alguns têm coragem de assumir o que obtiveram, qualquer um pode – sem presunção sobre os próprios pensamentos e com o melhor que conhecem dos pensamentos de outros – ser capaz de contribuir para a formação de tal doutrina.

CAPÍTULO I

ATÉ QUE PONTO AS FORMAS DE GOVERNO SÃO UMA QUESTÃO DE ESCOLHA

Todas as especulações sobre as formas de governo toleram a impressão, mais ou menos restrita, de duas teorias conflitantes quanto às instituições políticas; ou, para dizer mais adequadamente, os conceitos conflitantes sobre o que são instituições políticas.

Para algumas mentes, o governo é compreendido como uma arte rigorosamente prática, não levantando questões que não sejam aquelas sobre os meios e um propósito. As formas de governo são incorporadas a qualquer outro recurso para obter os objetivos humanos. Tais formas são consideradas no todo como um assunto de invenção e artimanha. Uma vez que elas são feitas pelo homem, assume-se que este homem tem o direito de escolher fazê-las ou não, assim como de escolher de que modo e padrão elas serão feitas. O governo, de acordo com essa concepção, é um problema a ser resolvido como qualquer outra questão de negócios. O primeiro passo é definir os propósitos que os governos devem alcançar. O próximo passo é consultar qual forma de governo é a mais adequada para atingir tais propósitos. Uma vez que tenhamos respondido satisfatoriamente esses dois pontos e determinado a forma de governo que combina a maior quantidade de bem com a menor de mal, o que resta é obter a cooperação de nossos compatriotas ou daqueles para quem as instituições são feitas com a opinião particular que obtivemos. Encontrar a melhor forma de governo, persuadir outros de que esta é a melhor e tendo feito isso, convencê-los a adotá-la é a ordem de ideias nas mentes daqueles que adotam esse ponto de vista de filosofia política. Eles observam uma constituição do mesmo modo (dependendo da escala utilizada) que observariam uma máquina a vapor ou uma debulhadora.

A esses princípios se opõe um outro tipo de argumentadores políticos, que estão longe de assimilar uma forma de governo a uma máquina, e que consideram o governo como um tipo de produto espontâneo e a ciência de governo como um ramo (como dizem) da história natural. De acordo com eles, as formas de governo não são uma questão de escolha. Nós devemos adotá-las, essencialmente, como as encontramos. Os governos não podem ser construídos com base em um projeto premeditado. Eles "não são feitos, mas cultivados". Nossa parte, como em outros fatos do universo, é familiarizar-se com as propriedades naturais dessas formas de governo e nos adaptarmos a elas. As instituições políticas fundamentais de um povo são consideradas por esta escola filosófica como um tipo de produto de seus hábitos, instintos e desejos inconscientes, e quase nunca levando em consideração seus propósitos. O desejo deles não faz parte da questão, eles só querem atender às necessidades do momento através dos artifícios do momento, e se esses artifícios estiverem de acordo com os sentimentos e o caráter nacionais, geralmente duram, e por sucessivas agregações constituem uma política, adequadas ao povo que os possui. Porém, seria em vão tentar acrescentá-los em qualquer povo cuja natureza e circunstâncias não tivessem sido espontaneamente desenvolvidas.

É difícil decidir qual dessas doutrinas seria a mais absurda, se pudéssemos considerar que cada uma apresenta uma teoria exclusiva. Mas os princípios que os homens professam sobre qualquer assunto polêmico são geralmente uma representação bem incompleta de suas opiniões. Ninguém acredita que cada povo é capaz de desenvolver todo tipo de instituição. Fazendo a analogia dos artifícios mecânicos como iremos fazer, um homem nem mesmo escolhe um instrumento de madeira e ferro em seu estado natural que seja o melhor. Ele considera se esse possui os outros requisitos, que combinados com tal instrumento serão de utilidade vantajosa e, em particular, se as pessoas que irão trabalhar com esse material possuem o conhecimento e habilidades necessários para seu manuseio. Por outro lado, aqueles que falam de instituições não o fazem como se estas fossem um tipo de organismo com vida própria, mas realmente como fatalistas políticos que eles mesmos divulgam ser. Eles não alegam que a humanidade não tem absolutamente nenhuma esfera de escolha quanto ao governo sob o qual irá viver, ou que uma consideração sobre as consequências que fluem de várias formas de política não seja nenhum elemento utilizado para decidir qual destas formas seria a melhor. Porém, embora cada lado exagere grandemente a própria teoria, por oposição à outra, e nenhum dos lados mantém-se sem modificar o outro, as duas doutrinas correspondem a uma diferença arraigada entre dois modos de pensamento; e, embora seja evidente que nenhuma delas está inteiramente correta, assim como não é evidente que nenhuma esteja completamente errada, devemos nos empenhar para chegar à raiz de cada uma e tirar proveito da quantidade de verdade existente em cada uma delas.

Em primeiro lugar, vamos lembrar que as instituições políticas (embora a proposta possa ser ignorada algumas vezes) são criadas pelos homens; elas devem a sua origem e total existência ao desejo humano. Os homens não acordaram em uma manhã de verão e encontraram tais instituições prontas. Elas também não são árvores, que, uma vez plantadas, "continuam crescendo" enquanto os homens "estão dormindo". Em cada estágio de sua existência, elas são feitas do modo como são pelo esforço voluntário do ser humano. Portanto, assim como todas as coisas que são feitas pelos homens, elas podem ser bem ou mal feitas; o julgamento e a habilidade podem ter sido exercitados para produzi-las, ou o contrário deles. E, novamente, se um povo omitiu-se, ou devido a pressões externas não teve poder, de fazer a própria constituição através da tentativa de aplicar uma correção para cada mal quando este surgisse, ou, como sofredores, ganhar força para resistir a ele, esse retardo do progresso político é, sem dúvida, uma grande desvantagem para eles, mas não prova que o que pode ser considerado bom para os outros não seria bom para eles também e não será assim quando eles acharem que podem colocar sua constituição em prática.

Por outro lado, deve-se ter em mente que a máquina política não age por si própria. Uma vez criada, ela deve ser desenvolvida pelos homens e até mesmo pelos homens comuns. Ela requer, não simplesmente o consentimento deles, mas sua participação ativa; e deve ser ajustada às capacidades e qualidades de tais homens. Isso implica três condições. O povo para quem a forma de governo se destina deve desejar aceitá-la; ou pelo menos, se não desejar tal forma de governo, não se opor a ela a ponto de essa oposição ser um obstáculo intransponível. Esse povo deve desejar e ser capaz de fazer o que é necessário para mantê-la funcionando. Ele também deve desejar e ser capaz de fazer o que é exigido dele para atingir os objetivos dessa forma de governo. A palavra "fazer" deve ser entendida como abstenções e também atitudes. As pessoas devem ser capazes de cumprir as condições de ação e as condições de autocontrole que são necessárias tanto para manter a política estabelecida quanto para possibilitar que atinja seus objetivos, suas tendências com as quais forma suas recomendações.

A falha de qualquer uma dessas condições causa uma forma de governo, qualquer que seja a promessa favorável que elas possam manter, inadequada para o caso em particular.

O primeiro obstáculo, a repugnância da população a uma forma de governo em particular, precisa de pouca ilustração, porque nunca poderá ser teoricamente desconsiderada. O caso é de ocorrência perpétua. Nada a não ser a força estrangeira poderia induzir uma tribo de índios norte-americanos a submeterem-se ao controle de um governo regular e civilizado. O mesmo poderia ser dito, embora em menor escala, dos bárbaros que invadiram o Império Romano. Foram necessários séculos e uma mudança total de circunstâncias para discipliná-los, em uma obediência regular até mesmo em relação a seus líderes, quando eles não estavam realmente servindo a seu país. Existem nações que não irão voluntariamente submeter-se a qualquer governo, a não ser o de certas famílias, que há muito tempo têm o privilégio de comandar. Algumas nações não poderiam, exceto por conquista estrangeira, suportar uma monarquia; outras são igualmente contrárias à república. O impedimento frequentemente resulta, com o passar do tempo, em impraticabilidade.

Há casos, porém, nos quais uma população, embora não seja contrária a uma forma de governo – possivelmente até aceite tal forma –, pode não desejar ou não ser capaz de cumprir suas condições. A população pode ser incapaz de cumprir tais condições mesmo que elas sejam necessárias para manter até mesmo a existência nominal do governo. Embora as pessoas prefiram um governo livre, devido à negligência, indiferença, covardia ou falta de patriotismo, elas são incapazes de realizar os esforços necessários para preservá-lo; se elas não lutarem por esse governo quando diretamente atacado; se elas forem iludidas pelos artifícios utilizados para enganá-las, se por um desânimo momentâneo, ou pânico temporário, ou entusiasmo por um indivíduo, elas forem induzidas a colocar sua liberdade aos pés de um grande homem ou lhe conferir poder, permitindo que ele destrua suas instituições; em todos esses casos, essas pessoas são mais ou menos desqualificadas para a liberdade: e, embora possa ser para o bem delas possuir tal liberdade, mesmo por um curto período de tempo, elas provavelmente não irão apreciá-la. Novamente, podemos dizer que um povo pode não ter desejo ou ser incapaz de cumprir as obrigações que uma forma particular de governo exige. Um povo rude, embora até certo ponto interessado nos benefícios da sociedade civilizada, pode ser incapaz de praticar as indulgências que essa sociedade exige: suas paixões podem ser muito violentas, ou seu orgulho pessoal muito rigoroso, para enfrentar o conflito particular e deixa para as leis a vingança de seus erros reais ou supostos. Neste caso, um governo civilizado, que realmente seja vantajoso para eles, terá de ter um grau considerável de despotismo, para ser um governo sobre o qual eles não exerçam o controle e que imponha um grande controle sobre suas ações. Um povo deve ser considerado desqualificado para uma liberdade que não seja limitada e qualificada se ele não cooperar ativamente com a lei e com as autoridades públicas na repressão de malfeitores. Um povo que está mais disposto a proteger um criminoso do que puni-lo; que, como os Hindus, juram falso testemunho para proteger um homem que os roubou, ao invés de assumir o problema ou vingar-se apresentando provas contra ele; que, assim como algumas nações da Europa até bem recentemente, se um homem apunhalava um outro em rua pública, passava pelo outro lado, porque era problema da polícia resolver o assunto e seria mais seguro não interferir no que não era assunto dele; um povo que se revolta com uma execução, mas não fica chocado com um assassinato – requer que as autoridades públicas estejam armadas com poderes muito mais severos de repressão do que em qualquer outro lugar, uma vez que os requisitos indispensáveis da vida civilizada não têm mais nada como base. Esses deploráveis estados de sentimentos, em qualquer povo que tenha saído da vida selvagem são, sem dúvida, consequência de um governo anterior ruim, que os ensinou a respeitar a lei como se ela fosse feita para outros fins que não sejam para o seu bem e seus administradores são inimigos piores do que aqueles que abertamente violam a lei. Embora pouco se possa culpar aqueles em quem tais hábitos mentais foram cultivados e embora esses hábitos possam ser basicamente eliminados por um governo melhor, eles ainda existem; um povo tão determinado não pode ser governado com pouco poder como um povo cuja solidariedade está do lado da lei e que tem desejo de ajudar ativamente a reforçá-la. As instituições representativas são de pouco valor e podem ser um simples instrumento de tirania e intriga, quando a maioria dos eleitores não estão suficientemente interessados em seu próprio governo para dar seu voto, ou, se votam, não concedem, o fazem baseados em fundamentos públicos, mas vendem seu voto por dinheiro, ou votam obedecendo alguém que os controla ou em quem eles desejam favorecer por razões particulares. A prática da eleição popular, ao invés de proporcionar segurança contra um mal governo, é uma força motriz adicional na máquina política. Além desses obstáculos morais, as dificuldades mecânicas são frequentemente um impedimento insuperável para as formas de governo. No mundo antigo, embora houvesse, e frequentemente havia, grande independência individual e local, não poderia haver nada como um governo popular regularizado além dos limites de um único município; isso porque não havia condições físicas para a formação e a propagação de uma opinião pública, exceto entre aqueles que se reuniam para discutir os assuntos públicos na mesma praça. Acredita-se geralmente que esse obstáculo seja vencido através da adoção do sistema representativo. Mas, a fim de superá-lo definitivamente, o equivalente real exigido pela imprensa e até mesmo pela imprensa jornalística, embora não seja adequado em todos os aspectos, é o sistema da Pnix[1] e do tribunal. Existem estados de sociedade nos quais até mesmo uma monarquia de grande

(1) Colina dos arredores de Atenas, utilizada na antiguidade grega como local de reunião da assembleia do povo (NT).

extensão territorial não poderia subsistir, a não ser que fosse inevitavelmente dividida em pequenos principados, que poderiam ser mutuamente independentes ou dirigidos, como um todo, por um vínculo desconexo como o do sistema feudal; isso porque a máquina da autoridade não era perfeita para fazer com que as ordens fossem cumpridas com tamanha distância entre o povo e seu governante. Esse governante dependia principalmente da fidelidade voluntária de obediência até mesmo de seu exército, pois não havia meios de fazer com que as pessoas pagassem impostos suficientes para manter a força necessária para obter a obediência em todo o território. Nestes casos e em todos os outros similares a estes, deve-se entender que o número de obstáculos pode ser maior ou menor. Os obstáculos podem ser tantos que farão com que a forma de governo funcione muito mal, sem absolutamente impossibilitar sua existência, ou impedir que seja a forma preferida entre tantas outras. Esta última questão depende sobretudo de uma consideração a qual ainda não chegamos – as tendências de diferentes formas de governo para promover o progresso.

Até agora examinamos as três condições fundamentais de adaptação das formas de governo para as pessoas que serão governadas por elas. Se os defensores do que se pode chamar de Teoria Naturalista da Política propuserem e insistirem na necessidade dessas três condições; se eles quiserem somente propor que nenhum governo pode existir permanentemente, o que não preenche a primeira e a segunda condição, e até certo ponto a terceira, sua doutrina, embora limitada, é incontestável. O que eles propuserem a mais que isso, a mim parece insustentável. Tudo que nos disseram sobre a necessidade de uma base histórica para as instituições, da necessidade de estarem em harmonia com os usos nacionais e o caráter deve realmente ser importante para atingir as três condições ou não serve para esse objetivo. Existe muito sentimentalismo conectado com essas frases e outras semelhantes, muito acima de seu significado racional. Mas, considerados na prática, esses requisitos alegados de instituições políticas são simplesmente o modo mais fácil de realizar as três condições. Quando uma instituição, ou um conjunto delas, tem seu caminho preparado por opiniões, gostos e hábitos de um povo, as pessoas não são somente mais facilmente induzidas a aceitá-la, mas irão aprender mais facilmente e estão dispostas, desde o começo, a fazer o que for necessário tanto para a preservação da instituição quanto para unir-se de tal modo que as possibilite produzir os melhores resultados. Seria um grande erro de qualquer legislador não modelar suas medidas a fim de tirar proveito de hábitos e sentimentos preexistentes, quando estes estiverem disponíveis. Por outro lado, é um exagero transformar essa simples ajuda e algumas facilidades em condições necessárias. As pessoas são mais facilmente induzidas a fazer, e fazem com mais facilidade, o que elas já estão acostumadas a fazer; mas, as pessoas também aprendem a fazer coisas novas. A familiaridade é um grande auxílio, mas a insistência em uma ideia pode torná-la familiar, mesmo que seja estranha à primeira vista. Existem exemplos abundantes nos quais um povo inteiro tornou-se ávido por coisas ainda não experimentadas. A imensa capacidade que um povo possui para fazer coisas novas e adaptar-se às novas circunstâncias é um dos elementos da questão. É uma qualidade que difere muito de nação para nação e de um estágio de civilização para outro. A capacidade de qualquer povo em preencher as condições de uma determinada forma de governo não pode ser afirmada por nenhuma regra radical. O conhecimento de um povo em particular, o julgamento prático geral e a sagacidade devem ser os guias. Há outra consideração que também não podemos perder de vista. Um povo pode estar despreparado para boas instituições; mas despertar o desejo de obter tais instituições é uma parte necessária da preparação. Recomendar e defender uma instituição em particular ou forma de governo e estabelecer suas vantagens o mais claro possível é um dos modos, geralmente o único para conseguir educar a mentalidade da nação não somente para aceitar ou reclamar, mas também para desenvolver a instituição. Que meios tinham os patriotas italianos, durante a geração passada e também a presente, de preparar o povo italiano para a liberdade em união, a não ser incitando-os a exigi-la? Contudo, aqueles que se comprometeram com tal tarefa precisam estar devidamente impressionados, não somente com os benefícios da instituição ou da política que eles recomendam, mas também com as capacidades morais, intelectuais e ativas exigidas para desenvolvê-la; o que eles precisam evitar, se possível, é despertar um desejo muito maior que a capacidade.

O resultado do que já foi dito é que, dentro dos limites estabelecidos pelas três condições tão frequentemente mencionadas, as instituições e formas de governo são uma questão de escolha. Investigar a melhor forma de governo de modo abstrato (como é chamado) não é uma utopia, mas um uso altamente prático do intelecto científico; e introduzir em qualquer país as melhores instituições, que, no estado atual daquele país, são capazes de, em um grau tolerável, atender às condições, é um dos objetivos mais racionais para o qual o esforço prático pode ser direcionado. Tudo o que pode ser dito com a depreciação da eficácia do desejo e do propósito humano em questão de governo, deveria ser dito para todas as suas outras aplicações. Em todas as coisas existem limites muito restritos para o poder humano. Tal poder será capaz somente de atuar através do controle de uma ou mais forças da natureza. Essas forças, portanto, aplicadas para o uso desejado, devem existir e somente irão atuar de acordo com as próprias leis. Não podemos fazer um rio correr para trás; porém, não dizemos que os moinhos "não são fabricados, mas desenvolvidos". Na política, assim como na mecânica, a força que mantém o motor funcionando deve ser obtida de fora da máquina; e se não estiver disponível ou for insuficiente para superar os obstáculos que podem surgir, o engenho não funcionará. Isso não é peculiaridade da arte política e somente significa dizer que essa arte está sujeita às mesmas limitações e condições como todas as outras artes.

Neste ponto encontramos outra objeção ou a mesma objeção de forma diferente. Existe o argumento de que as forças, das quais dependem os maiores fenômenos políticos, não são acessíveis para o governo dos políticos ou dos filósofos. Afirma-se que governo de um país é, em todos os aspectos substanciais, fixado e determinado de antemão pelo estado do país em relação à distribuição dos elementos de poder social. O poder mais forte na sociedade, qualquer que seja ele, irá obter a autoridade de governar, e uma mudança na constituição política não pode ser duradoura a menos que precedida ou acompanhada de uma distribuição alterada do poder na própria sociedade. Uma nação, portanto, não pode escolher sua forma de governo. Ela pode escolher os simples detalhes e a organização prática; mas a essência do todo, o lugar do poder supremo, é determinada pelas circunstâncias sociais.

Admito que existe uma parcela de verdade nessa doutrina; mas, para utilizá-la, ela deve ser reduzida a uma expressão diferente e aos limites adequados. Quando se diz que o poder mais forte na sociedade a tornará mais forte no governo, o que se entende por poder? Não músculos ou tendões; caso contrário a democracia pura seria a única forma de política que poderia existir. Devemos adicionar à mera força muscular dois outros elementos, propriedade e inteligência, e estaremos mais perto da verdade, mas ainda longe de tê-la alcançado. Não só um grande número de pessoas é mantido sob o controle de um número menor, mas este grande número pode ter uma preponderância na propriedade e individualmente na inteligência e, ainda assim, ser mantido forçosamente em sujeição ou, de outro modo, por uma minoria, em ambos os aspectos, inferior à maioria. Para tornar esses vários elementos do poder politicamente influentes, eles devem ser organizados; e a vantagem da organização é necessariamente para aqueles que estão no comando do governo. Um partido muito mais fraco, em todos os outros elementos de poder, pode prevalecer grandemente quando os poderes do governo são colocados em uma escala; e pode manter por um longo tempo essa predominância simplesmente através disso: embora, sem dúvida, um governo bem situado está em uma condição chamada na mecânica de equilíbrio instável, como algo balanceado em sua extremidade menor que ao ser agitado tende a separar-se cada vez mais ao invés de voltar ao seu estado anterior.

Mas, ainda existem objeções mais fortes a essa teoria de governo, nos termos nos quais geralmente é afirmada. O poder na sociedade que tem a tendência de transformar-se em poder político, não é o poder inerte, poder meramente passivo, mas o poder ativo; em outras palavras, o poder realmente exercido; isso quer dizer, uma pequena parte de todo poder existente. Politicamente falando, uma grande parte de todo poder existente é formada pelo desejo. Como é possível, então, calcular os elementos do poder político, enquanto nos omitimos de calcular qualquer coisa que atue sobre o desejo? Pensar que aqueles que exercem o poder na sociedade exercem também o poder do governo e, portanto, que não adianta tentar influenciar a constituição do governo através da opinião, é esquecer que a própria opinião é uma das maiores forças ativas na sociedade. Uma pessoa que possui uma crença tem um poder social igual a noventa e nove pessoas que somente estão interessadas. Aqueles que podem ter sucesso em criar uma persuasão geral sobre certa forma de governo, ou um fato social de qualquer tipo, que merece ter a preferência, possivelmente já tomaram o passo mais importante em direção à abrangência dos poderes da sociedade. No dia em que o primeiro mártir foi apedrejado até a morte em Jerusalém, enquanto ele que era o Apóstolo dos gentios "consentiu com sua morte", alguém teria suposto que o partido que estava apedrejando aquele homem era o poder mais forte na sociedade? E o acontecimento não provou que era? Isso porque o partido deles era o mais poderoso das crenças existentes na época. O mesmo elemento transformou um monge de Wittenberg[2], na reunião da Assembleia Legislativa de Worms, na força social mais poderosa que o Imperador Carlos V e do que todos os príncipes lá reunidos. Mas podemos dizer que esses são casos nos quais a religião está envolvida e as convicções religiosas são algo peculiar para o poder. Então, vamos analisar um caso puramente político, em que a religião estava completamente no lado perdedor. Se alguém precisa ser convencido de que o pensamento especulativo é um dos elementos principais do poder social, deixe-o refletir sobre a época em que raramente havia um trono na Europa que não fosse ocupado por um rei liberal e reformista, um imperador liberal e reformista, ou, o mais estranho de todos, um papa liberal e reformista; a época de Frederico o Grande, de Catarina II, de José II, de Pedro Leopoldo, de Benedito XIV, de Ganganelli, de Pombal, de Aranda; quando os primeiros conservadores de Nápoles eram liberais e reformistas e todas as mentes ativas na nobreza da França eram cheias de ideias, o que logo depois lhes custaria um alto preço. Certamente um exemplo conclusivo de quanto o simples poder físico e econômico está longe de ser o poder social de modo geral. Não foi por qualquer mudança na distribuição dos interesses materiais, mas sim pela expansão das convicções morais, que a escravidão negra chegou ao

(2) Trata-se de Martinho Lutero (1483-1546), monge, doutor em teologia, professor da Universidade de Wittenberg, reformador alemão, causando a grande cisma do cristianismo no ocidente, a partir de 1517. Suas teses contra o papado e contra o governo civil da Igreja deram origem ao movimento protestante que dividiu o cristianismo em duas facções antagônicas, especialmente na Alemanha (NT).

fim no império britânico e em todos os lugares. Os escravos na Rússia devem sua emancipação, se não a um sentimento de obrigação, pelo menos ao crescimento de uma opinião mais aprimorada que respeitava o verdadeiro interesse do Estado. O que os homens pensam determina como eles agem; e, embora as persuasões e convicções dos homens em geral sejam mais fortemente determinadas por sua posição pessoal do que pela razão, nenhum poder menor é exercido sobre eles pela persuasão e convicção daqueles cuja posição pessoal é diferente e pela autoridade unificada dos mais instruídos. Portanto, quando as pessoas mais instruídas em geral podem reconhecer uma organização social ou política ou outra instituição como boa e outra como ruim, uma como desejável e outra como condenável, muito terá sido feito para proporcionar a uma delas, ou retirar de outra, a preponderância da força social que possibilita sua existência. E, no máximo, dizer que o governo de um país é o que as forças sociais existentes o forçam a ser é somente verdadeiro no sentido de favorecer esse governo, ao invés de desencorajá-lo a tentar exercitar uma escolha racional entre todas as formas de governo que podem ser praticadas na condição existente da sociedade.

CAPÍTULO II

O CRITÉRIO PARA UMA BOA FORMA DE GOVERNO

A forma de governo que um determinado país pode escolher (dentro de certas condições definidas) deve levar em consideração o tipo de teste para o qual a escolha deve estar direcionada; quais são as características distintivas da forma de governo mais adequadas para promover os interesses de qualquer sociedade.

Antes de realizarmos essa investigação, parece necessário decidir quais são as funções apropriadas do governo; pois, uma vez que o governo é somente um meio, a elegibilidade desses meios deve depender de sua adaptação ao objetivo. Porém, esse modo de colocar o problema oferece menos ajuda à sua investigação do que se pode supor e não analisa a questão como um todo. Em primeiro lugar, as funções apropriadas de um governo não são algo fixo, mas diferentes nos diferentes estados da sociedade; muito mais abrangentes em um estado retrógrado do que em um avançado. Em segundo lugar, o caráter de um governo ou de um conjunto de instituições políticas não pode ser suficientemente estimado enquanto limitamos nossa atenção na esfera legítima das funções governamentais. Embora a boa qualidade de um governo esteja necessariamente limitada a essa esfera, infelizmente sua má qualidade não está. Todo tipo e grau de perversidade, aos quais a humanidade é suscetível, podem ser impostos por seu governo; nada de bom que a existência social seja capaz de oferecer pode ser compreendido melhor do que a constituição com a qual o governo é compatível e que permite sua obtenção. Para não falar dos efeitos indiretos, a intromissão direta das autoridades públicas não possui os limites necessários para aquelas da existência humana; a influência do governo sobre o bem-estar da sociedade pode ser considerada ou estimada em relação a nada menos que o conjunto de interesses da humanidade.

Portanto, uma vez que somos obrigados a colocar diante de nós, como um teste para o bom e o mau governo, um objetivo tão complexo como agregar os interesses da sociedade, gostaríamos imensamente de tentar fazer um tipo de classificação desses interesses, que, sendo conhecidos em grupos definidos, poderão indicar as qualidades pelas quais uma forma de governo é adequada para promover esses várias interesses respectivamente. Seria uma grande facilidade se pudéssemos dizer que o bem da sociedade consiste de tais e tais elementos; um desses elementos exige tais condições, os outros exigem essas outras condições: portanto, o melhor governo será aquele que conseguir reunir todas essas condições de maneira mais completa. A teoria de governo seria, então, construída a partir dos teoremas separados dos elementos que compõe o bom estado da sociedade.

Infelizmente, para enumerar e classificar os componentes do bem-estar social, assim como para admitir a formação de tais teoremas, não é uma tarefa fácil. Muitos daqueles que, na geração passada ou na presente, dedicaram-se à filosofia da política com qualquer intuito abrangente, sentiram a importância de tal classificação; mas as tentativas que foram feitas em realizar tal classificação estão ainda limitadas, até onde tenho ciência, a um único passo. A classificação começa e termina com a divisão das exigências da sociedade entre as duas inclinações de Ordem e Progresso (na fraseologia dos pensadores franceses[3]; Permanência e Progresso, nas palavras de Coleridge[4]). Esta divisão é plausível e encantadora, a partir da aparente oposição clara e definida entre seus dois componentes e a diferença notável entre os sentimentos que eles atraem. Mas receio que (embora aceitável para os propósitos de discurso popular) a diferença entre Ordem ou Permanência e Progresso, utilizada para definir as qualidades necessárias em um governo, não é científica e está incorreta.

(3) Alusão a Auguste Comte (1798-1857), filósofo positivista francês, e a seus seguidores; de A. Comte já foram publicadas nesta coleção da Editora Escala as obras *Reorganizar a sociedade* e *Discurso sobre o pensamento positivo*. (N. T.)

(4) Samuel Taylor Coleridge (1772-1834), poeta e filósofo inglês. (N. T.)

Primeiramente, o que significa Ordem e Progresso? No que diz respeito ao Progresso, não há nenhuma dificuldade, ou aparentemente nenhuma à primeira vista. Quando o progresso é considerado como uma das necessidades da sociedade humana, pode-se supor que seu significado seja Aprimoramento. Esta é uma ideia toleravelmente bem definida. Mas, o que significa ordem? Algumas vezes significa mais, outras menos, mas raramente o todo que a sociedade humana precisa, exceto aprimoramento.

Em seu significado mais restrito, ordem significa obediência. Dizemos que um governo preserva a ordem se ele é bem-sucedido em obter obediência. Porém, existem diferentes graus de obediência, e nem todos eles são recomendáveis. Somente um despotismo implacável ordena que os cidadãos obedeçam incondicionalmente a todas as determinações das pessoas que possuem autoridade para fazê-lo. Devemos, no mínimo, limitar a definição de tais determinações como gerais e emitidas na forma deliberada de leis. A ordem, entendida deste modo, expressa, sem dúvida, um atributo indispensável do governo. Aqueles que não são capazes de fazer com que suas ordens sejam obedecidas, não podem governar. Mas, embora esta seja uma condição necessária, esse não é o objetivo do governo. É um requisito para o governo fazer com que as pessoas obedeçam a suas ordens a fim de alcançar alguns outros objetivos. Ainda estamos procurando esse outro objetivo que o governo deve cumprir, teoricamente a partir da ideia de aprimoramento, e que deve ser cumprido em todas as sociedades, tanto estacionárias quanto progressivas.

Em um sentido mais abrangente, ordem significa a preservação da paz, por meio da interrupção da violência privada. Dizemos que a ordem existe onde o povo de um país, como regra geral, parou de resolver suas desavenças através da força privada e adquiriu o hábito de encaminhar a decisão de suas disputas e a correção de seus danos às autoridades públicas. Mas, neste uso mais amplo do termo, assim como no mais restrito, mencionado anteriormente, a ordem expressa mais de uma das condições do governo, além de seu objetivo ou critério de excelência. Pois o hábito de submeter-se ao governo e encaminhar todas as questões disputadas para sua autoridade pode ser bem estabelecido e, contudo, o modo como o governo lida com essas questões, e com outras referentes a elas, pode apresentar diferenças sobre o que é melhor ou o que é pior.

Se pretendermos resumir, na ideia de ordem, tudo aquilo que a sociedade exige de um governo, e que não está incluído na ideia de progresso, devemos definir ordem como a preservação de todos os tipos e quantidades de benefícios que já existem, e o progresso consistiria em aumentar tais benefícios. Essa diferença realmente abrange, em uma ou em outra parte, todas as coisas que podem ser exigidas de um governo. Porém, como concluímos até aqui, tal diferença não proporciona nenhuma base para uma filosofia de governo. Não podemos dizer que, ao constituirmos uma política, certas disposições devem ser feitas pela ordem e outras pelo progresso; uma vez que as condições de ordem, no sentido agora indicado, e aquelas do progresso, não são opostas, mas, sim, as mesmas. Os instrumentos que tendem a preservar o benefício social existente são os mesmos que promovem o aumento de tal benefício e vice-versa: a única diferença é que um número maior desses instrumentos é necessário para o último propósito do que para o primeiro.

Por exemplo, quais são as qualidades individuais dos cidadãos, existentes na sociedade, que levam a maioria a manter uma boa conduta, uma boa administração, sucesso e prosperidade? Todos irão concordar que tais qualidades são: a diligência, a integridade, a justiça e a prudência. Mas não são estas, entre todas as qualidades, as mais proveitosas para o aprimoramento? E qualquer desenvolvimento dessas virtudes na comunidade não é, por si mesmo, o maior dos aprimoramentos? Se assim for, quaisquer qualidades no governo que possam incentivar a diligência, a integridade, a justiça e a prudência, irão conduzir à permanência e ao progresso; simplesmente, serão necessárias mais dessas qualidades para tornar a sociedade indiscutivelmente progressiva ao invés de apenas mantê-la permanente.

Uma vez mais, quais são os atributos particulares nos seres humanos que parecem ter uma referência mais especial ao progresso e não sugerem diretamente as ideias de ordem e preservação? Eles são, sobretudo, as qualidades da atividade mental, iniciativa e coragem. Mas estas qualidades não são completamente exigidas tanto para preservar os benefícios que temos quanto para aumentá-los? Se existe algo certo nos assuntos da humanidade é que as aquisições valiosas somente serão mantidas através da continuação das mesmas energias que as obtiveram. Quando deixamos que as coisas cuidem de si mesmas, inevitavelmente elas irão decair. Aqueles nos quais o sucesso provoca o relaxamento de seus hábitos de cuidado e reflexão, e a sua espontaneidade de encontrar coisas desagradáveis, raramente mantém sua prosperidade no auge. O atributo mental que parece ser exclusivamente dedicado ao Progresso, e é o auge das tendências que levam a tal, é a originalidade ou a invenção. Contudo, isso não é menos necessário para a Permanência; uma vez que, nas mudanças inevitáveis das questões da humanidade, novas inconveniências e perigos continuam a desenvolver-se e devem ser combatidos por novos recursos e instrumentos, a fim de manter as coisas em andamento mesmo que seja somente como elas eram anteriormente. Portanto, quaisquer que sejam as qualidades em um governo que tendem a encorajar a atividade, a energia, a coragem e a originalidade, são requisitos de permanência assim como de progresso; somente algumas delas serão, geralmente, menos suficientes para o primeiro propósito do que para o último.

Passando agora dos requisitos mentais para os requisitos externos e objetivos da sociedade, é impossível apontar qualquer instrumento na política, ou classificação de assuntos sociais, que possa conduzir somente à ordem ou somente ao progresso; quaisquer que sejam tais instrumentos, eles tendem a incentivar ambos. Vamos considerar, por exemplo, a instituição comum da polícia. A ordem é o objetivo que parece ser de interesse mais imediato na eficiência dessa parte da organização social. Contudo, se é eficiente incentivar a ordem, isto é, reprimir o crime e possibilitar que todos se sintam seguros, tanto quanto à sua pessoa quanto à sua propriedade, pode o estado das coisas ser mais proveitoso para o progresso? A maior segurança para a propriedade é uma das condições principais e razão para uma maior produção, e, isto é progresso em seu aspecto mais familiar e comum. Uma melhor repressão do crime reprime as disposições que levam ao crime e, isto é progresso em um sentido mais elevado. A desobrigação do indivíduo com os cuidados e ansiedades de um estado de proteção imperfeita, liberta suas aptidões para que sejam utilizadas em qualquer novo esforço a fim de aprimorar seu próprio estado e o estado das outras pessoas; enquanto que o mesmo motivo, ligando-o à existência social e fazendo com que ele não veja seus companheiros como inimigos no momento presente e futuro, favorece todos aqueles sentimentos de bondade e amizade em relação aos outros e o interesse no bem-estar geral da comunidade, que são partes importantes do aprimoramento social.

Novamente, vamos observar o caso familiar de um bom sistema de impostos e finanças. Tal sistema geralmente seria classificado como pertencente a um assunto de ordem. Contudo, o pode ser mais proveitoso para o progresso? Um sistema financeiro que incentiva a ordem, conduz, pelas mesmas excelências, ao progresso. A economia, por exemplo, igualmente preserva o estoque existente de riqueza nacional e favorece a criação de mais riquezas. Uma distribuição justa de encargos, exigindo de todo cidadão um exemplo de moralidade e consciência digna aplicada em difíceis ajustes e uma evidência de valor que as autoridades mais elevadas atribuem a estes, leva a um grau eminente para educar os sentimentos morais da comunidade, tanto no que se refere à força quando à parcialidade. Esse modo de arrecadar impostos a não impedir a diligência do cidadão ou não interferir em sua liberdade incentiva não somente a preservação, mas também o aumento da riqueza nacional além de encorajar um uso mais ativo das aptidões individuais. E vice-versa, todos os erros nas finanças e cobranças de impostos que obstruem o aprimoramento da população em relação às riquezas e à moral, quando realizados de maneira grave, também podem causar efetivamente o empobrecimento e a desmoralização das aptidões individuais. Em resumo, afirma-se universalmente que quando a ordem e a permanência são observadas em seu sentido mais amplo, para a estabilidade das vantagens existentes, os requisitos do Progresso são os mesmos requisitos da Ordem em grau mais elevado; e os requisitos da Permanência, assim como os do Progresso, são necessários em uma medida menor.

Sustentando a posição de que a Ordem é intrinsecamente diferente do Progresso, e que a preservação dos benefícios existentes e aquisição de benefícios adicionais são suficientemente diferentes para fornecer uma base de classificação fundamental, devemos talvez nos lembrar que o progresso pode estar à custa da ordem; enquanto estamos adquirindo ou tentando adquirir benefícios de qualquer tipo, podemos estar perdendo a base em relação aos outros; portanto, pode haver progresso na riqueza, enquanto há deterioração nas virtudes. A partir desse fato, o que se pode provar é que o Progresso não é genericamente uma coisa diferente da Permanência, mas a riqueza é algo diferente da virtude. O progresso é a permanência e algo mais; e não podemos considerar como resposta o fato de dizer que o progresso em alguma coisa não implica permanência em todas as coisas. Não mais do que o progresso em alguma coisa implica progresso em todas as coisas. O progresso de qualquer tipo implica progresso em todas as coisas; quando a permanência é sacrificada por causa de um tipo em particular de progresso, outro progresso será ainda mais sacrificado; e, se o sacrifício não valer a pena, não somente o interesse pela permanência será desconsiderado, mas também o interesse geral pelo progresso será mal interpretado.

Se estas ideias impropriamente contrastadas devem ser utilizadas na tentativa de oferecer um início de exatidão científica para a noção de um bom governo, seria filosoficamente correto eliminar a definição da palavra Ordem e dizer que o melhor governo é aquele que é mais proveitoso para o progresso. Pois, o progresso inclui ordem, mas a ordem não inclui o progresso. O progresso está em um grau mais elevado do que o da ordem. A ordem, em qualquer outro sentido, representa somente uma parte dos pré-requisitos de um bom governo e não sua ideia e essência. A ordem poderia ser mais adequadamente encaixada entre as condições de progresso; uma vez que, se aumentarmos nossos benefícios, nada é mais indispensável do que cuidarmos devidamente do que já possuímos. Se nos empenharmos em adquirir mais riquezas, nossa regra primordial deve ser a de não desperdiçar inutilmente nossos meios existentes. A ordem, como entendida até este ponto, não é uma finalidade adicional a ser conciliada com o progresso, mas sim uma parte e um meio de obter o próprio progresso. Se o ganho, em um aspecto, for obtido através de uma perda equivalente em relação a outro aspecto, não há progresso. Portanto, a contribuição do progresso deve incluir a superioridade total de um governo.

Mas, embora metafisicamente defensável, esta definição de critério de um bom governo não é apropriada, porque, apesar do fato de conter a pura verdade, ela recai somente sobre uma parte. O que o termo Progresso sugere é a ideia de mover-se para frente, ao passo que o significado desse termo aqui seja a prevenção de seu recuo. As mesmas causas sociais – as mesmas crenças, sentimentos, instituições e práticas – são tão necessárias para evitar que a sociedade regrida quanto para produzir um avanço futuro. Se não esperarmos por nenhum aprimoramento, a vida seria, no mínimo, uma luta incessante contra as causas da deterioração; como é atualmente. A política concebida pelos povos antigos consistia inteiramente nessa ideia. A tendência natural dos homens e de seus trabalhos era degenerar-se, e embora tal tendência fosse virtuosamente administrada por boas instituições, seria possível impedi-la por uma extensão de tempo indefinida. Apesar de não mantermos mais essa opinião e, embora muitos homens na época atual professem a crença contrária, acreditamos que a tendência das coisas, no geral, esteja direcionada para o aprimoramento; não devemos esquecer que existe uma corrente incessante e sempre fluente das questões da humanidade em direção ao pior, formada por todos as tolices, vícios, negligências, indolências e apatias da raça humana, que é mantida sob controle, a fim de não eliminar tudo que está à sua frente, através do empenho constante de algumas pessoas e conveniência de outras em avançar em direção aos objetivos benéficos e valiosos. Isto nos proporciona uma ideia insuficiente da importância dos esforços que são realizados para aprimorar e elevar a natureza e a vida humana, para supormos que seu valor principal consiste na quantidade de aprimoramento real alcançado através de seus meios e que a consequência da interrupção desses esforços seria simplesmente a permanência no estado em que nos encontramos. Uma pequena redução de tais esforços não somente interromperia o aprimoramento, mas levaria a tendência geral das coisas em direção à deterioração; e, uma vez que tal deterioração tenha começado, ela iria rapidamente expandir-se e tornar-se cada vez mais difícil de ser controlada, até que atingisse um estado frequentemente visto na história, no qual até mesmo agora grande parte da humanidade se encontra, quando dificilmente qualquer tipo de poder sobre-humano parece ser suficiente para mudar o curso dos acontecimentos e proporcionar um novo começo para o movimento ascendente.

Essas razões fazem com que a palavra Progresso torne-se tão inadequada quanto os termos Ordem e Permanência para servir de base para uma classificação dos requisitos de uma forma de governo. A antítese fundamental que essas palavras expressam não se baseia nas coisas propriamente ditas tanto quanto nos tipos de caráter humano que as explicam. Sabemos que existem algumas mentes nas quais predomina a precaução, e outras nas quais predomina a audácia: em algumas delas, o desejo de evitar a perda do que já se possui é um sentimento mais forte do que aquele que estimula o aprimoramento das velhas vantagens e a aquisição de novas; ao passo que existem outros que se apoiam no caminho contrário e ficam mais ansiosos em obter benefícios futuros do que em cuidar dos benefícios atuais. A estrada para chegar a essas duas finalidades é a mesma; mas elas provavelmente virão de direções opostas. Essa consideração é muito importante para conciliar as pessoas que fazem parte de qualquer partido político: pessoas dos dois tipos devem ser incluídas em tal partido e suas tendências devem ser preponderadas, quando forem excessivas, na devida proporção que as tendências do outro partido. Não há necessidade de uma disposição expressa a fim de assegurar que esse objetivo seja atingido, contanto que se tome cuidado para não aceitar nada que seja inconsistente com ele. A mistura natural e espontânea dos velhos e dos jovens, daqueles cuja posição e reputação já foram feitas com aqueles que irão fazê-las, irá geralmente ser suficiente para atender a esse propósito, se somente esse equilíbrio natural não for perturbado por regulamentações artificiais.

Uma vez que a diferença mais comumente adotada para a classificação das exigências sociais não possui as propriedades necessárias para tal uso, temos de procurar alguma outra diferença que nos conduza a uma melhor adaptação a tal propósito. Tal diferença parece ser indicada pelas considerações que farei agora.

Se nos perguntarmos de quais razões e condições depende o bom governo em todos os seus sentidos – da mais humilde até a mais exaltada –, descobriremos que a principal delas, aquela que ultrapassa todas as outras, é o conjunto de qualidades do ser humano que forma a sociedade sobre a qual o governo irá exercer seu poder.

Podemos adotar, como primeiro exemplo, a administração da justiça com mais propriedade, uma vez que não existe nenhuma parte dos negócios públicos na qual a máquina, as regras e os instrumentos utilizados para conduzir os detalhes da operação sejam de tamanha consequência vital. Contudo, até mesmo esses itens são importantes para as qualidades dos agentes humanos empregados. Qual é a eficácia das regras de procedimento em assegurar as finalidades da justiça, se a condição moral do povo é de que as testemunhas geralmente mentem e de que os juízes e seus subordinados aceitam subornos? Novamente, como as instituições podem proporcionar uma boa administração municipal, se existe tanta indiferença quanto ao assunto, que aqueles que administrariam honesta e habilmente não podem ser induzidos a atender tal administração, e as obrigações são deixadas para aqueles que se comprometem em cumpri-las porque eles possuem algum interesse em particular a serem promovidos? Qual é a vantagem do sistema representativo popular mais amplo, se os eleitores não se importam em escolher o melhor membro do parlamento, mas escolhem aquele que irá gastar mais dinheiro para ser eleito? Como uma assembleia representativa pode trabalhar para o bem, se seus membros podem ser comprados, ou se sua irritabilidade de temperamento, não corrigida pela disciplina pública ou por seu autocontrole, os torna incapazes de fazer uma deliberação calmamente e eles recorrem à violência física dentro da Câmara ou atiram uns nos outros com rifles? Como um governo, ou uma empresa conjunta, pode ser dirigido de modo tolerável por pessoas tão invejosas, que, se um entre eles parece ser bem-sucedido em algo, aqueles que deveriam cooperar com ele formam uma combinação tácita para fazer com que ele seja malsucedido? Quando a disposição geral das pessoas é esta, em que cada indivíduo só se preocupa com os próprios interesses e não se dedica ou não se preocupa com sua parte no interesse geral, o bom governo é impossível de ser alcançado. A influência da falta de inteligência na obstrução de todos os elementos de um bom governo não requer nenhuma ilustração. O governo consiste de atos feitos pelos seres humanos; e se os agentes, ou aqueles que escolhem tais agentes, ou aqueles por quem os agentes são responsáveis, ou os observadores cujas opiniões devem influenciar e verificar tais atos, são meras massas de ignorância, estupidez e preconceito maléfico, todas as operações do governo sairão erradas: ao passo que, na proporção em que os homens se colocarem acima desse padrão, o governo também irá aprimorar sua qualidade, até o ponto de excelência atingível, mas que não é atingido em lugar algum, no qual os oficiais do governo, sendo pessoas de virtude e intelecto superior, estão envolvidos pela atmosfera de uma opinião pública virtuosa e desenvolvida.

Portanto, se o primeiro elemento de um bom governo for a virtude e a inteligência dos seres humanos que formam a comunidade, o ponto mais importante de excelência que qualquer forma de governo pode possuir é promover a virtude e a inteligência do próprio povo. A primeira questão com relação a qualquer instituição política é até que ponto ela favorece os membros da comunidade para que estes adquiram várias qualidades desejáveis, morais e intelectuais; ou ainda mais (seguindo a classificação mais completa de Bentham[5]), morais, intelectuais e ativas. O governo que consegue realizar isso, provavelmente será o melhor em todos os outros aspectos, uma vez que de todas essas qualidades, na extensão em que existem no povo, depende toda possibilidade de excelência nas operações práticas do governo.

Podemos considerar, então, como um dos critérios da excelência do governo, o grau em que tende a aumentar as boas qualidades de seus governados, coletiva e individualmente; uma vez que, além do fato de que o bem-estar de todos é o único objetivo do governo, as boas qualidades do povo suprem a força motriz que faz funcionar o mecanismo. Desse modo, fica como outro elemento componente do mérito do governo a qualidade da própria máquina; ou seja, o grau em que se mostra capaz de tirar proveito das boas qualidades que existem em qualquer ocasião, fazendo-as contribuir para os objetivos a serem alcançados. Novamente, vamos adotar como exemplo a questão do poder judiciário. Considerando-se um sistema judiciário, a excelência de administração da justiça está na razão composta da dignidade dos homens que fazem parte dos tribunais e do valor da opinião pública que os controla e sobre eles influi. Contudo, todas as diferenças entre um sistema judiciário bom ou mau estão nos meios adotados para fazer com que os valores morais e intelectuais existentes na comunidade influenciem a administração da justiça, tornando-a devidamente eficaz para atingir

[5] Jeremy Bentham (1748-1832), filósofo e legislador inglês. (N. T.)

bons resultados. As combinações para conseguir que a escolha dos juízes obedeça aos padrões mais elevados de virtude e inteligência, as formas salutares de procedimento; a publicidade que permite observação e crítica do que tudo o que estiver errado; a liberdade de discussão e censura através da imprensa; o modo de ouvir as testemunhas, de acordo com o que é bem ou mal adaptado à verdade; as facilidades, seja qual for o volume, de obter acesso aos tribunais; os dispositivos utilizados para descobrir crimes e prender os criminosos – tudo isso não constitui o poder, mas o mecanismo que coloca o poder em contato com o obstáculo; e tal mecanismo não funciona por si só, mas, sem ele, o poder, por mais amplo que seja, seria desperdiçado e sem efeito. Uma diferença semelhante existe em relação à constituição dos departamentos executivos da administração. O mecanismo é bom quando os testes apropriados são prescritos para a qualificação dos funcionários e as regras são adequadas à promoção dos mesmos; quando os assuntos são distribuídos de modo adequado entre os que devem tratar deles, quando se estabelece uma ordem conveniente e metódica para a operação, quando se mantém o registro correto e inteligível após o término do processo; quando cada indivíduo conhece suas responsabilidades e é reconhecido pelos outros como responsável; quando existem os melhores controles contra a negligência, o favoritismo ou a corrupção em qualquer dos atos de um departamento. Porém, os controles políticos não agirão por si mais do que uma rédea será capaz de dirigir um cavalo sem o cavaleiro. Se os funcionários fiscalizadores forem tão corruptos ou tão negligentes quanto aqueles a quem devem fiscalizar, e se o público, mola principal de toda a máquina fiscalizadora, for demasiadamente ignorante, passivo, descuidado ou desatento ao papel que deve desempenhar, pouco benefício será obtido do melhor mecanismo administrativo. Contudo, um bom mecanismo é sempre preferível ao mau. Permite ao poder que se move ou que fiscaliza se de modo insuficiente agir com a maior vantagem; e, sem ele, nenhum poder de movimento ou de verificação seria suficiente. A publicidade, por exemplo, não impede o mal nem estimula o bem se o público não prestar atenção ao que se faz; mas, sem publicidade, como tal público poderia verificar ou incentivar o que não lhe permitem ver? A constituição teoricamente perfeita de uma repartição pública é aquela em que o interesse do funcionário está inteiramente de acordo com sua obrigação. Nenhum sistema conseguirá fazer isso, mas menos ainda isso poderá ser obtido sem um sistema, adequadamente planejado para tal propósito.

O que dissemos a respeito das combinações para a administração detalhada do governo é ainda mais verdadeiro quanto à sua constituição geral. Qualquer governo que tenha como objetivo ser bom é uma organização formada por algumas partes das boas qualidades existentes nos membros individuais da comunidade para conduzir seus assuntos coletivos. Uma constituição representativa é um meio de trazer o padrão geral de inteligência e honestidade existente na comunidade, assim como a inteligência e a virtude individuais de seus membros mais sensatos, a voltar-se mais diretamente para o governo, investindo-as com maior influência do que teriam em geral sob qualquer outro modo de organização; embora, sob qualquer influência que possam ter, está a fonte de todo o bem que existe no governo e também o obstáculo para todo o mal que não exista nele. Quanto maior for a quantidade dessas boas qualidades que as instituições de um país conseguem organizar, melhor será o modo de organização e tanto melhor será o governo.

Portanto, obtivemos agora uma base para a divisão dupla do mérito que qualquer conjunto de instituições políticas possa ter. Consiste parcialmente no grau em que promovem o aprimoramento mental geral da comunidade, incluindo-se nessa expressão o aprimoramento do intelecto, em virtude, em atividade prática e em eficiência; e, em parte, no grau de perfeição com que organizam os valores morais, intelectuais e ativos já existentes, a fim de atuarem com a maior eficácia nos assuntos públicos. O governo deve ser julgado por suas ações sobre os homens e por suas ações sobre os acontecimentos; pelo que faz dos cidadãos e o que faz com eles; por sua tendência em melhorar ou deteriorar o próprio povo e pela excelência ou imperfeição da obra que faz para ele ou por meio dele. O governo é, ao mesmo tempo, uma grande influência que atua sobre a mente humana e um conjunto de combinações organizadas para o negócio público: no primeiro caso, sua ação benéfica é principalmente indireta, mas nem por isso menos vital, enquanto que a ação nociva pode ser direta.

A diferença entre essas duas funções do governo não é, como aquela entre Ordem e Progresso, uma diferença meramente de grau, mas de espécie. Contudo, não devemos supor que elas não estejam intimamente conectadas. As instituições, que asseguram a melhor administração dos assuntos públicos praticável no estado existente de desenvolvimento, tendem, por si só, a melhorar tal estado. Um povo que tivesse as leis mais justas, o poder judiciário mais puro e eficiente, a administração mais iluminada, o sistema de finanças mais imparcial e menos oneroso, compatível com o estágio que tal povo atingiu em desenvolvimento moral e intelectual, estaria em condições de passar rapidamente para um estágio mais elevado. Não existe qualquer outro modo pelo qual as instituições políticas possam contribuir de maneira mais eficiente para o aprimoramento do povo do que executando bem seu trabalho mais direto. E, inversamente, se o mecanismo de tais instituições for tão mal construído, fazendo com que seus negócios particulares sejam mal executados, será possível sentir-se o efeito de milhares de maneiras pelo rebaixamento da moralidade e pelo enfraquecimento da inteligência e da atividade do povo. Apesar disto, a diferença é real, pois este é somente um dos meios pelos quais as instituições políticas aprimoram ou deterioram a mente humana e as causas e os modos dessa influência benéfica ou maléfica permanecem como um assunto de estudo distinto e muito mais amplo.

Dos dois modos de atuação pelos quais uma forma de governo ou um conjunto de instituições políticas afeta o bem-estar da comunidade – sua atuação como agência de educação nacional e suas combinações para conduzir os assuntos coletivos da comunidade no estado de educação que já se encontram –, o último, evidentemente, varia muito menos, devido a diferença de país e de estado de civilização, do que o primeiro. Está também muito menos relacionado com a constituição fundamental do governo. O modo de conduzir o negócio prático do governo, que é melhor sob uma constituição livre, também seria geralmente o melhor em uma monarquia absoluta: porém, uma monarquia absoluta provavelmente não o colocará em prática. Por exemplo, as leis da propriedade, os princípios de evidência e do processo judicial, os sistemas de impostos e administração financeira, não precisam necessariamente ser diferentes em formas diferentes de governo. Cada um desses assuntos possui princípios e regras peculiares, que estão sujeitos a um estudo separado. A jurisprudência geral, a legislação civil e penal, a política financeira e comercial, são ciências em si, ou, melhor dizendo, membros distintos da ciência compreensiva ou da arte de governar. As doutrinas mais iluminadas sobre todos esses assuntos, embora não fossem provavelmente compreendidas ou adotadas em todas as formas de governo, contudo, se compreendidas e adotadas, seriam em geral igualmente benéficas para todos os governos. É verdade que essas doutrinas não poderiam ser aplicadas, sem algumas modificações, a todos os estados da sociedade e da mente humana; contudo, muitas delas precisariam unicamente de modificações de detalhes como propósito de se adaptarem a qualquer estado da sociedade suficientemente desenvolvida para possuir governantes capazes de compreendê-las. Um governo no qual elas poderiam ser totalmente inadequadas deve ser tão ruim em si ou tão contrário ao sentimento público, que é incapaz de manter-se em existência por meios honestos.

Isto não acontece com a parte dos interesses da comunidade relacionada com o melhor ou o pior treinamento do próprio povo. Consideradas como instrumentos para essa finalidade, as instituições precisam ser radicalmente diferentes, de acordo com o estágio de desenvolvimento já alcançado. O reconhecimento dessa verdade, embora seja mais empírico do que filosófico, pode ser considerado como o principal ponto de superioridade das teorias políticas da época atual sobre as da época anterior, na qual era costume reivindicar a democracia representativa para a Inglaterra ou para a França através de argumentos que igualmente provariam que tal forma de governo seria a única apropriada para Beduínos ou Malaios. O estado de diferentes comunidades, em relação à cultura e ao desenvolvimento, pode ser classificado em uma condição muito pouco acima daquela dos animais mais desenvolvidos. O alcance superior é igualmente considerável e a possível futura extensão é muito mais ampla. Uma comunidade somente poderá ser desenvolvida quando sair de um desses estágios para outro mais elevado, através de um encontro de influências, entre as quais a principal é o governo a que estão submetidas. Em todos os estados de aperfeiçoamento humano até agora alcançados, a natureza e o grau de autoridade exercido sobre os indivíduos, a distribuição do poder e as condições de comando e obediência, são as influências mais poderosas, exceto sua crença religiosa, que os faz ser o que são e permite que eles se tornem o que podem ser. Eles podem ser detidos em qualquer ponto de seu progresso, por meio de uma adaptação defeituosa de seu governo com esse estágio particular de desenvolvimento. E, o único mérito indispensável de um governo, em favor do qual pode esquecer-se quaisquer outros deméritos compatíveis com o progresso, é que sua atuação sobre o povo seja favorável, ou não desfavorável, para o próximo passo a ser dado, a fim de que este mesmo povo consiga atingir um nível mais elevado.

Portanto (para repetir um exemplo anterior), um povo em estado de independência selvagem, no qual cada um viva por si mesmo, livre de qualquer controle externo, a não ser de tempos em tempos, é praticamente incapaz de fazer qualquer progresso na civilização até que tenha aprendido a obedecer. Entretanto, a virtude indispensável em um governo que se estabelece sobre um povo desse tipo é fazer-se obedecido. Para permitir que tal governo consiga fazer isso, sua constituição deve ser quase ou completamente despótica. Uma constituição em qualquer grau popular, dependente da renúncia voluntária à liberdade individual de ação feita por diferentes membros da comunidade, não seria capaz de ensinar a primeira lição necessária para os alunos nesse estágio de seu progresso. Assim sendo, a civilização de tais tribos, quando não for resultado da justaposição a outras já civilizadas, é quase sempre obra de um governante absoluto, que obtém seu poder da religião ou da bravura militar; frequentemente de armas estrangeiras.

Além do mais, as raças não civilizadas, e as mais corajosas e mais enérgicas do que qualquer outra, não se submetem ao trabalho contínuo que não seja estimulante. Todavia, esse é o preço de toda civilização real; sem tal trabalho, a mente não pode ser disciplinada nos hábitos exigidos pela sociedade civilizada, nem pode o mundo material ser preparado para recebê-la. É necessária uma rara concordância de circunstâncias e, por esse motivo, geralmente um longo período de tempo, para reconciliar o povo com a diligência, a menos que esse povo seja obrigado a fazê-lo por um determinado período. Por isso, até mesmo a escravidão pessoal, dando início à vida diligente e tornando-a obrigatória como a ocupação exclusiva da maior parte da comunidade, pode acelerar a transição para uma liberdade melhor do que aquela de combate e rapina. É quase desnecessário dizer que essa desculpa para a escravidão somente está disponível em um estado muito primitivo da sociedade. Um povo civilizado dispõe de muitos outros meios para levar a civilização àqueles que estão sob sua influência; e a escravidão é, em todos os seus detalhes, tão repugnante ao governo da lei que é a base de toda a vida moderna, e tão corruptor para a classe dominante quando tal classe está sob influências civilizadas, que a sua adoção, sob quaisquer circunstâncias, na sociedade moderna é uma recaída para um estado pior do que o barbarismo.

Em algum período de sua história, contudo, quase todos os povos, agora civilizados, eram formados, em sua maioria, por escravos. Um povo nessas condições necessita de uma política muito diferente da de uma nação de selvagens, para que possa sair de tal estado. Se eles forem enérgicos por natureza, e especialmente se houver uma classe diligente associada a eles, na mesma comunidade, que não seja formada por escravos nem por senhores de escravos (como era o caso da Grécia), eles provavelmente não precisarão de mais nada para assegurar seu aperfeiçoamento a não ser de sua liberdade: uma vez livres, serão frequentemente capazes, assim como os libertos romanos, de aceitar prontamente os direitos da cidadania. Esta, contudo, não é a condição normal da escravidão e geralmente é um sinal de que está se tornando obsoleta. Um escravo, propriamente assim chamado, é um ser que não aprendeu a ajudar a si próprio. Ele está, sem dúvida, um passo à frente de um selvagem. Ele ainda não tem de adquirir a primeira lição da sociedade política. Ele aprendeu a obedecer. Mas ele somente obedece a um comando direto. É uma característica daqueles que *nasceram* escravos ser incapaz de adequar sua conduta a uma regra ou lei. Eles são capazes de fazer somente o que lhes ordenam e somente quando lhes ordenam. Se um homem a quem eles temem está próximo deles e os ameaça com castigos, eles obedecem; mas quando tal homem vira as costas, o trabalho é interrompido. O motivo que os induz a fazer algo não deve apelar para seus interesses e sim para seus instintos; esperança imediata ou terror imediato. O despotismo, que pode domar o selvagem, irá somente confirmar, na medida em que é um despotismo, as incapacidades dos escravos. Todavia, se eles tivessem um governo sob seu controle, seriam totalmente incapazes de administrá-lo. Seu aperfeiçoamento não pode vir deles mesmos, mas deve ser introduzido por outros. O passo que eles têm de dar, sendo o único caminho para seu aperfeiçoamento, é elevarem-se de um governo de vontade para um governo de lei. É necessário ensinar-lhes o autogoverno, e isso, no estágio inicial, significa capacidade de agir conforme as instruções gerais. Eles necessitam não de um governo de força, mas de um governo de orientação. Contudo, uma vez que estão em um estado demasiadamente baixo para aceitar a orientação de alguém a não ser daqueles a quem eles consideram como senhores da força, a forma de governo mais adequada para eles é aquela que possui a força, mas raramente a usa: um despotismo ou aristocracia paternal, parecida com a forma de Socialismo de Saint-Simon; mantendo uma superintendência geral sobre todas as operações da sociedade, a fim de conservar diante de cada um deles a impressão de uma força presente suficiente para obrigá-los a obedecer a uma regra estabelecida, a qual, devido à impossibilidade de ser rebaixada para regular todos os pormenores da indústria e da vida, necessariamente deixa aos indivíduos grande parte e os induz a realizá-la. Esse tipo de governo, que pode ser chamado de governo de orientação e controle, parece ser o exigido para conduzir tal povo, da maneira mais rápida possível, em direção aos próximos passos necessários para o progresso social. Essa parece ter sido a ideia do governo dos Incas no Peru, assim como o dos Jesuítas no Paraguai. Não há necessidade de observar que tal governo de orientação e controle somente pode ser admissível como meio de treinar o povo gradualmente para que este ande sozinho.

Seria inoportuno prosseguir com a ilustração. Tentar investigar que tipo de governo seria adequado para cada estado conhecido da sociedade seria compor um tratado, não sobre um governo representativo, mas sobre uma ciência política em geral. Para o nosso propósito mais limitado, vamos tomar emprestados somente os princípios gerais da filosofia política. Para determinar a forma de governo mais apropriada para um povo em particular, devemos ser capazes de distinguir, entre os defeitos e deficiências daquele povo, quais são os obstáculos imediatos para o progresso a fim de descobrir o que é que (por assim dizer) pode interromper o seu caminho. O melhor governo para um povo é aquele que tende a lhe proporcionar o que está faltando para seu progresso ou aquele que possa evitar um progresso pouco satisfatório ou desequilibrado. Contudo, não devemos esquecer a restrição necessária em tudo o que tem como objetivo alcançar o aprimoramento ou o Progresso; ou seja, ao procurar o benefício necessário, nenhum dano, ou o menor possível, deve ser causado ao que já se possui. Um povo formado por selvagens deve aprender a obedecer, mas não de modo a transformá-lo em um povo de escravos. E (para proporcionar uma generalidade maior à observação) a forma de governo que é a mais eficaz para conduzir um povo ao próximo estágio de progresso, ainda será muito imprópria se o fizer de tal modo a obstruir ou categoricamente tornar tal povo incapaz de atingir o próximo passo. Tais casos são frequentes e estão entre os fatos mais deprimentes da história. A hierarquia egípcia e o despotismo paternal chinês foram instrumentos adequados para levar essas nações ao estágio de civilização que atingiram. Porém, tendo alcançado tal estágio, esses povos foram levados a um estado de pausa permanente por falta de liberdade mental e individualidade; os requisitos de aperfeiçoamento, que as instituições, até então, tinham transferido a eles, eram completamente impossíveis de serem adquiridos e, como tais instituições não desmoronaram dando lugar a outras, nenhum aperfeiçoamento adicional foi conquistado. Em contraste com essas nações, vamos considerar o exemplo de um caráter oposto proporcionado por outro povo oriental, comparativamente insignificante – os judeus. Eles também tinham uma monarquia absoluta e uma hierarquia, e suas instituições organizadas eram evidentemente de origem sacerdotal, como as dos hindus. Essas instituições fizeram para eles o que foi feito para outras raças orientais através destas – submeteram-nos à diligência e à ordem e lhes proporcionaram uma vida nacional. Mas, nem seus reis, nem seus sacerdotes jamais conseguiram, como naqueles outros países, modelar seu caráter com exclusividade. A religião do povo judeu, que permitiu que as pessoas de gênio e de elevada religiosidade fossem consideradas e se considerassem como inspiradas pelo céu, deu origem a uma instituição desorganizada inestimavelmente preciosa – a Ordem (se assim podemos chamá-la) dos Profetas. Sob a proteção, embora nem sempre eficaz, de seu caráter sagrado, os profetas eram um poder na nação, frequentemente maior do que o poder dos reis e sacerdotes e mantinham, nesse cantinho da terra, o antagonismo de influência, que é a única garantia real para o progresso contínuo. A religião, consequentemente, não era, nessa nação, o que tem sido em tantos outros lugares – uma consagração de tudo o que foi estabelecido e uma barreira contra o aperfeiçoamento posterior. A observação de um hebreu ilustre, o senhor Salvador[6], de que os profetas eram, na Igreja e no Estado, o equivalente à moderna liberdade de imprensa, proporciona uma concepção justa, mas não adequada do papel representado na história nacional e universal por este importante elemento da vida judaica; por meio do qual, uma vez que o princípio da inspiração nunca foi completo, as pessoas eminentes em gênio e sentimento moral podiam não somente denunciar e reprovar, com autoridade direta do Todo-poderoso, o que lhes parecia merecer tal tratamento, mas também podiam oferecer interpretações melhores e mais elevadas da religião nacional, que subsequentemente tornavam-se parte da religião. Desse modo, qualquer um que possa privar-se do hábito de ler a Bíblia como se fosse um livro, que até bem pouco tempo era igualmente inveterado tanto nos cristãos quanto nos incrédulos, observa com admiração o imenso intervalo entre a moralidade e a religião do Pentateuco, ou até mesmo dos livros históricos (a obra inconfundível dos conservadores hebreus da ordem sacerdotal) e a moralidade e a religião das profecias: uma distância tão ampla quanto a que existe entre estas e os Evangelhos. As condições mais favoráveis ao progresso não poderiam existir facilmente; assim sendo, os judeus, ao invés de serem estáveis como outros asiáticos, foram, depois dos gregos, o povo mais progressista da antiguidade e, juntamente com o povo grego, tornaram-se o ponto de partida e o principal agente propulsor do desenvolvimento moderno.

Portanto, é impossível entender a questão da adaptação das formas de governo aos estados da sociedade, sem levar em consideração não

(6) Joseph Salvador, autor da obra *Histoire des Institutions de Moïse e du Peuple Hebreu* (História das instituições de Moisés e do povo hebreu), em 3 volumes, publicada em 1828. (N. T.)

apenas o próximo passo, mas também todos os passos que a sociedade ainda terá de dar; tanto aqueles que podem ser previstos quanto os de limite indefinido, que, atualmente, são inatingíveis. Conclui-se que, para julgar os méritos das formas de governo, deve-se construir um ideal da forma de governo mais vantajoso, ou seja, que, se existissem as condições necessárias para a realização de suas tendências benéficas, tal governo, mais do que todos os outros, poderia favorecer e promover não somente um único aperfeiçoamento, mas, sim, todas as suas formas e graus. Uma vez feito isso, devemos considerar quais são os tipos de condições mentais necessárias para permitir que esse governo realize suas tendências e quais são, portanto, os vários defeitos através dos quais um povo é incapaz de colher os benefícios. Seria, então, possível construir um teorema de circunstância no qual aquela forma de governo poderia ser sabiamente introduzida e também julgar, nos casos em que seria melhor não introduzi-la, quais são as formas inferiores de política que poderiam, da melhor maneira possível, conduzir tais comunidades pelos estágios intermediários que terão de passar antes de tornarem-se adequados para a melhor forma de governo.

Destas indagações, não nos interessa a última; mas a primeira é parte essencial de nosso assunto, porque podemos, sem precipitação, enunciar de imediato uma proposição, cujas provas e ilustrações serão apresentadas nas páginas seguintes; ou seja, que essa forma de governo idealmente melhor será encontrada em uma ou outra variação do Sistema Representativo.

CAPÍTULO III

A FORMA DE GOVERNO REPRESENTATIVA É A IDEALMENTE MELHOR

Há muito tempo comumente se diz (talvez por toda a duração da liberdade britânica) que, se um bom déspota estivesse no comando, a monarquia despótica seria a melhor forma de governo. Considero essa afirmação como uma concepção errônea, radical e das mais prejudiciais do que possa ser um bom governo; e, enquanto não pudermos nos livrar dela, todas as nossas investigações teóricas sobre o governo fatalmente serão inválidas.

A suposição é que o poder absoluto nas mãos de um indivíduo eminente poderia assegurar uma execução virtuosa e inteligente de todos os deveres do governo. Boas leis seriam estabelecidas e colocadas em vigor e as leis ruins seriam reformadas; os melhores homens seriam colocados em todas as posições de confiança; a justiça seria bem administrada, as obrigações públicas seriam leves e judicialmente impostas, todos os ramos da administração seriam conduzidos de modo tão autêntico e inteligente quanto as circunstâncias do país e seu grau de desenvolvimento intelectual e moral permitissem. Estou disposto a admitir tudo isso pelo benefício do argumento; mas devo ressaltar a amplitude dessa concessão, quanto mais seria necessário para conseguir uma aproximação de tais resultados, do que se exprime na simples expressão "um bom déspota". A obtenção de tais resultados, na realidade, implicaria não somente o fato de ter-se um bom monarca, mas um que pudesse observar tudo. Ele deveria sempre estar corretamente informado, com detalhes, sobre a conduta e o funcionamento de todos os ramos da administração, em todos os distritos do país, e deveria ser capaz, nas vinte e quatro horas por dia que são concedidas tanto a um rei quanto ao trabalhador mais humilde, de dispensar atenção e supervisionar todas as partes desse vasto campo; ou, no mínimo, ele deveria ser capaz de discernir e escolher, entre todos os seus subordinados, não somente um grande número de homens honestos e capazes, adequados para conduzir cada ramo da administração pública sob supervisão e controle, mas também um pequeno número de homens com virtudes e talentos eminentes que merecem confiança não só para exercer suas funções sem supervisão, mas também para supervisionar outros. As faculdades e energias exigidas para realizar essa tarefa de maneira suportável são tão extraordinárias que um bom déspota, que estamos supondo, dificilmente poderia se imaginar consentindo em realizá-la, a menos que fosse para evitar males intoleráveis ou como uma preparação intermediária para algo mais. Mas o argumento é válido, mesmo sem considerar esse imenso item. Vamos supor que a dificuldade foi superada. O que poderíamos ter, então? Um homem de atividade mental super-humana administrando todos os assuntos de um povo mentalmente passivo. Sua passividade está implícita na própria ideia de poder absoluto. A nação como um todo e todos os indivíduos que a compõem não têm nenhuma voz potencial sobre o próprio destino. Eles não exercem nenhuma vontade com respeito aos seus interesses coletivos. Tudo é decidido para eles por uma vontade que não é a deles, sendo legalmente um crime desobedecer a tais decisões. Que tipo de ser humano pode ser formado sob tal regime? Que desenvolvimentos poderiam ser alcançados com seu pensamento ou suas faculdades ativas? Eles talvez possam ter permissão para investigar assuntos de pura teoria, contanto que suas investigações não se aproximem da política ou não tenham a conexão mais remota com a prática de governo. Quanto aos assuntos práticos, eles poderiam, no máximo, fazer alguma sugestão; e mesmo sob o domínio dos déspotas mais moderados, ninguém, a não ser as pessoas de superioridade admitida e com boa reputação, poderia ter a esperança de ver suas sugestões conhecidas, ou muito menos, levadas em consideração por aqueles que administram os negócios. Uma pessoa deve ter um gosto muito incomum pelo exercício intelectual em si para desenvolver um pensamento que não terá qualquer efeito externo ou para qualificar-se para funções que ela não tem chance de obter permissão para exercer. O único estímulo suficiente para o exercício mental, em todo o espírito, exceto em alguns, em cada geração, é a perspectiva de algum uso prático que se poderá ser realizado com os resultados de tal exercício. Isso não quer dizer que a nação ficará totalmente privada do poder intelectual. Os assuntos comuns da vida, que devem necessariamente ser tratados por cada indivíduo ou família, irão suscitar uma proporção de inteligência e habilidade prática, dentro de certa margem limitada de ideias. Pode haver uma classe selecionada de *sábios*, que desenvolvem a ciência com uma visão de seus usos físicos ou pelo prazer de realizar a pesquisa. Haverá uma burocracia e pessoas preparando-se para tal burocracia, que aprenderão pelo menos alguns princípios empíricos de governo e de administração pública. Pode haver, e frequentemente tem havido, uma organização sistemática do melhor poder mental do país em alguma direção especial (geralmente militar) para promover a grandeza do déspota. Mas o público em geral permanece sem informação e sem interesse sobre os maiores assuntos da prática; ou, se eles têm algum conhecimento sobre tais assuntos, tal conhecimento será apenas *diletante*, como aquele que as pessoas, que nunca manusearam uma ferramenta, têm sobre artes mecânicas. Eles não sofrem apenas por sua inteligência. Suas faculdades morais são igualmente tolhidas. Sempre que a esfera de ação dos seres humanos é artificialmente restringida, seus sentimentos são limitados e diminuídos na mesma proporção. O alimento do sentimento é a ação: até mesmo a afeição doméstica é alimentada por bons favores voluntários. Se uma pessoa não puder fazer nada pelo seu país, ela não se importará com ele. Há muito tempo já se disse que no despotismo só existe um patriota: o próprio déspota; esse ditado baseia-se em uma justa apreciação dos efeitos de uma submissão absoluta, mesmo a um senhor bom e sábio. Permanece a religião: e aqui, afinal, podemos considerá-la como uma atividade em que é possível confiar para a elevação dos olhos e das mentes dos homens acima do pó que lhes cobre os pés. Mas a religião, mesmo supondo que esteja livre da perversão para atingir os objetivos do despotismo, deixa de ser, nessas circunstâncias, um assunto social e reduz-se a uma questão pessoal entre um indivíduo e seu criador, na qual o assunto em jogo é somente sua própria salvação. A religião, analisada dessa forma, é totalmente condizente com o egoísmo mais restrito e mesquinho que identifica o devoto com seus semelhantes, tão pouco em sentimento quanto a própria sensualidade.

Um bom despotismo significa um governo no qual, no que depende do déspota, não existe opressão pelos funcionários do Estado; significa um governo em que todos os interesses coletivos do povo são administrados por tais funcionários, todo o pensamento relacionado aos interesses coletivos é realizado por eles, e seus espíritos são formados pela abdicação de suas próprias energias e pelo consentimento destas. Deixar todas as coisas por conta do governo, assim como deixá-las por conta da providência divina, é sinônimo de não se importar com elas e aceitar os resultados, quando desagradáveis, como visitações da natureza. Portanto, com exceção de poucos estudiosos que adquirem um interesse intelectual pela investigação por conta própria, a inteligência e os sentimentos de um povo são abandonados aos interesses materiais; e quando estes são proporcionados, entregam-se à diversão e ornamentação da vida privada. Porém, afirmar tal fato é dizer, se todas as evidências da história têm algum valor, que a era do declínio nacional já chegou; isto é, se a nação já chegou a um ponto no qual possa decair. Se a nação nunca esteve acima das condições de um povo oriental, nesta condição continuará a ficar estagnada. Mas se, assim como a Grécia ou Roma, já atingiu algo mais elevado, através da energia, do patriotismo e do aperfeiçoamento do espírito, que como qualidades nacionais são os únicos frutos da liberdade, essa nação recairá no estado oriental em poucas gerações. E tal estado não significa uma tranquilidade insípida, com segurança contra mudanças para o pior; frequentemente significa ser invadido, conquistado e reduzido à escravidão doméstica, ou pelo déspota mais forte ou pelo povo bárbaro mais próximo que retém as energias da liberdade com sua inclemência selvagem.

Estas não são simplesmente as tendências naturais, mas as necessidades inerentes de um governo despótico, das quais não há como sair, a menos que o próprio despotismo concorde em não ser despotismo; contanto que o suposto bom déspota abstenha-se de exercer seu poder e, embora mantenha tal poder em reserva, permita que os assuntos em geral do governo prossigam como se o povo realmente se governasse. Embora isso seja pouco provável, podemos imaginar um déspota observa a maior parte das regras e restrições do governo constitucional. Ele permitiria tal liberdade de imprensa e de discussão a fim de possibilitar a formação da opinião pública sobre os assuntos nacionais. Permitiria que os interesses locais fossem administrados, sem interferência de autoridade, pelo próprio povo. Ele poderia, até mesmo, cercar-se de um conselho ou de conselhos de governo, livremente escolhidos pela nação inteira ou por parte dela, retendo, em suas mãos, o poder de criar impostos, o supremo poder legislativo, assim como a autoridade executiva. Portanto, se procedesse desse modo, abdicando dos poderes de déspota, ele eliminaria uma parte considerável das características perversas do despotismo. A atividade política e a habilidade para os assuntos públicos não encontrariam mais impedimentos para desenvolver-se no corpo da nação e a opinião pública poderia ser formada não como um simples eco do governo. Porém, tais melhoramentos seriam o início de novas dificuldades. Essa opinião pública, independente da imposição do monarca, deveria estar a favor dele ou contra ele; se não fosse uma, seria a outra. Todos os governos são forçados a desagradar muitas pessoas e, uma vez que estas pessoas dispõem agora de órgãos regulares e são capazes de expressar seus sentimentos, elas frequentemente expressariam suas opiniões contrárias às medidas do governo. O que o monarca deverá fazer quando essas opiniões desfavoráveis forem a maioria? Ele deve alterar seu curso? Deverá submeter-se à vontade da nação? Se assim o fizer, ele não será mais um déspota, e sim um rei constitucional; um órgão ou um primeiro ministro do povo, distinguindo-se somente por ser irremovível. Caso contrário, ele terá de derrubar a oposição através de seu poder despótico ou surgirá um antagonismo permanente entre o povo e um homem, que poderá ter somente uma solução possível. Nem mesmo um princípio religioso de obediência passiva e o "direito divino" evitariam por muito tempo as consequências naturais de tal posição. O monarca teria de se submeter e aceitar as condições da realeza constitucional ou ceder seu lugar a alguém que o fizesse. O despotismo, sendo sobretudo nominal, teria poucas vantagens que supostamente pertencem à monarquia absoluta; enquanto compreenderia em grau bastante imperfeito aquelas de um governo livre; uma vez que, por maior que seja a liberdade que os cidadãos possam ter, eles nunca esquecerão que a desfrutam por tolerância e concessão e que tal liberdade pode ser retirada a qualquer momento, sob a constituição existente do Estado; portanto, eles são legalmente escravos, embora de um senhor prudente e indulgente.

Não seria nada surpreendente se reformistas impacientes ou desapontados, sofrendo com os obstáculos impostos aos melhoramentos públicos mais salutares pela ignorância, indiferença e obstinação de um povo e pelas combinações de interesses privados egoístas revestidos de armas poderosas concedidas pelas instituições livres, manifestassem uma vez ou outra seu desejo de ter uma mão forte que pudesse derrubar tais obstáculos e obrigar tal povo obstinado a ter um governo melhor. Contudo (deixando de lado o fato de que para um déspota que de vez em quando corrige uma violação, existem noventa e nove que não fazem nada a não ser criá-las), aqueles que procuram em tal direção a realização de suas esperanças, deixam o principal elemento de fora da ideia de um bom governo: o aperfeiçoamento do próprio povo. Um dos benefícios da liberdade é que, sob esta, o governante não pode ignorar o espírito do povo e aprimorar seus negócios sem melhorar o próprio povo. Se um povo pudesse ser bem governado a despeito de si mesmo, seu bom governo não duraria mais do que geralmente dura a liberdade de um povo que foi libertado por armas estrangeiras sem sua cooperação. É verdade que um déspota pode educar o povo; e fazê-lo seria realmente a melhor desculpa para o despotismo. Mas qualquer educação que tenha como objetivo transformar seres humanos em algo diferente de máquinas, com o decorrer do tempo, faz com que eles reivindiquem o controle das próprias ações. Os líderes da filosofia francesa no século 18 foram educados pelos jesuítas. Parece que até mesmo a educação jesuítica era suficientemente real para despertar o apetite pela liberdade. Tudo o que fortalece as faculdades, mesmo que for em pequena medida, cria um desejo crescente de exercitá-las livremente e uma educação popular irá fracassar se educar o povo para qualquer estado que não seja aquele que certamente irá conduzi-lo a desejar e mais provavelmente a pedir.

Estou longe de condenar, em casos de extrema necessidade, a adoção do poder absoluto na forma de uma ditadura temporária. Nos tempos antigos, as nações livres concederam tal poder voluntariamente, como um remédio necessário para as doenças do corpo político, do qual não poderiam se livrar por meios menos violentos. Mas a sua aceitação, mesmo que por um período de tempo rigorosamente limitado, só pode ser perdoada se, como Sólon ou Pítaco[7], o ditador utilizar todo o poder que assume para remover os obstáculos que impedem a nação de

(7) Sólon (640-558 a.C.), estadista grego, defensor da democracia, um dos Sete Sábios da Grécia; Pítaco (650-570 a.C.), tirano de Mitilene, um dos Sete Sábios da Grécia. (N. T.)

apreciar a liberdade. Um bom despotismo é, em sua totalidade, um falso ideal, que praticamente (exceto como meio para algum propósito temporário) torna-se a mais insensata e perigosa das quimeras. Mal por mal, um bom despotismo, em um país com uma civilização totalmente avançada, é mais prejudicial do que um mau despotismo; uma vez que reduz e enfraquece os pensamentos, os sentimentos e as energias do povo. O despotismo de Augusto preparou os romanos para Tibério. Se o caráter dos romanos não fosse primeiramente aniquilado por quase duas gerações de escravidão moderada, eles provavelmente teriam espírito suficiente para se rebelarem contra o despotismo mais odioso.

Não há dificuldades em mostrar que a forma de governo idealmente melhor é aquela na qual a soberania ou o poder controlador supremo, em último recurso, é conferido ao agregado inteiro da comunidade; em que cada cidadão não tem somente voz no exercício da soberania extrema, mas é chamado, pelo menos ocasionalmente, para realmente atuar no governo através do desempenho pessoal de alguma função pública, local ou geral.

Para testar essa proposição, teremos de examiná-la com relação aos dois ramos, destacados no último capítulo, nos quais a investigação da excelência de um governo está convenientemente dividida, a saber, até que ponto promove a boa administração dos assuntos da sociedade através das faculdades morais e intelectuais existentes e ativas de vários membros e qual é o seu efeito no aprimoramento ou na deterioração de tais faculdades.

A forma de governo idealmente melhor – é praticamente desnecessário dizer – não significa aquela que é praticável ou elegível em todos os estados de civilização, mas aquela que, nas circunstâncias em que é praticável e elegível, traz uma grande quantidade de consequências benéficas, imediatas e futuras. Um governo totalmente popular é a única constituição que pode reivindicar essa característica. Ela é superior em ambos os departamentos em que se divide a excelência de uma constituição política. Além de ser mais favorável para proporcionar um bom governo, também promove uma forma melhor e mais elevada de caráter nacional que qualquer outra constituição.

Sua superioridade em relação ao bem-estar presente está baseada em dois princípios de verdade e aplicação tão universais quanto quaisquer proposições gerais que podem ser formuladas com respeito aos assuntos humanos. O primeiro é que os direitos e interesses de todos ou de cada pessoa somente estão garantidos de não serem desconsiderados quando a pessoa interessada é capaz de sustentá-los e está habitualmente disposta a fazê-lo. O segundo princípio é que a prosperidade geral atinge uma elevação maior e é mais amplamente difundida na proporção do volume e da variedade das energias pessoais interessadas em promovê-la.

Colocando essas duas proposições em uma forma mais especial para sua presente aplicação, podemos dizer que os seres humanos só estão seguros contra os males que outros podem lhes causar, na medida em que têm o poder de *se protegerem*; e somente atingem um grau elevado de sucesso em sua luta contra a natureza na proporção em que são *dependentes de si próprios*, confiando no que são capazes de fazer, separadamente ou em conjunto, ao invés de confiarem no que os outros podem fazer por eles.

A primeira proposição – em que cada um é o único guardião dos próprios direitos e interesses – é um desses princípios elementares de prudência que cada pessoa capaz de conduzir os próprios assuntos, implicitamente segue sempre o que ela mesma está interessada. Na realidade, muitas pessoas não apreciam tal proposição como doutrina política e gostam de mantê-la em descrédito como uma doutrina de egoísmo universal. Podemos, então, responder que, quando deixar de ser verdade que os homens, geralmente, preferem a si mesmos ao invés dos outros, preferem os que lhes são mais próximos e não os mais distantes, desse momento em diante o comunismo não somente será praticável, mas se tornará a única forma defensável da sociedade e será seguramente colocado em prática quando chegar o tempo certo. No que me diz respeito, uma vez que não acredito em egoísmo universal, não tenho dificuldade em admitir que o comunismo seria, mesmo agora, praticável entre a *elite* da humanidade, podendo também ser praticado pela parte restante. Porém, como essa opinião não é de modo algum popular entre os defensores das instituições existentes, que criticam a doutrina de predomínio geral dos interesses pessoais, fico propenso a pensar que eles realmente acreditam que a maioria dos homens considera-se a si próprio antes de outras pessoas. Contudo, não é necessário fazer uma afirmação desse modo a fim de sustentar o direito de todos em participarem do poder soberano. Não precisamos supor que, quando o poder reside em uma classe exclusiva, essa classe irá consciente e deliberadamente sacrificar-se pelas outras classes: é suficiente dizer que, na ausência de defensores naturais, o interesse dos excluídos está sempre correndo perigo de ser esquecido e, quando levado em consideração, será analisado de modo muito diferente daquele das pessoas diretamente interessadas. Neste país, por exemplo, as classes chamadas trabalhadoras podem se considerar excluídas de toda participação direta no governo. Não acredito que as classes que participam do governo tenham, em geral, qualquer intenção de sacrificar as classes trabalhadoras em seu próprio benefício. Uma vez eles já tiveram tal intenção; este fato pode ser comprovado através das tentativas perseverantes durante muito tempo para conter os salários por meio da lei. Mas, nos dias atuais, a tendência comum é exatamente oposta: eles fazem sacrifícios consideráveis de boa vontade, especialmente de seus interesses pecuniários, em benefício das classes trabalhadoras e cometem o erro de beneficiá-las de modo muito generoso e indiscriminado; não acredito que existam governantes na história que tenham agido com desejo mais sincero de cumprir com o seu dever em relação à parte mais pobre de seus compatriotas. Entretanto, o Parlamento ou qualquer um de seus membros já analisou, por um momento, qualquer questão sob o ponto de vista de um trabalhador? Quando surge um assunto pelo qual os trabalhadores se interessam, tal assunto é considerado de um ponto de vista que não seja o dos empregadores? Não quero dizer que o ponto de vista dos trabalhadores quanto a essas questões está, em geral, mais próximo da verdade do que qualquer outro, mas algumas vezes está bem próximo; e, em qualquer caso, deve ser respeitosamente ouvido ao invés de, como acontece, ser simplesmente recusado ou ignorado. Na questão das greves, por exemplo, é duvidoso que haja pelo menos um entre os membros da liderança de qualquer uma das Câmaras que não esteja firmemente convencido de que a razão está irrestritamente do lado dos senhores e que o ponto de vista dos trabalhadores é simplesmente absurdo. Aqueles que têm estudado a questão sabem muito bem que este está longe de ser o caso e sabem também que a questão seria discutida de modo diferente e infinitamente menos superficial se as classes que realizam a greve fossem capazes de se fazerem ouvidas no parlamento.

É uma condição inerente aos negócios humanos que nenhuma intenção, por mais sincera que seja, de proteger os interesses de outros, torne-se segura ou salutar uma vez que irá atar-lhes as mãos. E ainda é mais obviamente verdadeiro que somente pelas próprias mãos será possível obter qualquer melhoramento positivo e duradouro de suas circunstâncias na vida. Através da influência conjunta desses dois princípios, todas as comunidades livres ficaram livres da injustiça social e do crime, além de alcançar uma prosperidade mais brilhante do que qualquer outra ou do que elas próprias depois de perderem sua liberdade. Vamos comparar os Estados livres do mundo, enquanto sua liberdade durou com os súditos contemporâneos do despotismo monárquico ou oligárquico: as cidades gregas com as satrapias persas; as repúblicas italianas e as cidades livres de Flandres e da Alemanha com as monarquias feudais da Europa; a Suíça, a Holanda e a Inglaterra com a Áustria ou a França antes da revolução. Sua prosperidade superior era muito evidente para ser contestada; enquanto sua superioridade no bom governo e nas relações sociais era comprovada pela prosperidade e, além disso, evidenciada em cada página da história. Se compararmos, não uma época com outra, mas os diferentes governos que coexistiram na mesma época, nenhuma quantidade tão absurda de desordem que possa até mesmo ter existido no meio da publicidade dos estados livres será comparável, por um momento, com o esmagamento insolente da massa do povo que se espalhou por toda a existência dos países monárquicos ou com a repugnante tirania individual que era mais do que uma ocorrência diária sob os sistemas de fraude chamados de arranjos fiscais e no segredo dos temíveis tribunais de justiça.

Deve-se reconhecer que os benefícios da liberdade, até onde é possível usufruí-los, foram obtidos pela extensão de seus privilégios a uma única parte da comunidade; e um governo no qual eles sejam imparcialmente estendidos a todos ainda é um desejo que não foi realizado. Mas, embora cada passo nesse sentido tenha um valor independente e, em muitos casos, não seria possível dar mais do que um passo no estado existente de desenvolvimento geral, a participação de todos nesses benefícios é a concepção idealmente perfeita de governo livre. Na medida em que alguém, não importa quem, seja excluído de tal governo, os seus interesses não serão garantidos como aos demais e tal pessoa terá um campo de ação e um estímulo menor do que poderia ter para aplicar suas energias em seu próprio bem e ao da comunidade, para a qual a prosperidade geral será sempre proporcionada.

Portanto, permanece o caso em relação ao bem-estar presente; a boa administração dos negócios da geração existente. Se passarmos agora para a influência da forma de governo sobre o caráter, encontraremos a superioridade do governo popular sobre qualquer outro, se possível, ainda mais decidida e indiscutível.

Esta questão realmente depende de uma outra ainda mais fundamental, a saber, qual dos dois tipos comuns de caráter, para o bem geral da humanidade, deveria predominar – o tipo ativo ou o passivo; aquele que luta contra os males ou aquele que os suporta; aquele que se submete às circunstâncias ou aquele que se empenha em dobrar tais circunstâncias.

Os lugares-comuns de moralistas e as simpatias gerais da humanidade são em favor do tipo passivo. O caráter enérgico pode ser admirado, mas a maioria dos homens prefere pessoalmente o caráter submisso e resignado. A passividade de nossos vizinhos aumenta nosso sentido de segurança e favorece nossa intencionalidade. O caráter passivo, caso não precisemos de sua atividade, parece ser uma obstrução a menos em nosso caminho. Um caráter satisfeito não é um rival perigoso. Entretanto, nada é mais certo do que dizer que o desenvolvimento dos negócios humanos é exclusivamente um trabalho de pessoas com caráter descontente; e, além disso, é muito mais fácil para um espírito ativo adquirir as virtudes da paciência do que um espírito passivo adotar as da energia.

Das três variedades de excelência mental – a intelectual, a prática e a moral –, nunca poderia haver qualquer dúvida em relação às duas primeiras quanto ao lado que é mais vantajoso. Toda superioridade intelectual é fruto de esforço ativo. A iniciativa, o desejo de manter-se em movimento, de experimentar e realizar coisas novas em nosso próprio benefício ou em benefício de outros, são a origem do talento especulativo e muito mais do talento prático. O desenvolvimento intelectual compatível com o outro tipo corresponde a uma descrição ineficaz e vaga pertencente a um espírito que se reduz à diversão ou à simples contemplação. O teste do pensamento real e vigoroso que avalia as verdades ao invés de sonhar é uma aplicação bem-sucedida à prática. Onde não existe tal propósito para proporcionar clareza, exatidão e um significado inteligível ao pensamento, nada de melhor se produz do que a metafísica mística dos pitagóricos ou dos Vedas[8]. Em relação ao aprimoramento prático, o caso é ainda mais evidente. O caráter que aprimora a vida humana é aquele que luta contra as forças e tendências naturais, não aquele que lhes cede lugar. As qualidades que por si só proporcionam benefícios estão todas do lado do caráter ativo e enérgico e os hábitos e a conduta que promovem a vantagem de cada membro individual da comunidade devem no mínimo fazer parte daqueles que melhor conduzem ao aprimoramento da comunidade como um todo.

Porém, com relação à questão da preferência moral, parece, à primeira vista, haver espaço para dúvida. Não estou me referindo ao sentimento religioso que geralmente existe em favor do caráter inativo, uma vez que está mais em harmonia com a submissão devido à vontade divina. O cristianismo, assim como outras religiões, favoreceu esse sentimento; mas é prerrogativa do cristianismo, no que se refere a esta e a muitas outras perversões, ser capaz de desfazer-se delas. Não levando em conta as considerações religiosas, um caráter passivo, que cede aos obstáculos ao invés de empenhar-se para superá-los, pode não ser, de fato, muito útil aos outros, não mais do que para si próprio, mas espera-se que possa, pelo menos, ser inofensivo. O contentamento sempre está incluso entre as virtudes morais. Contudo, seria completamente errado supor que o contentamento necessariamente ou naturalmente acompanha a passividade de caráter; e a menos que assim seja, as consequências morais são prejudiciais. Onde existe um desejo por vantagens não possuídas, o espírito que potencialmente não as possui através de suas próprias energias está propenso a olhar com ódio e malícia aqueles que as possuem. A pessoa que se agita com perspectivas esperançosas de melhorar suas circunstâncias é aquela que sente benevolência por outras pessoas empenhadas, ou que foram bem-sucedidas, na mesma busca. E, onde a maioria está deste modo empenhada, aqueles que não alcançam o objetivo fortalecem seus sentimentos através do hábito geral do país, atribuindo seu fracasso à falta de esforço ou oportunidade ou à má sorte pessoal. Mas aqueles que, enquanto desejam os que os outros possuem, não gastam nenhuma energia para obtê-lo, estão incessante-

(8) Os *pitagóricos* ou seguidores de Pitágoras (séc. VI a.C.), filósofo e matemático grego, que desenvolveram uma teoria mística de números; os *Vedas* são escrituras antigas da religião hindu. (N. T.)

mente resmungando que a fortuna não faz por eles o que eles mesmos não tentam fazer ou estão transbordando de inveja e má vontade para com aqueles que possuem o que eles gostariam de ter.

Na proporção em que se acredita que o sucesso na vida é fruto da fatalidade ou de acidente e não do esforço, nessa mesma proporção a inveja se desenvolve como uma particularidade do caráter nacional. Os mais invejosos de toda a humanidade são os orientais. Em todos os moralistas e contos orientais, o invejoso é notavelmente destacado. Na vida real, o oriental é o terror de todos aqueles que possuem algo desejável, seja um palácio, um filho bonito, ou até mesmo boa saúde e vivacidade: o efeito suposto de seu simples olhar estabelece a superstição do mal olhado que penetra em todos os lugares. Logo depois dos orientais, tanto em inveja quanto em atividade, estão alguns europeus do Sul. Os espanhóis perseguiram todos os seus grandes homens com a inveja, amargurando suas vidas, e geralmente obtendo êxito em interromper prematuramente o sucesso de tais homens[9]. Em relação aos franceses, que são essencialmente um povo do Sul, a dupla educação do despotismo e do catolicismo transformou em submissão e resignação o caráter comum do povo, apesar de seu temperamento impulsivo, juntamente com a ideia mais aceita de sabedoria e excelência; e, se a inveja de um pelo outro ou de qualquer superioridade não é mais frequente entre eles, tal circunstância deve ser atribuída aos muitos elementos valiosos que neutralizam o caráter francês e, acima de tudo, à grande energia individual que, embora seja menos persistente e mais intermitente do que nos anglo-saxões, que enfrentam as dificuldades e têm espírito de iniciativa, tem se manifestado entre os franceses em quase todas as direções nas quais a administração de suas instituições lhes seja favorável.

Existe, sem dúvida, em todos os países, o caráter realmente satisfeito que não só não procura, mas também não deseja o que ainda não possui; e tal caráter naturalmente não tolera o rancor em relação àqueles que aparentemente têm sorte mais favorável. Porém, a maior parte de contenta-

(9) Limito a expressão ao tempo passado, porque não diria nada depreciativo sobre um grande povo, e agora, finalmente, livre, que está ingressando no movimento geral do progresso europeu com um vigor que promete recuperar rapidamente o terreno perdido. Ninguém pode duvidar do que a inteligência e a energia dos espanhóis são capazes de fazer; e suas falhas, como um povo, são principalmente aquelas para as quais a liberdade e o ardor industrial são um remédio específico real. (N. A.)

mento aparente é um descontentamento real combinado com a negligência ou satisfação excessiva dos próprios desejos que, enquanto não adota nenhum meio legítimo para elevar-se, tem prazer em rebaixar os outros ao seu próprio nível. Se observarmos minuciosamente até mesmo os casos de contentamento inocente, perceberemos que eles só ganham nossa admiração quando a indiferença serve unicamente para aprimorar as circunstâncias exteriores e quando há um empenho para o desenvolvimento contínuo do valor espiritual ou, pelo menos, uma dedicação desinteressada em benefício de outros. O indivíduo satisfeito, ou a família satisfeita, que não tem a ambição de fazer outras pessoas mais felizes, de promover o bem de seu país ou de sua vizinhança, ou de aprimorar-se em excelência moral, não desperta em nós nem admiração nem aprovação. Podemos, com exatidão, atribuir esse tipo de contentamento à simples covardia e falta de espírito. O contentamento que aprovamos é uma habilidade de ficar, de bom grado, sem aquilo que não se pode ter; uma apreciação justa do valor comparativo de diferentes objetos do desejo e uma renúncia voluntária do que vale menos quando incompatível com o que vale mais. Essas são, contudo, as excelências mais naturais ao caráter, na medida em que tal caráter estiver ativamente empenhado na tentativa de melhorar a própria sorte ou a de outros. Aquele indivíduo que está continuamente medindo sua energia contra as dificuldades, aprende quais delas são insuperáveis para ele e quais são aquelas que, embora ele possa superar, não valem o esforço despendido. Aquele indivíduo cujos pensamentos e atividades são necessários e habitualmente utilizados em empreendimentos praticáveis e úteis é, entre todos os outros, o que terá menos probabilidade de deixar que seu espírito insista em um descontentamento rancoroso em relação às coisas que não valem a pena conseguir ou que não são valiosas para ele. Portanto, o caráter ativo com espírito de iniciativa não é somente o melhor, intrinsecamente, mas também provavelmente aquele que adquire tudo que realmente é excelente ou desejável no tipo oposto.

O caráter esforçado e empreendedor da Inglaterra e dos Estados Unidos é aquele que somente faz críticas desfavoráveis às questões muito secundárias sobre as quais geralmente desperdiça suas forças. Por si mesmo, é a base das melhores esperanças para o aperfeiçoamento geral da humanidade. Já se observou intensamente que, quando alguma coisa toma o rumo errado, o impulso habitual do povo francês é dizer: "*Il faut de la patience*"; e o povo inglês diz: "Que vergonha!". As pessoas que acham uma vergonha quando algo sai errado, que se precipitam à conclusão de que o mal poderia e deveria ser evitado, são aquelas que, ao decorrer do tempo, contribuem mais para tornar o mundo melhor. Se os desejos forem poucos e se estenderem só um pouco além do conforto físico e da exibição de riquezas, os resultados imediatos da energia não serão muito mais do que a extensão contínua do poder humano sobre os objetos materiais; mas até mesmo isso dá lugar e prepara os recursos mecânicos para as maiores realizações intelectuais e sociais; e, enquanto a energia estiver lá, algumas pessoas irão utilizá-la, e ela será cada vez mais aplicada para o aperfeiçoamento não somente das circunstâncias exteriores, mas também da natureza interior do homem. A falta de atividade e a ausência de aspirações e de desejos são consideradas um obstáculo para o aperfeiçoamento, o que é mais fatal do que qualquer aplicação errônea de energia; e são elas que, quando existentes na massa, tornam possível que qualquer orientação errônea por parte de pessoas enérgicas seja formidável. É principalmente esse fato que mantém a maior parte da raça humana em estado selvagem ou semisselvagem.

Agora, não pode haver nenhuma espécie de dúvida de que o tipo passivo de caráter é favorecido pelo governo de um ou de poucos, enquanto o tipo ativo, com iniciativa própria, é favorecido pelo governo de muitos. Governantes irresponsáveis precisam da tranquilidade dos governados, mais do que qualquer atividade exceto aquela que eles podem compelir. A submissão aos preceitos dos homens como necessidades da natureza é a lição incutida por todos os governos sobre aqueles que não participam dele. É preciso ceder passivamente à vontade dos superiores e à lei como vontade destes. Mas os homens não são simples instrumentos ou materiais nas mãos dos governantes se tiverem vontade, coragem ou uma mola de atividade interna em seu comportamento; e qualquer manifestação dessas qualidades, ao invés de ser encorajada pelos déspotas, tem de se fazer esquecida por eles. Mesmo quando os governantes irresponsáveis não têm consciência suficiente do perigo decorrente da atividade mental de seus subordinados a fim de reprimi-la, a situação em si é de repressão. O empenho é até mesmo restringido de modo mais eficaz através da certeza de sua incapacidade do que por qualquer desencorajamento explícito. Existe uma incompatibilidade natural entre a sujeição à vontade dos outros e as virtudes de iniciativa e de independência. Tal incompatibilidade pode ser mais ou menos completa se a servidão for reforçada ou afrouxada. Os governantes diferem muito na extensão do controle da livre ação de seus subordinados ou na supressão desta quando administram os negócios deles. Mas a diferença é em grau e não em princípio; e os melhores déspotas geralmente chegam aos maiores extremos a fim de limitar a livre ação de seus subordinados. Um déspota ruim pode algumas vezes deixar seu povo em paz quando suas indulgências pessoais forem atendidas; mas um bom déspota insiste em fazer o bem para seu povo, obrigando-o a tratar de seus negócios de uma maneira melhor do que eles mesmos sabem. Os regulamentos que limitaram todos os principais ramos das fábricas francesas a processos fixos foram obra do grande Colbert[10].

Muito diferente é o estado das faculdades humanas quando o ser humano não se sente sob qualquer restrição externa a não ser as necessidades da natureza ou os mandatos da sociedade nos quais ele tem sua parcela de imposição e dos quais ele tem o direito de discordar publicamente, no caso de achar que estão errados, e empenhar-se ativamente para alterá-los. Sem dúvida, sob um governo parcialmente popular, essa liberdade pode ser exercida até mesmo por aqueles que não participam dos privilégios totais da cidadania. Porém, é um grande estímulo adicional à iniciativa e à autoconfiança de qualquer um quando este se sente em igualdade de condições e não precisa se preocupar com o fato de que seu sucesso depende da impressão que possa causar nos sentimentos e disposições de outras pessoas. É um grande desencorajamento para um indivíduo – e ainda maior para uma classe – sentir-se fora da constituição; sentir-se reduzido a pleitear seus direitos, do lado de fora da porta, aos árbitros de seu destino, sem que o chamem para consultá-lo. O efeito máximo fortalecedor da liberdade sobre o caráter pode somente ser obtido quando o indivíduo sobre o qual tal caráter atua ou é ou está ansiosamente tentando tornar-se um cidadão tão privilegiado quanto qualquer outro. O que ainda é mais importante do que esta questão de sentimento é a disciplina prática que o caráter adquire da solicitação oca-

(10) Jean-Baptiste Colbert (1619-1683), estadista francês. (N. T.)

sional aos cidadãos para exercer alguma função social por algum tempo e em sua vez. Não se leva em consideração suficiente quão pouco existe na vida comum da maioria dos homens para lhes proporcionar qualquer grandeza de conceitos ou de sentimentos. O trabalho deles é rotineiro; não um trabalho de amor, mas de interesse próprio, na forma mais elementar, para satisfazer as necessidades diárias; nem o que se faz, nem o processo de fazê-lo, introduz ao espírito os pensamentos e sentimentos que se estendem além dos indivíduos; se eles têm acesso a livros instrutivos, não há estímulo para lê-los; e, em muitos casos, o indivíduo não tem acesso a nenhuma pessoa de cultura superior à sua. Oferecer-lhe algo para fazer em favor do público supre, até certo ponto, essas deficiências. Se as circunstâncias permitirem que uma quantidade considerável de obrigações públicas seja designada ao indivíduo, isso fará com que ele se torne um homem educado. Não obstante os defeitos do sistema social e das ideias morais da antiguidade, a prática do dicastério e da assembleia popular elevou o padrão intelectual do cidadão ateniense médio muito acima do que se possa encontrar como exemplo em qualquer outro grupo de homens, antigos ou modernos. As provas desse fato são aparentes em todas as páginas de nosso grande historiador da Grécia[11]; mas não precisamos ir além da alta qualidade dos discursos que seus grandes oradores consideravam adequados para atuar com eficácia sobre o entendimento e a vontade do povo. Um benefício semelhante, embora em grau muito menor, é proporcionado aos ingleses de classe média baixa, pela possibilidade de serem colocados em júris e de ocuparem cargos paroquiais; o que, embora não aconteça com tantos, nem seja um fato contínuo e nem os introduza a tão grande variedade de considerações elevadas para admitir comparação com a educação pública que todos os cidadãos de Atenas adquiriam de suas instituições democráticas, deve torná-los, apesar de tudo, seres muito diferentes, no que se refere às ideias e ao desenvolvimento das aptidões, daqueles que nada mais fizeram em suas vidas do que trabalhar como escriturário ou vender mercadorias em um balcão. Mais salutar ainda é o papel moral da instrução proporcionada pela participação de um simples cidadão, mesmo que rara, nas funções públicas. Ele é convocado, enquanto envolvido com a tarefa, a ponderar interesses que não são os dele; é guiado,

(11) George Grote, historiador inglês, autor de *História da Grécia*, em12 volumes, publicada entre 1846-1856. (N. T.)

em caso de reivindicações divergentes, por uma regra diferente de suas parcialidades particulares; ele deve aplicar, em cada caso, princípios e máximas que têm como razão de existência o bem público e ele geralmente encontra associados a ele, neste mesmo trabalho, espíritos mais familiarizados do que o dele com ideias e operações cujo estudo irá lhe proporcionar razões para o entendimento e estímulo para seus sentimentos em relação ao interesse geral. Isso faz com que ele se sinta parte do público, e tudo o que for para o benefício do público, também será para o seu próprio. Onde não existe esta escola de espírito público, raramente alimenta-se qualquer ideia de que as pessoas comuns, que não possuem posição social elevada, têm obrigações para com a sociedade, exceto a de obedecer às leis e submeter-se ao governo. Não existe nenhum sentimento desinteressado de identificação com o público. Todos os pensamentos ou sentimentos, de interesse ou de dever, são absorvidos pelo indivíduo ou pela família. O homem nunca pensa em qualquer interesse coletivo, em qualquer objetivo a ser perseguido em conjunto com outras pessoas, mas somente na competição com outros e até certo ponto à custa deles. Um vizinho, não sendo um aliado ou um associado, uma vez que nunca está envolvido em qualquer empreendimento comum para o benefício mútuo, é, consequentemente, um simples rival. Portanto, até mesmo a moralidade privada sofre enquanto a moralidade pública é realmente extinta. Se essa fosse a única situação possível e universal, as aspirações mais elevadas do legislador ou do moralista poderiam somente transformar grande parte da comunidade em um rebanho de carneiros inocentemente mordiscando a grama lado a lado.

A partir dessas considerações, é evidente que o único governo capaz de satisfazer completamente todas as exigências do estado social é aquele em que o povo todo possa participar; no qual qualquer participação, mesmo na função pública mais modesta, é útil; um governo em que a participação deverá ser, em toda parte, tão grande quanto permita o grau geral de aprimoramento da comunidade; e, no qual, nada menos possa ser desejado do que a admissão de todos a uma parte do poder soberano do estado. Porém, uma vez que é impossível, em uma comunidade maior do que uma única cidade, que todos participem pessoalmente de todos os negócios públicos, a não ser de muito poucos, conclui-se que o tipo ideal de governo perfeito deve ser o representativo.

CAPÍTULO IV

EM QUE CONDIÇÕES SOCIAIS O GOVERNO REPRESENTATIVO SE TORNA INAPLICÁVEL

Já reconhecemos o governo representativo como tipo ideal da forma mais perfeita de governo, para o qual, em consequência, qualquer parte da humanidade melhor se adapta em proporção ao seu grau de aprimoramento geral. Quanto menor for a condição de desenvolvimento de um povo, essa forma de governo será, falando em termos gerais, menos apropriada para eles; embora, tal fato não seja uma verdade universal, pois a adaptação de um povo ao governo representativo não depende tanto do lugar que tal povo ocupa na escala geral da humanidade, quanto do grau em que possui certos requisitos especiais; contudo, tais requisitos estão tão intimamente conectados com seu grau de aprimoramento geral que qualquer variação entre os dois deve ser considerada mais exceção do que regra. Vamos examinar até que ponto em uma sequência descendente, o governo representativo deixa de ser inteiramente admissível, seja pela própria incapacidade ou em virtude de capacidade superior de algum outro regime.

Em primeiro lugar, o governo representativo, assim como qualquer outro, deve ser inadequado em qualquer caso em que não possa subsistir permanentemente – ou seja, quando não preencha as três condições fundamentais enumeradas no primeiro capítulo. Tais condições são: 1°, que o povo esteja disposto a recebê-lo; 2°, que esteja disposto e seja capaz de fazer o que for necessário para preservá-lo; 3°, que esteja disposto e seja capaz de cumprir com os deveres e desempenhar as funções impostas.

A disposição do povo em aceitar o governo representativo somente se torna uma questão prática quando um governante esclarecido ou nação ou nações estrangeiras que dominem o país estejam dispostas a oferecer vantagens ao povo. A questão é quase que irrelevante para os reformadores individuais, uma vez que nenhuma objeção pode ser feita em relação às suas iniciativas, a não ser a opinião da nação que ainda não está do seu lado, eles têm a resposta pronta e adequada com o único propósito de colocar a opinião pública a seu favor. Quando a opinião é realmente contrária, sua hostilidade deve-se, em geral, ao fato da mudança, e não ao governo representativo em si. Existem alguns exemplos do caso contrário; houve, algumas vezes, uma repugnância religiosa a qualquer limitação do poder de uma linha particular de governantes; mas, em geral, a doutrina da obediência passiva significava somente submissão à vontade do poder existente, fosse monárquico ou popular. Em qualquer caso em que seja possível fazer uma tentativa de introduzir o governo representativo, os obstáculos esperados são a indiferença com tal governo e a incapacidade de entender seus processos e requisitos mais do que a oposição real. Contudo, tais obstáculos são tão fatais e podem ser tão difíceis de eliminar quanto a aversão propriamente dita; na maioria dos casos, é mais fácil mudar a direção de um sentimento ativo do que criar um sentimento em um estado anteriormente passivo. Quando um povo não valoriza a constituição representativa o suficiente, nem se dedica a ela, é quase impossível conservá-la. Em qualquer país, o executivo é o ramo do governo que exerce o poder imediato e está em contato direito com o público; as esperanças e os temores dos indivíduos são direcionados principalmente a ele e através deste, tanto os benefícios quanto os temores e prestígio do governo são representados aos olhos do povo. Portanto, a menos que as autoridades, cuja função é controlar o executivo, sejam apoiadas por uma opinião e por um sentimento eficaz no país, o executivo sempre terá os meios de afastar tais opiniões e sentimentos ou forçá-los a subserviência e com certeza terá apoio para fazê-lo. As instituições representativas dependem necessariamente, para permanência, da presteza do povo em lutar por elas, no caso de serem ameaçadas. Se não lhes derem o devido valor, raramente conseguirão afirmar-se e, se isso acontecer, elas certamente serão derrubadas tão logo o chefe de governo ou qualquer líder partidário possa reunir forças para um *coup de main* e esteja disposto a arriscar-se pelo poder absoluto.

Essas considerações estão relacionadas às duas primeiras causas de fracasso do governo representativo. A terceira acontece quando o povo não tem vontade nem capacidade de exercer o papel que lhe pertence na constituição representativa. Quando ninguém, ou somente uma pequena parte, sente o grau de interesse pelos assuntos gerais do Estado necessários para a formação de uma opinião pública, os eleitores raramente usarão o direito de sufrágio a não ser para atender aos próprios interesses, ou ao interesse da localidade, ou de alguém a quem estejam ligados como adeptos ou dependentes. A pequena classe que, nesse estado de sentimento público, conseguiu o controle do corpo representativo, na maior parte dos casos, irá utilizá-lo somente como um meio de promover o próprio enriquecimento. Se o executivo for fraco, o país será perturbado por simples lutas por posicionamento; se ele for forte, irá tornar-se despótico, com a insignificante tarefa de acalmar os representantes ou alguns deles que são capazes de causar problemas para obter qualquer vantagem; o único fruto produzido pela representação nacional é que, além daqueles que realmente governam, existe uma assembleia acantonada sobre o público, não havendo nenhuma possibilidade de remover qualquer violação na qual parte da assembleia esteja interessada. Porém, quando o mal é interrompido neste ponto, talvez possa valer a pena pagar o preço, pela publicidade e discussão que, embora não invariavelmente, são consideradas um acompanhante natural de qualquer representação, até mesmo nominal. No reino moderno da Grécia, por exemplo[12], dificilmente pode-se duvidar que aqueles indivíduos que buscam uma colocação na assembleia representativa, embora pouco ou nada contribuam diretamente para um bom governo, nem mesmo amenizando o poder arbitrário do executivo, ainda mantém a ideia dos direitos populares, conduzindo em grande parte à liberdade real de imprensa existente naquele país. Esse benefício, contudo, depen-

(12) Escrito antes da revolução salutar de 1862, que, provocada pela aversão popular ao sistema de governo através da corrupção e da desmoralização geral dos políticos, proporcionou a esse povo, que rapidamente aprimorou suas condições, uma nova e esperançosa oportunidade de um governo constitucional verdadeiro. (N. A.)

de inteiramente da coexistência de um rei hereditário com o corpo popular. Se, ao invés de lutar pelos favores do governante principal, essas facções egoístas e sórdidas lutassem pela colocação propriamente dita, elas, certamente, manteriam o país em um estado de revolução crônica e de guerra civil, como acontece da América Espanhola. Um despotismo, nem mesmo legal, mas de violência ilegal, seria exercido como alternativa por uma sucessão de políticos aventureiros, e o nome e as formas de representação não teriam nenhum efeito a não ser impedir que o despotismo atingisse estabilidade e segurança através das quais é possível mitigar seus males ou realizar algumas de suas vantagens.

Os casos precedentes são aqueles em que o governo representativo não é capaz de existir permanentemente. Existem outros que provavelmente tal governo possa existir, mas nos quais seria preferível alguma outra forma de governo. Estes casos são, principalmente, quando o povo, com o propósito de aprimorar a civilização, tem alguma lição para aprender, algum hábito não adquirido e para tal aquisição, o governo representativo provavelmente torne-se um obstáculo.

O mais evidente destes casos é o que já consideramos anteriormente, no qual o povo deve ainda aprender a primeira lição de civilização, ou seja, a da obediência. Uma raça que tivesse sido treinada em energia e coragem pelas lutas com a natureza e com seus vizinhos, mas que ainda não tivesse sido colocada em obediência permanente a qualquer superior comum, provavelmente não seria capaz de adquirir esse hábito sob o governo coletivo de sua sociedade. Uma assembleia representativa formada por eles mesmos simplesmente refletiria a própria insubordinação turbulenta. Recusaria a autoridade de todos os procedentes que impusessem sobre sua independência selvagem qualquer restrição visando o aperfeiçoamento. O modo pelo qual tais tribos geralmente são levadas a submeter-se às condições primárias da sociedade civilizada é obtido através das necessidades de guerra e da autoridade despótica indispensável ao comando militar. Um líder militar é o único superior a quem eles se submeteriam, exceto em algumas ocasiões, quando poderiam também se submeter a algum profeta supostamente inspirado pelos céus ou feiticeiro considerado como possuidor de poderes miraculosos. Estes poderão exercer uma influência temporária, mas, por ser meramente pessoal, raramente causarão qualquer mudança nos hábitos gerais do povo, a menos que o profeta, como Maomé, também seja um chefe militar e apresente-se como apóstolo armado de uma nova religião; ou a menos que os chefes militares se unam contra a influência de tal profeta e a transformem em um suporte do próprio governo.

Um povo não é menos capacitado para um governo representativo pelo defeito oposto ao que foi especificado por último; pela extrema passividade e pronta submissão à tirania. Contudo, se um povo prostrado pelo caráter e pelas circunstâncias pudesse obter instruções representativas, eles inevitavelmente escolheriam seus tiranos como representantes e o jugo seria mais pesado, sobre eles através do instrumento, que *prima facie* poderia aliviá-los de tal jugo. Ao contrário, muitos povos gradualmente emergiam dessa condição através do auxílio de uma autoridade central, cuja posição a tornou rival e terminou por transformar tal autoridade no senhor dos déspotas locais e, acima de tudo, única. A história francesa, desde Hugo Capeto a Richelieu e Luís XIV, é um exemplo contínuo desse curso dos acontecimentos, mesmo quando o Rei era raramente tão poderoso quanto seus principais vassalos, a grande vantagem que ele obtinha por ser o único foi reconhecida pelos historiadores franceses. Os olhos de todos os oprimidos estavam voltados para eles; ele era o objeto de esperança e confiança por todo o reino; enquanto que cada potentado local somente era poderoso dentro de um espaço mais ou menos confirmado. Em suas mãos, todas as partes do país buscavam refúgio e a proteção contra o primeiro e depois contra outros opressores imediatos. Seu progresso para influência era lento; mas resultava de sucessivas vantagens tiradas das oportunidades que o povo lhe oferecia. Era, portanto, segura; e, na medida em que era alcançada, enfraquecia o hábito de submissão à opressão na parte oprimida da comunidade. O interesse do Rei está em encorajar todas as tentativas parciais da parte dos servos para emancipar-se de seus senhores e colocar-se em subordinação imediata a ele. Sob sua proteção numerosas comunidades foram formadas e que não reconheciam ninguém superior a não ser o Rei. A obediência a um monarca distante é a própria liberdade, comparada com o domínio do senhor do castelo vizinho; e o monarca era muitas vezes obrigado pelas necessidades de sua posição a exercer sua autoridade como aliado, ao invés de senhor, das classes a quem ele tinha auxiliado a libertar. Deste modo, um poder central, despótico quanto aos princípios, embora geralmente muito restrito em prática, era principalmente um instrumento para conduzir o povo através de um estágio necessário de aprimoramento, que o governo representativo, caso fosse verdadeiro, teria provavelmente evitado que eles passassem. Nada menos de que o governo despótico, ou um massacre geral, poderia ser realizado a emancipação dos escravos no império russo.

As mesmas passagens da história forçosamente ilustram um outro modo pelo qual a monarquia sem limites supera os obstáculos para o progresso da civilização, que o governo representativo decididamente poderia ter agravado. Um dos obstáculos mais fortes para o aprimoramento, até um estágio bem avançado, é um espírito inveterado do caráter local. Partes da humanidade, em muitos outros aspectos capazes de obter a liberdade e preparadas para ela, podem ser incapazes de juntar-se para formar uma nação, por menor que seja. Não somente a rivalidade e as antipatias podem repelir umas das outras – e bloquear todas as possibilidades de união voluntária –, mas elas podem ainda não ter adquirido nenhum dos sentimentos ou hábitos que poderiam tornar a união real, supondo que tal união seja nominalmente realizada. Elas podem, assim como cidadãos de uma comunidade antiga, ou aqueles de uma vila asiática, ter obtido considerável prática no exercício de suas faculdades para os interesses da vila ou da cidade, e ter realizado até mesmo um governo popular tolerantemente efetivo em escala restrita, e podem ainda ter somente leve simpatia por algo mais e nenhum hábito ou capacidade de lidar com os interesses comuns a muitas dessas comunidades. Não tenho ciência que a história tenha proporcionado qualquer exemplo no qual corpúsculos políticos tenham se unido em uma sociedade e aprendido a viver como um só povo, exceto através de sujeição prévia a uma autoridade central comum a todos[13]. É através do hábito de aceitação dessa autoridade, fazendo parte de seus planos e sendo útil aos seus propósitos, que um povo como o que estamos su-

(13) A Itália, que é o único país a ser citado como exceção, só é o único no estágio final de sua transformação. O avanço anterior mais difícil de isolamento urbano de Florença, Pisa ou Milão para a unidade provincial da Toscana ou da Lombardia, aconteceu de modo usual. (N. A.)

pondo, recebe em seu espírito a concepção de amplos interesses, comuns a uma considerável exclusão geográfica. Tais interesses, ao contrário, são necessariamente a consideração predominante no espírito do governante central; e por meio das relações, mais ou menos íntimas, que ele progressivamente estabeleceu com as localidades, elas se familiarizam com o espírito geral. O ponto de convergência mais favorável das circunstâncias sob os quais esse passo em direção ao aprimoramento poderia ser dado, seria aquele em que fosse possível criar instituições representativas sem o governo representativo; corpo ou corpos representativos, criados nas localidades, que pudessem auxiliar e ser instrumento do poder central, mas raramente tentando contrariá-lo ou controlá-lo. Dessa forma, se o povo pode aconselhar, embora sem compartilhar do poder supremo, a educação política proporcionada pela autoridade central será levada as chefes locais e à população em geral de modo muito mais eficaz do que qualquer outra maneira; ao passo que, ao mesmo tempo, será mantida a tradição de governo por consentimento geral ou, no mínimo, a sanção da tradição não é concedida ao governo que não a possui, o que, quando consagrado pelo costume, frequentemente coloca um fim a um bom começo e é uma das causas mais comuns da triste fatalidade que, na maior parte dos países interrompeu o aperfeiçoamento em um estágio primário, porque o trabalho de um determinado período foi realizado a fim de impedir o trabalho necessário das etapas seguintes. Enquanto isso, pode-se estabelecer como verdade política o fato de ser possível por meio de uma monarquia irresponsável mais do que o governo representativo, unir inúmeras unidades políticas insignificantes em um povo, com sentimentos comuns de coesão, poder suficiente para proteger-se contra a conquista ou agressão estrangeira, negócios suficientemente diversificados e consideráveis para ocupar dignamente e expandir a inteligência social e política da população em proporções adequadas.

Por essas várias razões, o governo real, livre do controle (embora talvez reforçado pelo apoio) de instruções representativas, é a forma de governo mais adequada para os primeiros estágios de qualquer comunidade, sem exceção da cidade-comunidade semelhante àquelas da Grécia antiga, em que, consequentemente, o governo dos reis, sob controle real, mas não ostensivo ou constitucional por parte da opinião pública, historicamente precedeu todas as instituições livres por um período desconhecido e provavelmente muito extenso e, finalmente, deu lugar às oligarquias de poucas famílias durante um intervalo considerável de tempo.

Centenas de outras debilidades ou deficiências de um povo podem ser destacadas, o que *pro tanto*[14] o torna incapaz de utilizar o governo representativo da melhor forma; mas, no que se refere a tais debilidades, não é igualmente evidente que o governo de um ou de poucos pudesse ter qualquer tendência para curar ou aliviar o mal. Caso preconceitos de qualquer espécie, adesão obstinada e deficiência de desenvolvimento mental prevaleçam em um povo, isto se refletirá fielmente em suas assembleias representativas; e, no caso da administração executiva e de gerenciamento direto de negócios públicos estar nas mãos de pessoas comparativamente livres de tais defeitos, maior bem frequentemente resultaria para eles quando não fossem impedidos pela necessidade de submeterem-se ao consentimento voluntário de tais corpos. Porém, a simples posição dos governantes, neste como em outros casos que examinamos, não os investe de interesses e tendências que atuem em direção benéfica. Provavelmente, o líder e seus conselheiros ou os poucos não fiquem habitualmente isentos da fraqueza geral do povo ou do estado da civilização; exceto no caso de estrangeiros que pertençam a um povo superior ou estejam em um estádio mais avançado da sociedade. Então, de fato, os governantes poderão ser, quase em qualquer extensão, superiores em civilização àqueles a quem governam; e a sujeição a um governo estrangeiro dessa natureza, apesar de seus males inevitáveis, é geralmente mais vantajoso para um povo, conduzindo-o rapidamente através de vários estágios de processos e eliminando obstáculos para o aprimoramento que poderiam durar indefinidamente, se a população submetida ficasse sem assistência à suas tendências e oportunidades naturais. Em um país que não está sob o domínio de estrangeiros, a única causa em condições de produzir benefícios semelhantes seria o raro surgimento de um monarca de gênio extraordinário. Houve na história, poucos deles que, felizmente para a humanidade, reinaram

(14) Expressão latina que consta no texto original de Stuart Mill e que significa "por tanto", "por tudo isso". (N. T.)

por tempo suficiente para tornar permanentes alguns de seus melhoramentos, deixando-os sob guarda de uma geração que cresceu sob sua influência. Carlos Magno[15] pode ser citado como um exemplo; Pedro I, o Grande[16], é outro. Contudo, tais exemplos são tão raros que só podem ser classificados como acidentes felizes, destinados frequentemente a decidir em momento crítico se certa parte orientadora da humanidade deveria repentinamente dar um passo à frente ou voltar ao barbarismo: oportunidades como a existência de Temístocles[17], na época da invasão persa, ou do primeiro ou terceiro Guilherme de Orange[18]. Seria absurdo construir instituições para o simples propósito de tirar vantagens de tais possibilidades; especialmente porque homens desse calibre, em qualquer posição diferenciada, não precisam de poder despótico para exercer grande influência, como evidenciado nos três últimos casos mencionados. O caso que exige mais consideração, em relação às instituições, é aquele que não é muito incomum, no qual uma pequena parte da população, embora dirigente, de raça diferente, de origem mais civilizada ou de outras particularidades de circunstância, é notavelmente superior em civilização e caráter geral em relação a todo o resto sob tais condições, o governo feito pelos representantes da massa teria a oportunidade de privar o povo do benefício que ele poderia obter de maior civilização com classificações superiores; ao passo que o governo feito pelos representantes de tais classificações provavelmente estabeleceria a degradação da multidão e não lhes deixaria nenhuma esperança de tratamento decente a não ser livrá-los de um dos elementos mais valiosos de aprimoramento de um povo assim formado, está na existência de autoridade constitucionalmente ilimitada ou pelo menos, praticamente preponderante, no principal governante de classe dominante. Somente ele, pela sua posição, tem interesse em elevar e aprimorar a massa que não lhe inspira zelo, como um contrapeso aos seus associados, por quem ele deve zelar. E, se circunstâncias afortunadas colocarem ao seu lado um

(15) Carlos Magno (747-814), rei dos francos, depois também dos lombardos e coroado imperador do ocidente pelo papa no ano 800. (N. T.)

(16) Pedro I, o Grande (1672-1725), czar da Rússia. (N. T.)

(17) Temístocles (528-462 a.C.), estadista grego. (N. T.)

(18) Guilherme I (1533-1584), rei da Holanda e Países Baixos; Guilherme III (1650-1702), rei da Holanda e da Inglaterra. (N. T.)

corpo representativo de casta superior não como controladores, mas como subordinados, que através de suas abjeções e questionamento, e por meio de suas ocasionais explosões de espírito, mantenha vivos os hábitos da resistência coletiva e possa admitir expandir-se, em tempo e um grau, em uma representação nacional (o que é, na essência, a história do Parlamento inglês), a nação terá, então, as perspectivas mais favoráveis de aprimoramento, que podem muito bem ocorrer em uma comunidade constituída de tal forma e colocada em tal circunstância.

Entre as tendências que, sem tornar, absolutamente, um povo incapaz para o governo representativo, seriamente impediam esse povo de colher todos os benefícios, uma merece atenção especial. Existem dois estados de inclinações, inteiramente muito diferentes, mas que possuem algo em comum, e em virtude disso frequentemente coincidem na direção que conferem aos esforços dos indivíduos e das nações: um desses estados é o desejo de exercitar o poder sobre as outras pessoas, o outro é a relutância em permitir que se exerça poder sobre si. A diferença entre diferentes partes da humanidade, quanto à força relativa dessas duas disposições, é um dos principais elementos da história. Existem nações nas quais a paixão de governar outros é tão mais pessoal, que pela simples sombra de um se encontram dispostos a sacrificar o outro por inteiro. Cada um deles tem o desejo, como soldado de um exército, de entregar sua liberdade pessoal de ação nas mãos de seu general, contanto que o exército seja triunfante e vitorioso e ele seja capaz de vangloriar-se de ser membro da parte conquistadora, embora a noção que o próprio tenha qualquer participação no domínio exercido sobre os conquistados seja simples ilusão. Tal povo não se agrada de um governo rigorosamente limitado em seus poderes e atribuições, do qual se exija pouca interferência, deixando que quase todas as coisas continuem sem assumir o papel de responsável ou diretor. Aos olhos de tal povo, aqueles que detêm a autoridade dificilmente poderão assumir responsabilidade demasiadamente, a não ser que a própria autoridade esteja aberta para competição geral. O indivíduo médio desse povo prefere ter a chance, embora distante ou improvável, de exercer algum poder sobre seus concidadãos, acima da certeza, para si mesmo e para os outros, de não ter nenhum poder desnecessário exercido sobre eles. Esses são os elementos de um povo que busca colocações, no qual o curso da política é principalmente determinado por tal busca e em que somente importa a igualdade e não a liberdade; no qual as controvérsias dos partidos políticos não são nada mais do que lutas para decidir se o poder de interferir em tudo deve permanecer a uma classe ou a outra, talvez simplesmente a um grupo de homens públicos ou a outro; no qual a ideia alimentada pela democracia é simplesmente aquela de abrir cargos para competição de todos e não somente de alguns; no qual, quanto mais as instituições forem populares, tanto mais serão as posições criadas e mais monstruoso será o supergoverno exercido por todos sobre cada um, e pelo executivo sobre todos. Seria tão injusto quanto pouco generoso apresentar essa descrição ou algo que se aproxime dela, como um quadro não exagerado do povo francês; contudo, o grau no qual eles realmente participam desse tipo de caráter tem causado a decadência do governo representativo por uma classe limitada em razão do excesso de corrupção, e a tentativa de fazer um governo representativo formado somente pela população masculina, proporcionando a um só homem o poder de enviar, sem julgamento, qualquer parte restante para Lambessa ou Caiena[19], contanto que tal homem permita a todos pensarem que não estão excluídos da possibilidade de partilhar de seus favores. O ponto de caráter que, acima de qualquer outro, torna o povo de nosso país adequado para o governo representativo é que possui quase universalmente a característica oposta. O povo inglês é muito cioso de qualquer tentativa de se exercer o poder sobre ele, não sancionado por um longo uso e por sua opinião de direito; mas, em geral, se preocupa muito pouco em exercer poder sobre outras pessoas. Não tendo a menor simpatia pela paixão de governar, enquanto estão bem informados sobre os motivos de interesse particular que levam à conquista do poder, eles preferem que o governo seja realizado por aqueles que o recebem sem procurar, como consequência da posição social. Se os estrangeiros pudessem estender tal fato, eles se dariam conta de algumas contradições aparentes nos sentimentos dos ingleses; sua presteza sem hesitação em deixar-se governar pelas classes superiores, conjuga-

(19) Lambessa ou Lambese ou Tazoult, cidade da Argélia, país que era na época do autor uma possessão francesa; Caiena é a capital da Guiana Francesa que ainda é possessão francesa. (N. T.)

da à subserviência pessoal tão pequena, que nenhum povo tem maior prazer em resistir à autoridade sempre que ultrapassa certos limites prescritos, ou seja, tão determinado para fazer com que seus governantes sempre se lembram que ele só será governado pelo modo que julga melhor. Consequentemente, a busca de colocações é uma forma de ambição considerada nacionalmente estranha para os ingleses. Se excluirmos as poucas famílias ou ligações destas, cujo emprego oficial encontra-se diretamente em seu caminho, os pontos de vista dos ingleses com relação à ascensão na vida tomam uma direção totalmente diferente – a do sucesso nos negócios e na profissão. O povo inglês tem um profundo desgosto pela simples disputa de cargos por partidos políticos ou por indivíduos, e existem poucas coisas entre as quais eles têm maior aversão do que a multiplicação de empregos públicos; algo que, ao contrário, é sempre popular entre as nações do continente dominadas pela burocracia, que preferem pagar impostos mais altos do que diminuir pela menor fração suas chances individuais de uma colocação para si ou para seus parentes e entre os quais um brado por redução de despesas nunca significaria a supressão de cargos, mas a redução de salários daqueles cargos que são por demais importantes para que o cidadão comum tenha alguma chance de ser indicado para ocupá-los.

CAPÍTULO V

DAS FUNÇÕES PECULIARES DOS CORPOS REPRESENTATIVOS

Ao tratar do governo representativo, é preciso, acima de tudo, não perder de vista a diferença entre suas ideias ou sua essência e as formas particulares com que a ideia foi revestida pelos aprimoramentos históricos acidentais ou por noções atuais sobre algum período em particular.

O significado do governo representativo é que o povo inteiro ou uma parte numerosa dele exerce, através dos deputados periodicamente elegidos pelo povo, o extremo poder controlador que, em qualquer constituição, deve residir em alguma parte. O povo deve possuir esse poder extremo por completo. O povo deve ser o senhor, quando lhe aprouver, de todas as operações do governo. Não há necessidade que a lei constitucional lhe atribua essa supremacia. A Constituição britânica não a concede. Mas o que a Constituição concede é praticamente o equivalente a tal supremacia. O poder do controle final é tão essencialmente único em um governo misto e equilibrado quanto em uma simples monarquia ou democracia. Esta é a parte da verdade na opinião dos antigos, restabelecida por grandes autoridades em nossa época, que uma constituição equilibrada é impossível. Quase sempre existe um equilíbrio, mas os lados da balança nunca estão na mesma altura. Aquele que predomina nem sempre se torna aparente na face das instituições políticas. Na Constituição britânica, cada um dos três membros coordenados da soberania possui poderes que, se exercidos completamente, poderia fazer parar todo o mecanismo do governo. Nominalmente, portanto, cada um deles possui poder igual para contrariar e obstruir os outros dois; e se, ao exercer esse poder, qualquer um dos três tivesse a esperança de melhorar sua posição, o curso comum dos negócios humanos não nos deixaria duvidar de que tal poder seria exercido. Não pode haver dúvida de que os poderes totais de cada um seriam defensivamente utilizados, se um deles se sentisse atacado por um ou pelos outros dois. O que impede, então, que esses mesmos poderes sejam exercidos agressivamente? As máximas não escritas da Constituição – em outras palavras, a moralidade política, positiva do país; essa moralidade é o que devemos considerar se quisermos saber sobre quem realmente reside o poder supremo da Constituição.

Pela lei constitucional, a Coroa pode recusar seu consentimento em qualquer Ato do Parlamento e pode nomear qualquer Ministro para o cargo e mantê-lo neste, em oposição aos protestos do Parlamento. Porém, a moralidade constitucional do país anula esses poderes, evitando que sejam usados alguma vez e, exigindo que o chefe da Administração seja sempre virtualmente indicado pela Câmara dos Comuns, o que torna esse grupo o soberano real do Estado. Essas regras que não são escritas e limitam o uso dos poderes legais são, contudo, somente eficientes e conservadas sob a condição de harmonia com a distribuição real da força política existente. Em qualquer constituição, existe um poder mais forte – um que seria vitorioso se os compromissos através dos quais a Constituição habitualmente funciona fossem suspensos e houvesse um teste de força. As máximas da Constituição são respeitadas e praticamente eficazes, contanto que elas atribuam a predominância na Constituição àquela dos poderes onde prepondera o poder ativo executivo. Na Inglaterra, este é o poder popular. Portanto, se as provisões legais da Constituição Inglesa, em conjunto com as máximas não escritas pelas quais se regula de fato a conduta de diferentes autoridades políticas, não proporcionam ao elemento popular da Constituição a supremacia sobre cada departamento do governo, que corresponde ao seu poder real no país, a Constituição não possuiria a estabilidade que a caracteriza; as leis ou as máximas não escritas teriam que ser mudadas em breve. O governo britânico é, portanto, um governo representativo no sentido correto do termo e os poderes que deixa nas mãos não diretamente responsáveis perante o povo, só podem ser considerados como precauções que o poder governante aceita que sejam tomadas contra seus próprios erros. Tais precauções existem em todas as democracias bem instituídas. A constituição ateniense possuía muitas precauções dessa natureza, assim também a dos Estados Unidos.

Mas, enquanto é essencial para o governo representativo que a supremacia prática no Estado resida nos representantes do povo, é uma questão aberta sobre quais funções e qual parte exata da máquina do governo devem ser, de fato, direta e pessoalmente exercidas pelo corpo representativo. Quanto a esse assunto, uma grande variedade é compatível com a essência do governo representativo, contanto que as funções possam assegurar ao corpo representativo o controle de tudo em última instância.

Existe uma diferença radical entre controlar os negócios do governo e realizá-los de fato. A mesma pessoa ou corpo pode ser capaz de controlar tudo, mas pode não ser capaz de fazer tudo; e, em muitos casos, o seu controle sobre tudo será mais perfeito quanto menos tentar exercê-lo pessoalmente. O comandante de um exército não poderia dirigir os movimentos de tal exército de modo eficiente se ele mesmo tivesse que combater ou conduzir um ataque. Acontece o mesmo com grupos de homens. Existem determinadas coisas que só podem ser feitas por grupos e outras que não podem ser bem feitas por eles. Uma questão, portanto, é saber o que uma assembleia popular deve controlar, e outra o que ela própria deve fazer. Ela deve, como já vimos, controlar todas as operações do governo. Mas, a fim de determinar o canal através do qual esse controle geral poderá ser exercido da melhor forma e qual a parte dos negócios do governo a assembleia representativa deve manter sob seu controle, é necessário considerar os tipos de negócios que um corpo numeroso tem competência para realizar adequadamente. Esse corpo deve assumir a responsabilidade pessoal por aquilo que é capaz de executar bem. Quanto ao resto, não lhe cabe fazer, mas providenciar meios para que seja feito por outros.

Por exemplo, o dever que é considerado como responsabilidade peculiar, mais do que qualquer outro, da assembleia representativa de um povo, é o de votar os impostos. Apesar disso, em nenhum país o corpo representativo se compromete, por si mesmo ou por meio de seus oficiais, em preparar as estimativas. Embora os créditos só possam ser votados pela Câmara dos Comuns e embora a sanção da Câmara também seja necessária para a distribuição das receitas para os diferentes itens da despesa pública, é a máxima e a prática uniforme da Constituição que o dinheiro somente seja concedido por proposta da Coroa. Sem dúvida, sentiu-se que a moderação quanto à quantia e ao cuidado e julgamento no detalhe de sua aplicação só pode ser esperada quando o poder executivo, por cujas mãos tudo deve ser passado, assume a responsabilidade pelos planos e cálculos em que se baseiam as despesas. Consequentemente, não se espera, assim como não é permitido, que o Parlamento crie diretamente impostos ou despesas. Tudo que lhe é pedido é o consentimento, e o único poder que possui é o da recusa.

Os princípios que estão envolvidos e que são reconhecidos nesta doutrina constitucional, uma vez seguidos até onde for permitido, são utilizados para guiar a limitação e a definição das funções gerais das assembleias representativas. Em primeiro lugar, admite-se em todos os países, onde o sistema representativo é compreendido sob um aspecto prático, que numerosos corpos representativos não devem exercer a administração. Esta máxima está baseada não só nos princípios mais essenciais de um bom governo, mas naqueles de conduta bem-sucedida de negócios de qualquer descrição. Nenhum grupo de homens, a menos que, esteja organizado e sob comando, está apto para agir, no sentido próprio. Até mesmo um corpo escolhido, composto de poucos membros, e estes especialmente familiarizados com o trabalho a ser executado, será sempre um instrumento inferior a algum indivíduo que possa encontrar-se entre eles e, que poderia aprimorar o caráter se fosse eleito como chefe e todos os outros fossem colocados como subordinados. A deliberação é o que um corpo pode fazer melhor do que qualquer outro indivíduo. Quando é necessário ou importante obter manifestações e considerações sobre muitas opiniões divergentes, um corpo deliberativo torna-se indispensável. Tais corpos, portanto, são frequentemente úteis mesmo para assuntos administrativos, mas em geral, somente como conselheiros; sendo que tais assuntos, via de regra, são conduzidos de melhor forma sob a responsabilidade de um só. Até mesmo uma empresa por ações sempre tem na prática, se não na teoria, um diretor administrativo; a boa ou má administração depende essencialmente das qualificações de uma determinada pessoa e os outros diretores, quando têm alguma utilidade, prestam serviços pelas sugestões feitas a essa pessoa ou pelo poder que possuem de fiscalizá-lo, impedindo-o ou removendo-o no caso de má conduta. Não há nenhuma vantagem para eles em compartilhar igualmente na administração, mas sim um contrapeso considerável contra qualquer bem que sejam capazes de fazer, enfraquecendo grandemente o senso de responsabilidade individual no espírito daquele e dos demais, no qual tal espírito deve destacar-se pessoal e inteiramente.

Mas uma assembleia popular é ainda menos adequada para administrar ou dar ordens detalhadas àqueles que são responsáveis pela administração. Mesmo quando a intenção é honesta, a interferência é quase sempre prejudicial. Cada ramo da administração pública é uma atividade especializada, que possui os próprios princípios e regras tradicionais, muitas delas nem mesmo são conhecidas de modo eficaz, exceto para aqueles que tomaram parte, em alguma ocasião, da administração dos negócios e, provavelmente, nenhum deles aprecie devidamente as pessoas que não estejam praticamente em contato com tal departamento. Não quero dizer que a realização dos negócios públicos tenha mistérios esotéricos somente compreendidos pelos iniciados. Seus princípios podem ser todos inteligíveis por qualquer pessoa de bom senso que tenha em seu espírito um quadro verdadeiro das circunstâncias e condições que terá de enfrentar; mas, para tanto, será preciso que ele conheça tais circunstâncias e condições, e esse conhecimento não é adquirido por intuição. Existem muitas regras da maior importância em cada ramo dos negócios públicos (como também existem em cada ocupação privada), sobre as quais uma pessoa sem experiência no assunto ignora a razão ou nem mesmo suspeita da existência, porque estas são destinadas a enfrentar perigos ou a evitar inconvenientes que nunca passaram pelo pensamento de tal pessoa. Conheço homens públicos e ministros, de capacidade natural acima do comum, que ao serem apresentados pela primeira vez a um departamento de assuntos novos para eles, provocaram risos dos subordinados pelo ar com que receberam a verdade até então desconhecida e porque somente eles deram importância a algo que provavelmente qualquer um iria desconsiderar depois de ter conhecimento. É verdade que um grande estadista é aquele que sabe quando deve se afastar das tradições, assim como quando deve respeitá-las. Mas é um grande erro supor que ele fará isso de forma melhor por ignorar as tradições. Ninguém que não conheça inteiramente os modos de ação, que a experiência comum pode sancionar, é capaz de julgar as circunstâncias que exigem o abandono de tais modos. Os interesses que dependem dos atos realizados por um departamento público e as possíveis consequências por seguir qualquer modo de conduzi-lo em particular, exigem certo conhecimento para ponderar e avaliar tais consequências, assim como um julgamento especialmente exercido, que raramente é encontrado nos que estão familiarizados com tal como a habilidade de reformular a lei nos que não estudaram profissionalmente para isso. Todas essas dificuldades certamente são ignoradas por uma assembleia representativa que tenta tomar decisões sobre atos de administração. Na melhor das hipóteses, é a inexperiência participando em julgamento da experiência e a ignorância em julgamento de conhecimento; tal ignorância não suspeitando da existência do que não conhece é igualmente descuidada e pretensiosa, desprezando, se não ressentindo, todas as pretensões de obter um julgamento melhor e que mereça mais atenção do que o seu próprio. Assim acontece quando não há interferência de motivos de interesse; mas, quando tal acontece, o resultado é a negociata mais descarada e audaciosa do que a pior corrupção que possa ocorrer em departamento público sob governo de publicidade. Não é necessário que a influência interessada se estenda à maioria da assembleia. Em qualquer caso em particular, geralmente, é suficiente que afete dois ou três de seus membros. Estes terão maior interesse em desencaminhar a assembleia do que qualquer outro membro provavelmente terá em orientá-la. A maioria da assembleia poderá manter as mãos limpas, mas não pode manter o espírito vigilante ou o julgamento em condições de discernir sobre assuntos de que nada sabem; e uma maioria indolente, assim como o indivíduo indolente, pertence a quem mais se preocupa com ela. As medidas ou as nomeações prejudiciais podem ser verificadas pelo Parlamento e o interesse dos ministros em defender e dos partidários rivais em atacar, assegura uma discussão de igualdade tolerável; mas, *quis custodiet custodes*[20]?

(20) Frase latina que significa "Quem cuida dos guardiões?", de autoria de Decimus Junius Juvenalis (60-140), escritor latino, e extraída de suas *Satirae*. (N. T.)

Quem irá fiscalizar o Parlamento? Um ministro, um chefe de repartição, sente-se sob certa responsabilidade. Em tais casos, uma assembleia não se sente de modo algum sob qualquer responsabilidade; porque, quando se viu qualquer membro do Parlamento perder a cadeira por causa do voto que deu sobre qualquer detalhe da administração? Para um ministro, ou chefe de repartição, é mais importante o que se possa pensar de seu procedimento daqui a algum tempo do que se pensa no momento; mas uma assembleia, se o clamor do momento lhe apoia, embora feito às pressas ou artificialmente instigado, julga-se e assim também todas a julgam completamente desculpada por mais desastrosas que as consequências possam ser. Além disso, uma assembleia nunca experimenta pessoalmente os inconvenientes de suas medidas prejudiciais, até que estas atinjam dimensões nacionais. Os ministros e os administradores podem notar quando elas se aproximam e têm de suportar todo o aborrecimento e incômodo para tentar afastá-las.

O dever de uma assembleia representativa em relação aos assuntos administrativos não é o de decidi-los pelo próprio voto, mas o de cuidar para que as pessoas, que têm de decidir sobre eles, sejam capazes de fazê-lo. Nem mesmo isso eles conseguem vantajosamente fazer através da nomeação de indivíduos. Não há nenhum ato que exija sua execução mais imperativamente sob um forte sentimento de responsabilidade individual do que a nomeação de cargos. A experiência de todas as pessoas familiarizadas com os assuntos públicos confirma a alegação de que raramente se encontra qualquer ato relativamente ao qual a consciência de um homem comum seja menos possível; raramente se encontra qualquer caso em que se dispense menos consideração às qualificações, em parte porque os homens a ignoram e em parte porque não se importam com a diferença de qualificações entre uma pessoa e outra. Quando um ministro faz uma nomeação considerada honesta, isto é, quando ele realmente não a negocia por relações pessoais ou de seu partido, uma pessoa ignorante poderia supor que ele tentaria nomear a pessoa com a melhor qualificação. Não existe tal fato. Um ministro comum considera-se um milagre de virtude se nomear uma pessoa de mérito ou alguém que tenha direito por qualquer motivo, embora o direito ou o mérito possa ser de natureza mais contrária do que a exigida. *"Il fallait un calculateur, ce fut um danseur qui l'obtint*[21], dificilmente é mais do que uma caricatura nos dias de hoje do que era na época de Fígaro; o ministro, sem dúvida, considera-se não só inocente como também louvável se o homem dança bem. Além disso, as habilitações, que qualificam indivíduos especiais para determinados deveres, só podem ser reconhecidas por aqueles que conhecem tais indivíduos, ou que se ocupam em examinar e julgar as pessoas pelo que fizeram ou, ainda, pelo testemunho daqueles que estão em posição de julgar. Quando essas obrigações conscienciosas recebem tão pouca atenção de importantes funcionários públicos responsabilizados por nomeações, o que acontecerá com as assembleias que não podem ser responsabilizadas? Mesmo atualmente, as piores nomeações são aquelas feitas com o intuito de obter apoio ou desarmar a oposição na assembleia representativa; o que podemos esperar se elas forem feitas pela própria assembleia? Numerosas assembleias nunca levam em consideração as qualificações especiais. A menos que um homem mereça a forca, ele é considerado tão capaz como qualquer outro para quase tudo a que se ofereça como candidato. Quando as nomeações feitas por um corpo público não são decididas, como quase sempre acontece, por ligação partidária ou negociata privada, um homem é nomeado ou porque tem uma boa reputação, geralmente não merecida, para a habilidade em geral, ou frequentemente porque não há motivo melhor do que ser pessoalmente popular.

Nunca se considerou desejável que o Parlamento pudesse nomear até mesmo o membro de um Gabinete. Já é suficiente que decida virtualmente quem deverá ser o primeiro ministro, ou quem deverá ser escolhido para tal cargo entre dois os três indivíduos. Ao fazer isso, simplesmente reconhece que outra pessoa é o candidato do partido cuja política geral merece seu apoio. Na realidade, a única coisa que o Parlamento decide é qual dos dois ou três partidos ou grupos de homens deverá fornecer o governo executivo; a opinião do próprio partido decide qual de seus membros é mais adequado para chefiá-lo. De acordo com a prática existente da Constituição britânica, essas questões parecem estar na me-

[21] Citação da obra *Le Mariage de Figaro* (As bodas de Fígaro), de Pierre Augustin Caron de Beaumarchais (1732-1799) e que significa: "Era necessário um calculista, mas foi um dançarino que conseguiu o emprego". (N. T.)

lhor situação possível. O Parlamento não nomeia nenhum ministro, mas a Coroa indica o chefe da administração de acordo com os desejos gerais e inclinações manifestadas pelo Parlamento e os outros ministros de acordo com recomendação do chefe; enquanto cada ministro tem total responsabilidade moral de nomear pessoas capazes para outros cargos da administração que não forem permanentes. Em uma república, outro arranjo seria necessário; mas, quanto mais se aproximar na prática do que tem existido na Inglaterra por longo tempo, mais provavelmente funcionará bem. Ou, como na república americana, o chefe do Executivo deve ser eleito por um órgão inteiramente independente da assembleia representativa ou esta deve contentar-se em nomear o primeiro ministro e torná-lo responsável pela escolha de seus associados e subordinados. Em relação a todas estas considerações, pelo menos teoricamente, antecipo inteiramente um consentimento geral, embora, na prática, exista uma forte tendência por parte das assembleias representativas em interferir cada vez mais nos detalhes da administração, em razão da lei geral, segundo a qual quem possuir o poder mais forte estará cada vez mais inclinado a fazer uso excessivo dele; e este é um dos perigos práticos ao qual estará exposto o futuro do governo representativo.

Mas é igualmente verdadeiro, embora só recentemente e de modo lento comece a ser reconhecido, que uma assembleia numerosa é tão pouco adequada para a atividade direta de legislação quanto para a de administração. Dificilmente se encontra um tipo de trabalho intelectual que precise ser realizado não somente por espíritos experientes e exercitados, mas por espíritos treinados para tal tarefa através de estudo longo e laborioso, como a atividade de fazer leis. Essa razão seria suficiente, se não houvesse outras, para que as leis nunca possam ser bem feitas a não ser por uma comissão de poucas pessoas. Uma razão não menos conclusiva é que cada provisão de uma lei necessita ser construída com a percepção mais exata e de longo alcance de seus efeitos sobre todas as outras provisões; e a lei, quando pronta, deve ser capaz de ajustar-se a um conjunto consistente com todas as leis previamente existentes. É impossível que essas condições sejam atendidas quando as leis são votadas, cláusula por cláusula, em uma assembleia heterogênea. A incompatibilidade de tal maneira de legislar causaria impacto em todos os espíritos se as nossas leis já não fossem, em forma e construção, um caos tão grande que a confusão e a contradição parecem incapazes de se tornarem ainda maior por qualquer acréscimo à massa. Contudo, mesmo agora, a completa inaptidão de nossa máquina legislativa para seus próprios fins pode ser sentida cada vez mais ano após ano. O simples tempo necessariamente gasto na aprovação de projetos de lei, torna o Parlamento cada vez mais incapaz de aprovar qualquer projeto, exceto os pontos isolados e restritos. Se um projeto é preparado na tentativa de tratar do conjunto de qualquer assunto (e é impossível legislar de modo adequado sobre qualquer parte sem ter o conjunto em mente), tal projeto irá arrastar-se de sessão em sessão pela simples impossibilidade de encontrar tempo para dispor do mesmo. Não importa se o projeto tenha sido deliberadamente elaborado pela autoridade considerada competente, com todos os dispositivos e meios para tal; ou por uma comissão escolhida por conhecer o assunto, que tenha empregado anos na ponderação e meditação da medida em particular; tal projeto não pode ser aprovado porque a Câmara dos Comuns não pode ser privada do precioso privilégio de remendá-lo com suas mãos inabilidosas. Ultimamente, introduziu-se o costume de passar o projeto para consideração detalhada de uma Comissão Especial, quando o princípio deste foi confirmado em segunda leitura; porém, não se verificou se essa prática faz com que se perca menos tempo depois para submetê-lo à Comissão da Câmara inteira. As opiniões ou excentricidades privadas que foram invalidadas pelo conhecimento, sempre insistem em conseguir uma segunda chance perante o tribunal da ignorância. Na realidade, essa prática foi adotada principalmente pela Câmara dos Lordes, cujos membros são menos ocupados e gostam menos de se intrometer, além de serem menos ciosos da importância de suas opiniões individuais do que os membros da Câmara eletiva. Quando um projeto de lei, com muitos artigos, não consegue ser discutido em detalhes, como será possível representar o estado em que sai da Comissão! Artigos omitidos que são essenciais ao funcionamento dos demais; artigos incompatíveis introduzidos para atender algum interesse privado ou algum membro excêntrico que ameaça retardar o projeto; artigos impingidos por proposta de algum charlatão com conhecimento superficial do assunto, que levam às consequências que o membro que os introduziu ou aqueles que apoiaram tal projeto não previram no momento e que necessitará de um ato de emenda na sessão seguinte a fim de corrigir seus malefícios. Um dos males do modo atual de administrar essas questões é que a explicação e a defesa de um projeto de lei, e de seus vários artigos, raramente é realizada pela pessoa que o elaborou e que provavelmente não tem um assento reservado na Câmara. A defesa do projeto fica a cargo de algum ministro ou membro do Parlamento que não o redigiu, que depende de estudos apressados para todos os seus argumentos, a não ser para aqueles que são perfeitamente óbvios, que não conhece a extensão total do caso, nem as melhores razões para apoiá-lo e que é totalmente incapaz de responder as objeções imprevistas. Esse mal, no que se refere aos projetos governamentais, tem um remédio e foi remediado em algumas constituições representativas, permitindo que o governo seja representado em qualquer das Câmaras por pessoas de sua confiança, que têm o direito de opinar, embora não possam votar.

Se a maioria, ainda considerável, da Câmara dos Comuns, que nunca apresentou qualquer emenda ou fez um discurso, não abandonasse toda a regulamentação das atividades sob a responsabilidade daqueles que participam; se eles considerassem que existem melhores qualificações para a legislação, que podem ser encontradas se forem procuradas, do que uma língua fluente e a habilidade de conseguir eleger-se por um distrito eleitoral; em breve se reconheceria que na legislação, assim como na administração, a única tarefa para a qual uma assembleia representativa possivelmente seja competente, não é aquela de produzir o trabalho, mas a de fazer com que o produzam; determinar a quem ou a que tipo de pessoa tal tarefa será confiada e conceder ou retirar a sanção nacional de tal tarefa quando for realizada. Qualquer governo adequado para um estado elevado de civilização teria um pequeno grupo, como um de seus elementos fundamentais, que não excedesse o número de membros de um Gabinete e que deveria atuar como uma Comissão de legislação, tendo como missão a elaboração de leis. Se as leis deste país forem revisadas, como certamente serão em breve, e colocadas de forma coerente, a Comissão de Codificação, responsável por tal, deverá continuar como uma instituição permanente, para fiscalizar o trabalho, protegê-lo contra a deterioração e realizar futuros melhoramentos de acordo com a necessidade. Ninguém gostaria que esse grupo tivesse qualquer poder de decretar leis; a Comissão somente incorporaria o elemento de inteligência na elaboração destas; o Parlamento representaria o elemento de vontade. Nenhuma medida se tornaria uma lei até que fosse expressamente sancionada pelo Parlamento; e o Parlamento ou uma das Câmaras, teria o poder não somente de rejeitar, mas também de devolver um projeto de lei para a Comissão, para que esta pudesse reconsiderar e fazer melhoramentos. Qualquer uma das Câmaras também poderia tomar a iniciativa, reportando qualquer assunto à comissão, com orientações para preparar a lei. A comissão, obviamente, não teria poder para recusar seus instrumentos a qualquer legislação que o país desejasse. As instruções, aprovadas por ambas as Câmaras, no sentido da elaboração de um projeto que atendesse um propósito em particular, seriam imperativas para os comissionários, a menos que preferissem demitir-se do cargo. Contudo, uma vez elaborada, o Parlamento não teria poder para alterar a medida, mas somente para aprová-la ou rejeitá-la; ou, se aprovasse somente parte dela, teria que devolvê-la à Comissão para reconsiderações. Os comissionários seriam nomeados pela Coroa, mas estes deveriam exercer suas funções por certo tempo, digamos, cinco anos, a menos que fossem afastados por iniciativa das duas Câmaras do Parlamento, com base em má conduta (como no caso de juízes) ou na recusa de elaboração de um projeto em obediência ao pedido do Parlamento. Ao término dos cinco anos, um membro deixaria o cargo, a menos que fosse renomeado, a fim de oferecer um modo conveniente de livrar-se daqueles que não estivessem à altura de seus deveres e para introduzir sangue novo na assembleia.

Houve necessidade de uma provisão correspondente a esta na democracia ateniense, em que, na época de sua ascendência mais completa, a *ecclesia* popular podia aprovar *psephismos* (na maior parte dos decretos relativos a questões de administração), mas as leis assim chamadas, poderiam somente ser feitas ou alteradas por uma assembleia diferente e menos numerosa, renovada anualmente, chamada *nomóteta*, cujo dever também era o de revisar todas as leis e mantê-las coerentes umas com as outras. Na Constituição inglesa, existe uma enorme dificuldade de introduzir qualquer disposição que seja nova em forma e em substância, mas comparativamente, sente-se pouca repugnância em relação à obtenção de novos propósitos através de uma adaptação das formas e tradições existentes. Na minha opinião, parece que os meios poderiam ser planejados para enriquecer a Constituição com esse grande aperfeiçoamento através do mecanismo da Câmara dos Lordes. Uma comissão para preparar os projetos de lei não seria nenhuma inovação a mais na Constituição do que o Conselho de Administração da Lei dos Pobres ou a Comissão de Demarcação. Se, em consideração à grande importância e dignidade da função, se estabelecesse uma regra que qualquer pessoa nomeada como membro da Comissão Legislativa se tornasse nobre do reino por toda a vida, exceto se afastada do cargo por indicação do Parlamento, é provável que o mesmo bom senso e gosto que, na prática, deixa as funções judiciais da nobreza ao exclusivo cuidado dos lordes da lei, deixaria a atividade de legislação, exceto sobre as questões que envolvessem princípios e interesses políticos, aos cuidados de legisladores profissionais; os projetos de lei que tivessem origem na Câmara Alta seriam sempre elaborados por eles; o governo lhes devolveria a estruturação de todos os projetos de lei; os membros privados da Câmara dos Comuns gradualmente achariam conveniente e provavelmente facilitariam a aprovação de suas medidas através das duas Câmaras, se ao invés de introduzir um Projeto de lei e submetê-lo diretamente à Câmara, obtivessem permissão para apresentá-lo e encaminhá-lo à Comissão Legislativa. Porque, sem dúvida, seria facultado à Câmara encaminhar para consideração dessa Comissão não simplesmente um assunto, mas qualquer proposta específica ou minuta de um projeto de lei *in extenso*, quando qualquer membro se julgasse capaz de prepará-lo, certo de que poderia ser aprovado; e a Câmara, sem dúvida, encaminharia tal minuta para a comissão, simplesmente como material e pelo benefício das sugestões nele contidas, como fariam com qualquer emenda ou objeção que fosse proposta por escrito por um membro da Câmara depois que uma medida tivesse saído das mãos dos comissionários. A alteração dos projetos de lei feita por uma comissão da Câmara inteira cessaria, não por abolição formal, mas por desuso, não abandonando, mas mantendo, no mesmo arsenal com o veto real, o direito de impedir fornecimentos e outros instrumentos antigos de guerra política, que ninguém deseja ver em uso, mas dos quais ninguém deseja abrir mão, com receio de que, em qualquer ocasião, seja necessário utilizá-los em uma emergência extraordinária. Por meio de arranjos como esses, a legislação assumiria o lugar que lhe compete como obra de trabalho habilidoso, estudo especial e experiência; enquanto a liberdade mais importante da nação, ou seja, aquela de ser governada somente por leis concedidas por seus representantes eleitos, seria totalmente preservada e muito mais valiosa, sendo separada de inconvenientes graves, mas, de modo algum inevitáveis, que atualmente a acompanham na forma de legislação ignorante e mal ponderada.

Em vez da função de governar, para a qual é radicalmente inadequada, a função apropriada de uma assembleia representativa é de fiscalizar e controlar o governo; tornar públicos os seus atos; obrigar à exposição total e à justificação de todos os seus atos que alguém possa considerar duvidosos; censurá-los se forem condenáveis e se os homens que compõem o governo abusarem de seu cargo ou desempenharem sua função de modo a causar conflito com o senso deliberado da nação, expulsá-los da função e expressamente ou virtualmente nomearem seus sucessores. Com toda a certeza, esse é o poder amplo e a segurança suficiente para a liberdade da nação. Além disso, o Parlamento possui uma função que não é de menor importância: ser a comissão de reclamações da nação e o seu Congresso de opiniões; uma arena na qual não somente a opinião geral da nação, mas a de qualquer parte dela, e até onde possível de cada indivíduo eminente que dela faz parte possa ser apresentada claramente e causar discussão; na qual cada pessoa do país tenha certeza de encontrar alguém que possa falar por ela, tão bem ou melhor do que ela mesma – não exclusivamente para os amigos e partidários, mas também perante os oponentes, para ser testada em discussão contrária; na qual aqueles cuja opinião é rejeitada, sentem-se satisfeitos que a mesma tenha sido ouvida, sem deixá-la de lado pelo simples ato da vontade, mas pelo que consideram razões superiores recomendadas como tais aos representantes da maioria da nação; na qual cada partido ou opinião do país possa demonstrar sua força e não ter nenhuma ilusão em relação ao número ou poder de seus partidários; na qual a opinião que prevalece na nação apresenta-se como predominante e conduz a multidão à presença do governo, que assim se vê capaz e obrigado a dar lugar à simples manifestação, sem fazer uso de sua força real; na qual os estadistas podem assegurar-se, com muito mais certeza do que por quaisquer outros indícios, de quais elementos de opinião e poder estão se desenvolvendo e quais estão em decadência, ficando habilitados a formular suas medidas levando em consideração não somente as exigências presentes, mas também as tendências em andamento. As assembleias representativas são frequentemente ridicularizadas por seus inimigos como sendo locais de simples conversa e *barvadage* (bate-papo). Raramente houve uma ridicularização tão mal colocada. Não sei como uma assembleia representativa pode ocupar-se de modo mais útil do que em falar, quando o assunto da conversa é de grande interesse público do país e cada sentença representa a opinião de um grupo importante de pessoas na nação, ou de um indivíduo em quem algum grupo deposita confiança. Um lugar onde todos os interesses e matizes de opinião do país podem ter as suas causas até mesmo apaixonadamente sustentadas perante o governo e perante todos os outros interesses e opiniões, obrigando-os a ouvir e concordar ou claramente declarar que discordam, é em si, mesmo que não servisse para outro propósito, uma das instituições políticas mais importantes que possa existir em qualquer lugar e um dos benefícios primordiais do governo livre. Tal "conversa" nunca seria considerada com descrédito se não lhe permitissem deixar de "fazer"; o que nunca aconteceria, se as assembleias soubessem e reconhecessem que a conversa e a discussão são suas atividades próprias, ao passo que *agir*, como resultado da discussão, não é tarefa de um grupo heterogêneo, mas de indivíduos especialmente preparados para tal; se soubessem que o papel apropriado de uma assembleia é cuidar para que os indivíduos sejam escolhidos honestamente e de modo inteligente, não mais interferindo com eles, exceto por latitude ilimitada de sugestões e críticas e pela concessão ou recusa do selo final do consentimento nacional. É devido à falta dessa discrição criteriosa que as assembleias populares tentam fazer o que não podem fazer bem – governar e legislar – e não proporcionam nenhum mecanismo para a maior parte que não seja a delas, quando evidentemente, cada hora gasta em conversa é uma hora a menos de atividade real. Mas o próprio fato que torna tais grupos inadequados para um Conselho de Legislação, os qualifica tanto mais para sua outra função – ou seja, que não são uma seleção dos maiores espíritos políticos do país, de cujas opiniões pouco se poderia deduzir com exatidão em relação às da nação, mas sim, quando adequadamente constituídos, são um exemplo satisfatório de todos os graus de intelecto entre o povo que, de qualquer modo, está autorizado a fazer-se ouvir nos assuntos públicos. Sua tarefa é indicar as necessidades, ser um órgão de solicitações populares e um lugar de discussão adversa para todas as opiniões relacionadas às questões públicas, tanto grandes quanto pequenas; e, ao mesmo tempo, controlar através da crítica, e eventualmente retirando-lhes seu apoio, os funcionários públicos superiores que realmente conduzem os negócios públicos ou que nomeiam aqueles que o conduzem. Nada, a não ser a restrição da função das assembleias representativas, dentro desses limites racionais, irá permitir que os benefícios do controle popular possam ser usufruídos em conjunto com os requisitos não menos importantes (que se tornam cada vez mais importantes na medida em que as questões humanas aumentam em escala e complexidade) de legislação e administração habilidosa. Não há meio de combinar tais benefícios, exceto pela separação das funções que garantem um contra aqueles que exigem essencialmente o outro; separando-se a função de controle e crítica de conduta real dos negócios e entregando-se o primeiro aos representantes de Muitos, enquanto assegura-se aos últimos, sob responsabilidade rigorosa da nação, o conhecimento adquirido e a inteligência prática de Poucos especialmente preparados e experientes.

A discussão precedente das funções que devem ser delegadas para a assembleia representativa da nação precisaria ser seguida de uma investigação das funções atribuídas aos grupos representativos menores, que devem existir para objetivos que interessam somente às localidades. Tal investigação forma uma parte essencial do tratado atual; mas muitas razões exigem seu adiamento até que tenhamos considerado a composição adequada de um grande corpo representativo, destinado a controlar como soberano a promulgação das leis e a administração dos negócios gerais da nação.

CAPÍTULO VI

DAS DEBILIDADES E PERIGOS A QUE ESTÁ SUJEITO O GOVERNO REPRESENTATIVO

Os defeitos de qualquer forma de governo podem ser tanto negativos quanto positivos. O governo é negativamente defeituoso se não concentra, nas mãos das autoridades, o poder suficiente para realizar as funções necessárias de um governo; ou se não desenvolve o suficiente, através de exercício, as habilidades ativas e os sentimentos sociais dos cidadãos. Não é necessário dizer muita coisa sobre nenhum desses pontos no presente estágio de nossa investigação.

A falta de volume de poder no governo, adequado para preservar a ordem e permitir o progresso do povo, geralmente, é mais inerente a um estado selvagem e rude da sociedade do que a qualquer forma particular de união política. Quando o povo está tão apegado à independência selvagem que não é capaz de tolerar um volume de poder ao qual deveria submeter-se para seu próprio bem, o estado da sociedade (como já foi observado) ainda não está maduro para o governo representativo. Quando chegar a ocasião para tal governo, certamente a assembleia soberana terá o poder suficiente para atingir todos os objetivos necessários; e, se o poder suficiente não for confiado ao executivo, isso poderá causar um sentimento de rivalidade da parte da assembleia para com a administração, o que provavelmente não existiria a não ser aonde o poder constitucional da assembleia não estivesse suficientemente estabelecido para expulsá-lo de suas funções. Sempre que o direito constitucional for admitido como princípio e estiver completamente ativo na prática, não há receio de que a assembleia não tenha desejo de confiar aos próprios ministros o volume de poder realmente desejável; o perigo é, ao contrário, que o concedam de modo demasiado e indefinido em extensão, uma vez que o poder do ministro é o poder do grupo que o elege e que o mantém assim. Contudo, é muito provável, e este é um dos perigos de uma assembleia controladora, que esta tenha poderes excessivos, mas que posteriormente possam interferir em seu exercício; ela pode conferir poder por atacado, mas irá recuperá-lo a varejo, através de múltiplos atos isolados de interferência nas atividades da administração. Os males resultantes dessa apropriação da função real de governar, em lugar da função de criticar e inspecionar aqueles que governam, foi suficientemente analisada no capítulo anterior. Não há nenhuma garantia, no estado natural das coisas, que possa ser oferecida contra essa interferência inadequada, exceto uma forte convicção geral de seu caráter nocivo.

O outro defeito negativo que pode ser encontrado em um governo, o de não proporcionar exercício suficiente para as faculdades individuais, morais, intelectuais e ativas do povo, geralmente é exibido pela apresentação dos diferentes malefícios do despotismo. Assim como entre uma forma de governo popular e outra, a vantagem, quanto a esse respeito, fica com a que difunde mais amplamente o exercício das funções públicas; por um lado, excluindo alguns do sufrágio; por outro, oferecendo a todas as classes de cidadãos privados, contanto que seja coerente com outros objetivos igualmente importantes, a participação mais abrangente nos detalhes das questões judiciais e administrativas; através de julgamento por júri, admissão a cargos municipais e, acima de tudo, pela maior publicidade possível e liberdade de discussão, por meio da qual não somente alguns indivíduos em sucessão, mas também o público todo participa, até certo ponto, do governo e compartilha da instrução e do exercício mental a eles oferecido. Será melhor adiarmos a ilustração de tais benefícios, assim como das limitações sob as quais se deve tê-los em vista, até que possamos falar sobre os detalhes da administração.

Os males e perigos *positivos* do governo representativo, assim como de qualquer outra forma de governo, podem ser reduzidos em duas categorias. A primeira é a ignorância e a incapacidade geral, ou falando de modo mais moderado, aptidões insuficientes no grupo controlador; em segundo lugar, o perigo de ficar sob a influência de interesses que não sejam os mesmos para o bem-estar geral da comunidade.

O primeiro desses males, ou seja, a deficiência de aptidões mentais elevadas, é um dos quais geralmente se supõe que o governo popular está sujeito em maior grau do que o outro. A energia de um monarca, a firmeza e a prudência de uma aristocracia contrastam de modo mais favorável com a oscilação e a falta de visão, mesmo de uma democracia qualificada. Tais proposições, contudo, não estão, de modo algum, tão bem fundamentadas como se pode supor à primeira vista.

Comparado com a simples monarquia, o governo representativo não fica em desvantagem sob esses aspectos. Exceto, em uma época rude, a monarquia hereditária, quando assim o é realmente, e não aristocracia disfarçada, ultrapassa de longe a democracia em todas as formas de incapacidade consideradas como característica desta última. Eu digo, exceto em uma época rude, porque em um estado realmente rude de sociedade, existe uma garantia considerável para as habilidades intelectuais e ativas do soberano. A vontade pessoal deste constantemente se depara com obstáculos devido à obstinação dos súditos e a indivíduos poderosos entre eles. As circunstâncias da sociedade não lhe permitem ser tentado ao simples luxo da satisfação excessiva dos próprios desejos; seus estímulos principais são as atividades mentais e físicas, sobretudo políticas e militares; entre os chefes desordenados e os seguidores indisciplinados, ele possui pouca autoridade e raramente está garantido até mesmo do trono por muito tempo, a menos que possua um grau considerável de ousadia, destreza e energia pessoal. A razão pela qual a média de talento é tão elevada entre os Henriques e Eduardos de nossa história pode ser lida no destino trágico do segundo Eduardo e do segundo Henrique e nas guerras civis e perturbações dos reinados de João e de seu sucessor incapaz. O perturbado período da Reforma também produziu vários monarcas hereditários eminentes, Elizabeth, Henrique IV, Gustavo Adolfo; mas eles foram, na maioria das vezes, educados pela adversidade, subindo ao trono pela falta inesperada de herdeiros mais próximos, ou tiveram de lutar com grandes dificuldades no início de seus reinados. Uma vez que a vida europeia assumiu um aspecto permanente, qualquer coisa acima da mediocridade em um rei hereditário tornou-se extremamente raro, enquanto, a média geral se manteve abaixo dela, tanto em talento quanto em vigor de caráter. Uma monarquia constitucionalmente absoluta somente se mantém existente (exceto temporariamente nas mãos de algum usurpador de espírito ativo) através das habilidades mentais de uma burocracia permanente. Os governos russo e austríaco e até mesmo o governo francês, em condições normais, são oligarquias de funcionários, nas quais o chefe de Estado faz pouco mais do que escolher os chefes. Estou me referindo ao curso regular de sua administração, pois a vontade do senhor, sem dúvida, determina grande parte de seus atos particulares.

Os governos que se tornaram notáveis na história pela habilidade mental sustentada e pelo vigor na conduta dos negócios, foram em geral aristocracias. Mas elas foram, sem nenhuma exceção, aristocracias de funcionários públicos. Os grupos governantes foram tão limitados, que cada membro ou pelo menos cada membro influente do grupo, era capaz de transformar, e realmente transformou, a atividade pública em profissão ativa e principal ocupação de sua vida. As únicas aristocracias que demonstraram elevadas aptidões para governar e agiram com base nas máximas firmes da política, por muitas gerações, foram as de Roma e de Veneza. Mas, em Veneza, embora a classe privilegiada fosse numerosa, a administração real dos negócios concentrava-se rigidamente em uma pequena oligarquia dentro da oligarquia, cuja vida toda era devotada ao estudo e à conduta dos negócios do Estado. O governo romano partilhou mais do caráter de uma aristocracia aberta como a da Inglaterra. Mas o grupo que realmente governava, o Senado, era, em geral, exclusivamente formado por pessoas que já haviam exercido funções públicas e já haviam ocupado ou estavam tentando ocupar os cargos mais elevados do Estado, correndo o risco de uma severa responsabilidade no caso de inaptidão e fracasso. Quando chegavam a membros do Senado, dedicavam suas vidas à conduta dos negócios públicos; eles nem mesmo tinham permissão para deixar a Itália, exceto para o desempenho de alguma tarefa pública; e a menos que fossem expulsos do Senado, devido às censuras quanto ao caráter e à conduta considerados vergonhosos, eles conservavam seus poderes e responsabilidades por toda a vida. Em uma aristocracia constituída desse modo, cada membro sentia sua importância pessoal inteiramente vinculada à dignidade e estima da comunidade que ele administrava e ao papel que era capaz de exercer em seus conselhos. Essa dignidade e estima eram bem diferentes da prosperidade ou felicidade do conjunto de cidadãos e, frequentemente, incompatíveis com elas. Porém, estavam intimamente ligadas ao sucesso externo e engrandecimento do Estado; e foi em consequência da busca desse objetivo quase exclusivamente que a aristocracia romana ou a veneziana manifestava a política coletiva sistematicamente sábia e as grandes aptidões individuais para o governo que a história merecidamente lhes atribuiu crédito.

Dessa forma, verifica-se que os únicos governos não representativos, nos quais as elevadas habilidades e aptidões políticas se mostraram excepcionais, tanto sob a forma monárquica quanto aristocrática, foram essencialmente burocracias. A função do governo ficou nas mãos dos governantes por profissão; o que é a essência e o significado da burocracia. Seja pelo fato de exercerem a função porque foram preparados para tal ou porque se preparam para exercê-la, isso causa uma grande diferença em muitos aspectos; porém, em absoluto, ao caráter essencial da regra. As aristocracias, por outro lado, como a da Inglaterra, na qual a classe que possui o poder o faz simplesmente devido à posição social, sem ter sido especialmente preparada ou dedicar-se exclusivamente a essa tarefa, (e na qual, portanto, o poder não é exercido diretamente, mas através de instituições representativas oligarquicamente constituídas) colocaram-se, em relação aos dons intelectuais, em situação de igualdade com as democracias; isto é, manifestaram tais qualidades em qualquer grau considerável, somente durante a ascendência temporária atribuída a um indivíduo devido a talentos especiais e populares, em conjunto com uma posição diferenciada. Temístocles e Péricles, Washington e Jefferson, não eram mais exceções em suas democracias, mas seguramente foram exceções mais esplêndidas do que os Chathams e os Peels da aristocracia representativa da Grã-Bretanha, ou até mesmo que os Sullys e os Colberts da monarquia aristocrática da França. Um grande ministro, nos governos aristocráticos da Europa moderna, é um fenômeno quase tão raro quanto um grande rei.

Portanto, a comparação em relação aos atributos intelectuais de um governo deve ser feita entre uma democracia representativa e uma burocracia; todos os outros governos não precisam ser levados em consideração. Nesse ponto, deve-se reconhecer que um governo burocrático tem a maior vantagem em alguns aspectos importantes. Tal governo acumula experiência, adquire máximas tradicionais bem experimentadas e bem ponderadas e proporciona um adequado conhecimento prático aos que realmente conduzem os negócios. Porém, não é igualmente favorável à energia individual do espírito. A debilidade que afeta os governos burocráticos, provocando sua morte, é a rotina. Tais governos perecem devido à imutabilidade de suas máximas; e, ainda mais, devido à lei universal que diz que tudo quando se torna rotineiro perde o princípio vital e, não possuindo um espírito atuante dentro de si, continua a girar mecanicamente, embora a tarefa a que se destine fique por fazer. Uma burocracia tende sempre a se tornar uma pedantocracia. Quando a burocracia é o governo real, o espírito do corpo (como acontece com os jesuítas) suplanta a individualidade de seus membros mais notáveis. Na profissão de governar, assim como em outras, a ideia única da maioria é fazer o que lhe foi ensinado; e torna-se necessário um governo popular para permitir que as concepções do homem de gênio original prevaleçam sobre o espírito obstruído pela mediocridade treinada. Somente em um governo popular (afastando o acidente de um déspota altamente inteligente), Sir Rowland Hill poderia ser vitorioso contra o Departamento dos Correios. Um governo popular colocou-o *nesse* Departamento e fez com que o grupo, mesmo contra sua vontade, obedecesse ao impulso dado pelo homem que reunia conhecimento especial com vigor e originalidade individuais. Se a aristocracia romana escapou da debilidade característica de uma burocracia, tal fato deve-se evidentemente ao elemento popular. Todas as funções especiais, tanto aquelas exercidas no Senado quanto as que eram desejadas pelos senadores, dependiam de eleição popular. O governo russo é um exemplo característico tanto do lado bom quanto do lado ruim da burocracia; máximas fixas, direcionadas com perseverança romana aos mesmos propósitos inflexivelmente perseguidos de uma época para outra; a notável habilidade com que tais propósitos são perseguidos; a terrível corrupção interna e a permanente hostilidade aos melhoramentos provenientes do exterior, que até mesmo o poder autocrático de um Imperador de espírito vigoroso é raramente capaz de superar; a obstrução paciente de um grupo que se torna, com o decorrer do tempo, mais do que capaz de vencer a energia estável de um único homem. O governo chinês, uma burocracia de mandarins, é, até onde sabemos, outro exemplo aparente das mesmas qualidades e defeitos.

Em todos os assuntos humanos, as influências divergentes são indispensáveis, a fim de mantê-los vivos e eficientes para uso próprio; a busca exclusiva de um único objetivo bom, separado de algum outro que deveria acompanhá-lo, não conduz ao excesso de um e falta de outro, mas à decadência e perda até mesmo do que constituía objeto de cuidado. O governo, por meio de funcionários preparados, não pode fazer, por um país, as coisas que podem ser feitas por um governo livre; mas seria capaz de fazer algumas coisas que o governo livre, por si só, não pode realizar. Contudo, verificamos que um elemento externo de liberdade é necessário para permitir que tal governo execute de modo efetivo e permanente até mesmo suas atividades. Do mesmo modo, a liberdade também não pode produzir os melhores efeitos e, muitas vezes, é completamente anulada, a menos que se possa encontrar meios de combiná-la com uma administração preparada e habilidosa. Não pode haver um momento de hesitação entre o governo representativo, em um povo preparado para ele, em qualquer grau, e a burocracia mais perfeita imaginável. Mas, ao mesmo tempo, é um dos objetivos mais importantes das instituições políticas obter tantas qualidades quanto forem possíveis de uma que possam ser consistentes com outra; assegurar, contanto que seja compatível, a grande vantagem da administração dos negócios por pessoas habilidosas, formadas para exercer tal função como profissionais intelectuais, juntamente com a vantagem do controle geral adquirido e seriamente exercido pelos grupos representativos do povo. Muito seria realizado nesse sentido através do reconhecimento da linha de separação, discutida no capítulo anterior, entre a função do governo, propriamente assim chamada, que somente pode ser bem executada depois de um desenvolvimento especial, e a função de escolher, observar e, quando necessário, controlar os governantes, que nesse caso, assim como em outros, é delegada adequadamente não aos que fazem o trabalho, mas àqueles em cujo benefício tal trabalho deve ser executado. Nenhum progresso será obtido no que diz respeito à democracia habilidosa, a menos que a democracia queira que a tarefa que requer habilidade seja executada por aqueles que a possuem. Uma democracia já possui ocupação suficiente com o volume de competência mental exigido para cumprir sua tarefa que é a de supervisionar e controlar.

Como obter esse volume e assegurar-se dele é uma das questões a serem consideradas ao julgar-se a constituição adequada de um grupo representativo. À medida que sua composição não consegue assegurar-se de tal volume, a assembleia irá ultrapassar os limites, através de atos especiais, da área do executivo; poderá excluir um bom ministério ou elevar e sustentar um ministério ruim; será conivente com os abusos de confiança ou irá tolerá-los; será iludida por falsas pretensões ou não irá apoiar aqueles que procuram cumprir seus deveres conscienciosamente; irá aprovar ou impor uma política geral egoísta, inconstante, impulsiva, limitada, ignorante e parcial, externa ou internamente; poderá revogar boas leis ou promulgar outras prejudiciais, permitindo que novos males sejam introduzidos ou apegando-se a antigos com inflexibilidade obstinada; irá, até mesmo, sob impulsos enganosos, momentâneos ou permanentes, emanados por ela própria ou por seu eleitorado, tolerar ou concordar com procedimentos que ignorem completamente a lei, em casos nos quais a justiça equivalente não fosse aceita pelo povo. Esses são os perigos do governo representativo que resultam de uma constituição de governo representativo que não assegura um volume adequado de inteligência e conhecimento na assembleia representativa.

Prosseguiremos com os males resultantes do predomínio dos modos de ação do grupo representativo, ditados pelos interesses ameaçadores (para empregar a frase usual introduzida por Bentham), ou seja, interesses mais ou menos divergentes com o bem geral da comunidade.

Admite-se universalmente que dos males causados aos governos monárquicos e aristocráticos, uma grande proporção é resultado da causa acima mencionada. O interesse da monarquia ou da aristocracia, seja ele coletivo ou de membros individuais, é promovido, ou eles pensam que será promovido, pela conduta oposta àquela que o interesse geral da comunidade exige. O interesse do governo, por exemplo, é cobrar impostos pesados, o da comunidade é pagar impostos necessários para as despesas do bom governo. O interesse do rei e da aristocracia governante é possuir e exercer poder ilimitado sobre o povo, a fim de impor que este esteja de pleno acordo com a vontade e as preferências dos governantes. O interesse do povo é que se exerça o menor controle possível sobre ele quanto a esse aspecto, um controle coerente para obter os objetivos legítimos do governo. O interesse, evidente ou suposto, do rei ou da aristocracia é não permitir nenhum tipo de censura sobre seus atos, pelo menos de nenhuma forma que eles possam considerar como ameaça ao seu poder ou que possa interferir com sua livre atuação. O interesse do povo é que haja completa liberdade de censura sobre todos os funcionários públicos e sobre todos os atos e medidas públicas. O interesse de uma classe governante, seja em uma aristocracia ou monarquia aristocrática, é assumir uma variedade infinita de privilégios injustos, algumas vezes beneficiando seus bolsos à custa do povo, algumas vezes simplesmente pretendendo exaltar-se perante os outros, ou, o que é a mesma coisa, em outras palavras, colocar os outros em nível inferior ao seu. Se o povo está insatisfeito, o que é provável sob tal governo, é do interesse do rei ou da aristocracia mantê-lo em nível inferior de inteligência e educação, encorajar desavenças entre eles e até mesmo evitar que tal povo fique em boas condições para que "não engorde e comece a reclamar", de acordo com a máxima do Cardeal Richelieu[22] no célebre "Testamento Político". Tudo isso corresponde ao interesse de um rei ou de uma aristocracia, de um ponto de vista puramente egoísta, a menos que se crie um interesse contrário suficientemente forte pelo temor de provocar resistência. Todos esses males foram produzidos, e muitos deles ainda são, por interesses ameaçadores de reis e aristocracias, no qual seu poder é suficiente para colocá-los acima da opinião do resto da comunidade; nem seria razoável esperar qualquer outra conduta como consequência de tal posição.

Todas estas questões são extremamente evidentes no caso de uma monarquia ou de uma aristocracia; porém, algumas vezes se supõe, um tanto infundadamente, que o mesmo tipo de influências prejudiciais não atua em uma democracia. Observando a democracia do modo como é geralmente concebida, como a regra da maioria numérica, certamente é possível que o poder dominante possa estar sob o domínio de interesses regionais ou de classe, indicando uma conduta diferente daquela que seria ditada pela consideração imparcial pelo interesse de todos. Vamos supor que a maioria seja de brancos e a minoria de pretos, ou vice-versa: será provável que a maioria conceda justiça igual à minoria? Vamos supor que a maioria seja de católicos e a minoria de protestantes, ou o contrário; não haverá o mesmo perigo? Ou ainda, se a maioria for de ingleses

(22) Armand Jean du Plessis, Cardeal de Richelieu (1585-1642), ministro plenipotenciário de Luís XIII, rei da França. (N. T.)

e a minoria de irlandeses, ou o contrário: não existe grande probabilidade de mal semelhante? Em todos os países, há uma maioria de pobres e uma minoria que, em contraposição, pode ser chamada de rica. Entre essas duas classes, há completa oposição de interesse evidente sobre muitas questões. Vamos supor que a maioria é suficientemente inteligente para perceber que não há nenhuma vantagem em enfraquecer a segurança da propriedade e que qualquer ato e espoliação arbitrária poderia enfraquecê-la. Todavia, não há um perigo considerável que lancem o peso dos impostos sobre os possuidores do que se chama propriedade realizada e sobre os rendimentos mais elevados, e tendo feito isso, aumentem a quantidade de tais impostos, sem escrúpulo, ampliando o processo de maneira suposta a conduzir ao lucro e ao benefício da classe trabalhadora? Vamos novamente supor uma minoria de trabalhadores especializados e uma maioria de trabalhadores inexperientes: a experiência de muitos Sindicatos, a menos que sejam grandemente caluniados, justifica a apreensão de que a igualdade salarial possa ser imposta como obrigação, eliminando aquele trabalho por peça, o pagamento por hora e todas as práticas que permitem à diligência superior ou às aptidões receber uma compensação mais elevada. As tentativas da legislação para elevar os salários, a limitação da competição no mercado de trabalho, os impostos ou restrições às máquinas e aos melhoramentos de todo tipo, tentando dispensar a mão de obra existente – até mesmo, talvez, a proteção ao produtor nacional contra a indústria estrangeira – são resultados naturais (não arriscaria dizer se prováveis) de um sentimento de interesse de classe em uma maioria governante de trabalhadores manuais.

Poderá se dizer que nenhuma destas questões favorece o interesse real da classe mais numerosa; e para tal, respondo que, se a conduta dos seres humanos fosse determinada por nenhuma outra consideração de interesse a não ser aquelas que constituem seu interesse "real", nem a monarquia, nem a oligarquia seriam governos tão ruins como de fato são; pois, com certeza, argumentos muito fortes podem ser apresentados, como frequentemente são, para mostrar que um rei ou um senado que governe está em situação mais invejável quando governa um povo ativo, rico, esclarecido e de espírito elevado com justiça e vigilância. Todavia, somente algumas vezes, um rei ou uma oligarquia, em qualquer caso, considerou o próprio interesse desse ponto de vista elevado; por que teríamos de esperar uma maneira de pensar mais elevada por parte das classes trabalhadoras? Não é o que o interesse delas é, mas o que elas supõem ser, que deve ser considerado importante em relação à sua conduta; é inteiramente decisivo contra qualquer teoria de governo supor-se que a maioria numérica faz habitualmente o que nunca foi feito, nem se espera que seja feito, salvo em casos muito excepcionais, por outro depositário do poder – isto é, direcionar sua conduta pelo interesse final e real, em oposição ao interesse imediato e evidente. Ninguém certamente pode duvidar que muitas das medidas prejudiciais enumeradas acima, e muitas outras igualmente ruins, estariam a favor do interesse imediato do grupo de trabalhadores inexperientes. É bem possível que favorecessem o interesse egoísta de toda a geração existente da classe. A redução da indústria e da atividade e a diminuição do estímulo à economia, que seria a consequência extrema, talvez pudessem ser pouco sentidas pelos trabalhadores inexperientes no período de uma única existência. Algumas das mudanças mais fatais nos assuntos humanos foram benéficas em relação aos seus efeitos imediatos mais evidenciados. A instituição do despotismo dos Césares foi um grande benefício para a geração inteira em que se realizou. Colocou um fim à guerra civil, reduziu enormemente a corrupção na administração e a tirania exercida por pretores e procônsules; estimulou muitas virtudes da vida e a cultura intelectual em todas as áreas que não fossem políticas; produziu monumentos de talento literário, deslumbrantes para a imaginação dos leitores superficiais da história, que não refletem que os homens a quem o despotismo de Augusto (assim como o de Lourenço de Médicis e de Luís XIV) deve seu brilho, foram todos formados na geração anterior. As riquezas acumuladas e a energia e atividade mentais, produzidas por séculos de liberdade, ficaram para o benefício da primeira geração de escravos. Contudo, esse foi o início de um regime cujo funcionamento gradativo fez com que toda civilização adquirida insensivelmente desaparecesse, até que o Império, que tinha conquistado e dominado o mundo ao seu alcance, perdesse completamente até mesmo sua eficiência militar, que invasores, os quais poderiam ter sido reprimidos por três ou quatro legiões, foram capazes de invadir e ocupar quase todo seu vasto território. O novo impulso dado pelo cristianismo chegou exatamente a tempo de salvar as artes e as letras para que estas não perecessem e para impedir que a raça humana novamente mergulhasse em uma noite talvez sem fim.

Quando falamos do interesse de um grupo de homens ou, até mesmo, de um único indivíduo, como princípio determinante de suas ações, o que deveria ser considerado, por um observador imparcial, como interesse desse grupo ou indivíduo, é uma das partes menos importantes da questão de forma geral. Conforme observa Coleridge, o homem faz o motivo e não o motivo faz o homem. O que é do interesse do homem fazer ou deixar de fazer depende menos de qualquer circunstância externa do que do tipo de homem que ele é. Se quisermos saber qual é praticamente o interesse de um homem, devemos conhecer a tendência de seus sentimentos e pensamentos habituais. Todos possuem dois tipos de interesses, interesses com os quais nos importamos e interesses com os quais não nos importamos. Todos possuem interesses egoístas e interesses altruístas, e o indivíduo egoísta cultivou o hábito de importar-se com o primeiro e não se importar com o último. Todos têm interesses presentes e distantes, e o homem imprudente é aquele que se preocupa com os interesses presentes e não com os distantes. Pouco importa que, em qualquer cálculo correto, o último possa ser o mais importante, se os hábitos de seu espírito o levam a fixar seus pensamentos e desejos somente no primeiro. Seria em vão tentar convencer um homem que espanca sua esposa e maltrata seus filhos que ele seria mais feliz se vivesse em amor e bondade com eles. Ele seria mais feliz se fosse o tipo de pessoa que *pudesse* viver assim; mas, ele não é, e provavelmente seja muito tarde para tornar-se esse tipo de pessoa. Sendo o que ele é, a satisfação de seu amor em dominar e a indulgência de seu temperamento cruel são para suas percepções um benefício maior do que ele seria capaz de obter com o prazer e a afeição daqueles que dependem dele. Ele não tem prazer no prazer de sua família e não se importa com seu afeto. O vizinho dele, que tem tal prazer, com certeza é um homem mais feliz do que ele, mas, se fosse possível persuadi-lo disso, muito provavelmente o resultado seria provocar ainda mais sua malignidade ou irritabilidade. Em geral, uma pessoa que se preocupa com as outras, com seu país ou com a humanidade, é mais feliz do que aquela que não age assim; porém, qual é a vantagem de pregar essa doutrina para um homem que não se preocupa com nada a não ser com o próprio conforto ou com o próprio bolso? Ele não conseguiria preocupar-se com as outras pessoas mesmo que quisesse. É como se pregássemos a um verme que se arrasta pelo chão como seria melhor para ele se fosse uma águia.

É um fato universalmente observado que estas duas inclinações nocivas, a de preferir os seus interesses egoístas àqueles que podem compartilhar com outras pessoas, e os interesses imediatos e diretos àqueles que são indiretos e distantes, são características muito especiais despertadas e encorajadas pela posse do poder. No momento que um homem, ou uma classe de homens, se encontra com o poder nas mãos, o interesse individual dele, ou o interesse distinto da classe, adquire totalmente um novo grau de importância aos seus olhos. Quando ele se vê adorado por outros, torna-se adorador de si mesmo e considera-se no direito de ter o próprio valor contado cem vezes mais do que o valor de outras pessoas; enquanto a facilidade que ele adquire de fazer o que quer, sem considerar as consequências, enfraquece insensivelmente os hábitos que fazem os homens ficar na expectativa que tais consequências possam até mesmo afetá-los. Esse é o significado da tradição universal, baseada na experiência universal, dos homens corrompidos pelo poder. Todos sabem quão absurdo seria concluir o que um homem é ou faz quando em situação privada, que ele será e fará exatamente o mesmo quando for déspota em um trono, onde as partes ruins de sua natureza humana, ao invés de serem reprimidas e mantidas em subordinação por todas as circunstâncias de sua vida e por todas as pessoas que o cercam, são cortejadas por tais pessoas e servidas por todas as circunstâncias. Seria igualmente absurdo manter uma expectativa semelhante em relação a uma classe de homens, ao povo comum ou a qualquer outra. Sendo eles tão modestos e acessíveis à razão enquanto existir poder mais forte sobre eles, devemos esperar uma mudança total, quanto a esse respeito, quando eles mesmos se tornarem o poder mais forte.

Os governos devem ser feitos para os seres humanos como eles são ou como sejam capazes de se tornar rapidamente; em qualquer estado de desenvolvimento que os homens, ou qualquer classe entre eles, atingiram até agora ou provavelmente irão atingir em breve, os interesses que irão conduzi-los, quando somente pensam em interesse próprio, serão quase que exclusivamente aqueles evidentes à primeira vista e que atuam em sua condição presente. Somente uma consideração desinteressada por outros e especialmente pelo que vem depois deles, pela ideia de posteridade, por seu país ou pela humanidade, baseada ou na simpatia ou em um sentimento consciencioso, pode sempre direcionar as mentes e os propósitos de classes ou de grupos de homens para interesses distantes e não evidentes. Não se pode sustentar que qualquer forma de governo seria racional se exigisse, como condição, que esses princípios elevados de ação deveriam ser os motivos orientadores e principais na conduta dos seres humanos comuns. Certa consciência e certo espírito público desinteressado podem ser claramente calculados nos cidadãos de qualquer comunidade preparada para o governo representativo. Porém, seria ridículo esperar que atingisse certo grau, combinado ao discernimento intelectual, que se tornasse imune a qualquer argumento falso plausível com tendência a fazer com que o interesse da classe pudesse parecer como preceito de justiça e do bem geral. Todos sabemos que argumentos falsos capciosos podem surgir em defesa de qualquer ato de injustiça que possa ser proposto para o benefício imaginário das massas. Sabemos quantos homens, de modo algum tolos ou maus, consideraram justificável repudiar a dívida nacional. Sabemos quantos deles, não destituídos de aptidões, e com considerável influência popular, consideraram justo lançar todo o peso dos impostos sobre as economias, sob o nome de propriedade realizada, permitindo que aqueles que sempre gastaram tudo que receberam, assim como seus progenitores, ficassem isentos de impostos, como recompensa de tal conduta exemplar. Sabemos que argumentos poderosos, sendo os mais perigosos porque existe uma parte de verdade neles, podem ser apresentados contra todas as heranças, contra o poder de legar uma herança e contra qualquer vantagem que uma pessoa pareça ter sobre outra. Sabemos com que facilidade pode se provar a inutilidade de quase todos os ramos do conhecimento para a completa satisfação daqueles que não o possuem. Quantos homens, não completamente estúpidos, consideram inútil o estudo científico das línguas, assim como julgam inútil a literatura antiga, todas as culturas, a lógica, a metafísica, e consideram a poesia e as belas artes frívolas e fúteis e a economia política simplesmente prejudicial? Até homens capazes consideraram a história como inútil e prejudicial. Nada, a não ser o conhecimento da natureza exterior, adquirido de modo empírico, que serve diretamente para a produção de objetos necessários à existência ou agradável aos sentidos, conseguiria reconhecer sua utilidade se as pessoas tivessem o menor estímulo para duvidar dela. É razoável pensar que até mesmo os espíritos muito mais desenvolvidos do que se pode esperar que sejam o da maioria numérica tenham uma consciência tão delicada e uma apreciação tão justa do que é contrário ao próprio interesse evidente, que eles rejeitem estes ou outros inúmeros argumentos falsos, que os pressione de todos os lados, assim que chegam ao poder, para induzi-los a seguir as próprias inclinações egoístas e noções limitadas sobre o próprio bem, em oposição à justiça, à custa de todas as outras classes e da posteridade?

Portanto, um dos maiores perigos da democracia, assim como de todas as outras formas de governo, está no interesse ameaçador dos que ocupam o poder; é o perigo da legislação em favor de uma classe; do governo destinado (realmente colocando-o em prática ou não) ao benefício imediato da classe dominante, em detrimento permanente de todos. Uma das questões mais importantes que deve ser levada em consideração para determinar a melhor constituição de um governo representativo, é como proporcionar medidas eficazes contra este mal.

Se considerarmos como uma classe, falando do ponto de vista político, qualquer número de pessoas que tenham o mesmo interesse ameaçador, ou seja, cujos interesses diretos e evidentes apontem para a mesma descrição de medidas prejudiciais, o objetivo desejável seria que nenhuma classe e nenhuma combinação de classes pudessem exercer uma influência preponderante no governo. Uma comunidade moderna, não dividida entre si por fortes antipatias de raça, língua ou nacionalidade pode ser considerada, em geral, divisível em duas seções, que, apesar de variações parciais, correspondem no todo a duas direções divergentes de interesse evidente. Vamos chamá-las (em breves termos gerais) de trabalhadores, por um lado, e empregadores, por outro, incluindo, contudo, nesta última, não somente os capitalistas retirados dos negócios e os possuidores de riqueza herdada, mas toda a classe de trabalhadores com salários elevados (como os profissionais) cuja educação e modo de vida os assemelha aos ricos e cuja perspectiva e ambição é elevar-se nessa classe. Com os trabalhadores, por outro lado, podemos classificar aqueles empregadores de menor importância, que se assemelham às classes trabalhadoras quanto aos interesses, hábitos e influências de educação, incluindo grande parte de pequenos negociantes. Em um estado de sociedade assim formado, se o sistema representativo pudesse se tornar idealmente perfeito, e se fosse possível mantê-lo nesse estado, a sua organização deveria ser tal que essas duas classes, trabalhadores manuais e seus semelhantes por um lado, empregadores e seus semelhantes por outro, ficassem igualmente equilibradas na disposição do sistema representativo, cada uma influenciando sobre um número igual de votos no Parlamento; uma vez que, supondo que a maioria de cada classe, em qualquer diferença entre elas, fosse principalmente governada pelos interesses de sua respectiva classe, haveria uma minoria em cada uma delas na qual essa consideração estivesse subordinada à razão, justiça e ao bem igual; e essa minoria de cada uma, inclinaria a balança contra qualquer pedido de sua própria maioria que não estivesse em condições de prevalecer. A razão pela qual, em qualquer sociedade toleravelmente constituída, a justiça e o interesse geral, na maioria das vezes, fazem com que seu ponto de vista prevaleça no fim, é que os interesses distintos e egoístas dos homens estão quase sempre divididos; alguns estão interessados no que está errado, mas alguns também colocam seus interesses particulares no lado do que está correto; e os que são governados por considerações mais elevadas, embora sejam poucos e não tenham força para prevalecer contra o conjunto dos outros, geralmente depois de discussão e agitação suficientes, tornam-se bastante fortes para virar a balança a favor do grupo de interesses privados que está do mesmo lado que eles. O sistema representativo deve ser constituído de forma tal a manter essa situação; não deve permitir que qualquer dos vários interesses seccionais torne-se tão poderoso que seja capaz de prevalecer contra a verdade e a justiça e contra outros interesses parciais combinados. Sempre deverá existir um equilíbrio tal preservado entre os interesses pessoais que faça com que qualquer um deles dependa, para seu êxito, da possibilidade de obter o apoio de pelo menos grande parte daqueles que agem baseados em motivos mais elevados e opiniões mais abrangentes e de maior alcance.

CAPÍTULO VII

DA VERDADEIRA E DA FALSA DEMOCRACIA; REPRESENTAÇÃO DE TODOS OU APENAS DA MAIORIA

Observou-se que os perigos inerentes a uma democracia representativa eram de dois tipos: o perigo de um grau inferior de inteligência no corpo representativo e na opinião pública que o controla; e o perigo da legislação de classe por parte da maioria numérica, sendo estes todos compostos da mesma classe. Temos em seguida que considerar até que ponto é possível organizar a democracia sem interferir consideravelmente com os benefícios característicos do governo democrático, a fim de remover esses dois grandes malefícios, ou, pelo menos reduzi-los ao grau último que o expediente humano possa alcançar.

O modo comum para tal tentativa é limitar o aspecto democrático da representação através de sufrágio mais ou menos restrito. Mas há uma prévia consideração que, devidamente considerada modifica consideravelmente as circunstâncias que se supõem se necessárias a tal restrição. Uma democracia completamente igualitária em uma nação na qual uma única classe compõe a maioria numérica, não pode ser destituída de certos malefícios; mas esses são grandemente agravados pelo fato de que as democracias existentes no momento não são igualitárias, mas sistematicamente desiguais em favor das classes predominantes. Duas ideias muito diferentes são usualmente confundidas sob o termo democracia. A pura ideia de democracia, de acordo com sua definição, é o governo de todo o povo pelo povo todo, igualmente representado. Democracia como comumente concebida e até aqui praticada é o governo de todo o povo por uma simples maioria do povo, exclusivamente representada. A primeira é sinônimo de igualdade entre todos os cidadãos; a última, estranhamente confundida com a primeira, é um governo de privilégios em favor da maioria numérica, a qual sozinha possui voz no Estado. Essa é a consequência inevitável da maneira pela qual ora se coletam os votos, privando-se completamente o direito das minorias.

A confusão de ideias é grande nesse ponto, mas é tão facilmente esclarecida que se poderia imaginar que a mais leve indicação seria suficiente para que uma mente de média inteligência pudesse obter a verdadeira compreensão da questão. Seria assim se não fosse o poder do hábito devido ao qual a mais simples ideia, não sendo familiar, encontra tão grande dificuldade em penetrar na mente quanto uma bem mais complexa. Trata-se de uma ideia comum que a minoria deva render-se à maioria, o menor número ao maior; e consequentemente os homens acham que não há mais necessidade de utilizarem suas mentes e não lhes ocorre que haja qualquer meio intermediário que permita que o número menor seja igualmente poderoso como o maior, apagando inteiramente o número menor. Em um corpo representativo que realmente delibere, fatalmente a minoria deve ser dominada; e em uma democracia igualitária (uma vez que as opiniões dos constituintes, quando nelas insistem, determinam as do corpo representativo), a maioria do povo, através de seus representantes, excederá em votos e prevalecerá sobre a minoria e seus representantes. Mas disso se concluiria que a minoria não devesse ter quaisquer representantes? Pelo fato de a maioria dever prevalecer sobre a minoria, deve a maioria ter todos os votos e a minoria nenhum? Será necessário que a minoria não deva nem mesmo ser ouvida? Nada, exceto o hábito e antigas associações pode reconciliar um indivíduo razoável com a injustiça desnecessária. Em uma democracia realmente igualitária, todo e qualquer departamento seria representado, não de forma desproporcional, mas sim proporcional. Uma maioria de eleitores sempre teria uma maioria dos representantes, ao passo que uma minoria de eleitores sempre teria uma minoria dos representantes. Homem por homem, a minoria estaria tão plenamente representada quanto a maioria. De outra forma, não há governo igualitário, mas um governo de desigualdades e privilégios: uma parte do povo governo sobre o resto. Há uma parte cuja parcela justa e igualitária de influência na representação é retirada da sociedade; contrário a todo governo justo, mas acima de tudo, contrário ao princípio da democracia, a qual professa a igualdade como sua verdadeira raiz e fundamento.

A injustiça e a violação de princípios não são menos evidentes só porque aqueles que sofrem com isso sejam a minoria; pois não haverá sufrágio igualitário onde um único indivíduo não for considerado tanto quanto qualquer outro indivíduo na comunidade. Mas não é apenas uma minoria que sofre. A democracia, dessa forma constituída, nem mesmo atinge seu objetivo ostensivo que é o de conceder os poderes de governar em todos os casos à maioria numérica. Ela age de forma muito diferente: concede tais poderes a uma maioria da maioria que pode ser, e em muitas ocasiões é, uma minoria de um todo. Todos os princípios provam-se mais efetivamente através de casos extremos. Suponhamos então que, em um país governado por um sufrágio igualitário e universal, ocorra uma eleição contestada por todo o eleitorado e que todas as eleições sejam realizadas por uma pequena maioria. O Parlamento dessa forma reunido representa um pouco mais do que uma simples maioria do povo. Tal Parlamento continua a legislar e adota importantes medidas por simples maioria em si mesmo. O que garante que tais medidas estejam de acordo com os anseios de uma maioria do povo? Quase metade dos eleitores, tendo sido derrotados nas eleições, não teve nenhuma influência absolutamente nas decisões, e o total destes, ou a maioria deles provavelmente, pode ser contrária às medidas, votando contra aqueles que as tomaram. Quase a metade dos eleitores restantes escolheu representantes que supostamente votaram contra tais medidas. Portanto, é possível, e não de todo improvável, que a opinião que tenha prevalecido fosse do agrado apenas de uma minoria da nação, embora sendo a maioria da parte que as instituições do país elevaram à classe governante. Se democracia significa a ascendência certa da maioria, não há nenhuma maneira de assegurá-lo a não ser permitindo que cada indivíduo seja igualmente levado em consideração no total. Qualquer minoria deixada de lado quer propositadamente ou pelo funcionamento da máquina, estará concedendo o poder não à maioria, mas a uma minoria em alguma parte da balança.

A única resposta possível para esse raciocínio é que, como opiniões diferentes predominam em diferentes localidades, a opinião em minoria em alguns lugares possui maioria em outros, e em conjunto todas as opiniões existentes nos eleitorados obterão sua parcela justa de vozes na representação. E essa é a verdade no atual estado do eleitorado. Se assim não fosse, a discordância da Câmara com o sentimento geral do país logo se tornaria evidente. Mas não seria mais verdade se o atual eleitorado fosse muito ampliado, e ainda menos caso se estendesse à toda população, já que nesse caso a maioria em cada localidade consistiria de operários e quando houvesse qualquer questão pendente, sobre a qual essa classe estivesse em litígio com o resto da comunidade, nenhuma outra classe conseguiria ser representada em lugar algum. Mesmo agora, não seria um grande motivo de queixa que em cada Parlamento uma parte muito numerosa de eleitores, desejosos e ansiosos para serem representados, não possam contar com nenhum membro na Câmara em que tenham votado? É justo que cada eleitor de Marylebone seja obrigado a ver-se representado por dois nomes indicados pelos conselhos paroquiais ou cada eleitor de Finsbury ou Lambeth, como geralmente se acredita, representado por aqueles indicados por publicanos? A maior parte das pessoas de educação superior e elevado espírito público no país pertencente a eleitorados das grandes cidades, em grande parte ou não está representada no momento ou está mal representada. Os eleitores que se encontram em lado oposto ao partido político da maioria local não estão representados e uma grande parte daqueles que estão no mesmo lado de tal partido está mal representada, sendo obrigados a aceitar o candidato que teve o maior número de adeptos em seu partido político, embora suas opiniões possam divergir de tais adeptos em um ou outro ponto. Em alguns aspectos tal estado de coisas seria ainda pior do que se não permitissem à minoria votar de forma alguma, pois assim pelo menos a maioria poderia ter um membro que representasse seu melhor caráter; enquanto por ora, a necessidade de não dividir o partido, por medo de deixar entrar seus adversários, induz que todos votem ou na primeira pessoa que se apresente usando suas cores ou naquela indicada por seus líderes locais. Estes, se os elogiamos, o que muito raramente merecem, ao supor que sua escolha cuja imparcialidade não foi afetada por seus interesses pessoais, são obrigados, para que possam ter certeza de reunir toda sua força, a apresentar um candidato a quem nenhum membro do partido fará forte oposição - ou seja, um candidato sem qualquer característica distintiva, sem qualquer opinião conhecida a não ser a do próprio partido. Tal fato é notadamente exemplificado nos Estados Unidos, onde, na eleição presidencial, o partido mais forte nunca ousa indicar qualquer de seus candidatos mais fortes porque cada um deles, pela simples razão de terem estado expostos ao público por muito tempo, sofreram oposições de uma ou outra parte do partido, e, portanto, não representa uma cartada tão segura a ponto de reunir todos os votos necessários como aquele indivíduo do qual o público nunca ouviu falar em absoluto até que tenha sido lançado como candidato. Dessa forma, o candidato escolhido, mesmo pelo partido mais forte, talvez represente os verdadeiros anseios somente da estreita margem pela qual tal partido excede o outro. Qualquer sessão cujo suporte seja necessário para o sucesso pode vetar o candidato. Qualquer sessão que defenda o candidato mais obstinadamente do que as outras podem obrigar todas as outras a aceitar sua indicação; e essa pertinácia superior infelizmente encontra-se com mais probabilidade dentre aqueles que defendem os próprios interesses mais do que os do público. Portanto, muito provavelmente a escolha da maioria deva ser determinada por aquela parte mais tímida do grupo, a de mente mais estreita e que sofre mais preconceitos, ou que se atém com mais tenacidade ao interesse exclusivo da classe. Em tal caso, os direitos eleitorais da minoria enquanto inúteis para os propósitos aos quais se destinam os votos dados, servem apenas para obrigar a maioria a aceitar o candidato da parte mais fraca ou pior.

Não seria de forma alguma surpreendente que muitos, embora reconheçam tais males, os considerem o preço necessário a ser pago por um governo livre: essa era, até recentemente, a opinião de todos os amantes da liberdade. Mas o hábito de ignorá-los como irremediáveis tornou-se tão inveterado que muitas pessoas parecem ter perdido a capacidade de considerá-los como coisas as quais sentiriam prazer em remediar, se pudessem. Do desespero à cura, é frequentemente necessário apenas um passo para negar a enfermidade; e disso se segue o desagrado ao remédio proposto, como se aquele que o propõe estivesse causando um malefício e não alívio para ele. As pessoas estão tão acostumadas aos males que acham que é absurdo, e por vezes até errado, queixar-se deles. Contudo, sendo tais males inevitáveis ou não, deve ser um obtuso amante da liberdade aquele sobre cujo espírito não pesam tais males e que não se alegraria ao descobrir que eles poderiam ser dispensados. Ora, nada é mais certo do que o fato de suprimir virtualmente a minoria não ser uma consequência nem necessária nem natural da liberdade; que, longe de ter qualquer ligação com a democracia, tal fato opõe-se diametralmente ao primeiro princípio desta, ou seja, representação proporcional a números. É uma parte essencial da democracia que as minorias devam estar adequadamente representadas. Nenhuma democracia verdadeira será possível exceto uma falsa demonstração dela sem essas minorias.

Aqueles que viram e sentiram, com alguma intensidade, a força dessas considerações, propuseram várias providências pelas quais o mal, em grau maior ou menor, pode ser mitigado. Lorde John Russell[23], em um de seus projetos de reforma, apresentou um dispositivo em que certos eleitorados deveriam eleger três membros, e que dentre estes cada eleitor teria permissão de votar apenas em dois; e o sr. Disraeli[24], em recentes debates, relembrando o fato para censurá-lo, por ser de opinião evidente de que tal dispositivo é próprio para que um estadista Conservador considere apenas os meios e repudie desdenhosamente todo o sentimento de solidariedade por qualquer indivíduo que tenha sido reprimido, mesmo que uma só vez, a pensar nos fins[25]. Outros propuseram que cada eleitor poderia votar em apenas um. Por meio de

(23) John Russell (1792-1878), político britânico. (N. T.)

(24) Benjamin Disraeli (1804-1881), escritor e político inglês, foi diversas vezes primeiro-ministro do governo britânico. (N. T.)

(25) Esse grave erro do sr. Disraeli (do qual o sr. John Pakington, o que muito o honra, aproveitou-se da oportunidade para logo em seguida separar-se dele) é um exemplo expressivo dentre muitos que mostram quão pouco os líderes Conservadores compreendem os princípios Conservadores. Sem pretender exigir de partidos políticos tanta virtude e discernimento para compreender e saber quando aplicar os princípios de seus adversários, ainda assim poderíamos dizer que seria um grande avanço se cada partido compreendesse e agisse segundo seus princípios. Bom seria para a Inglaterra se os conservadores votassem com coerência por tudo quanto fosse conservador, e os liberais por tudo quanto fosse liberal. Não deveríamos ter de esperar mais por coisas que, as atuais e muitas outras grandes medidas, são eminentemente tanto conservadoras quanto liberais. Os conservadores, sendo pelo estatuto de sua existência o partido mais estúpido, têm muito que responsabilizar-se pelos maiores pecados dessa natureza: e não deixa de ser uma verdade melancólica que se qualquer medida fosse proposta sobre qualquer assunto, verdadeiramente e bem mais conservadora, mesmo se os liberais se mostrassem desejosos de votar nela, a grande massa do Partido Conservador se apressaria cegamente para evitar que fosse aprovada.

qualquer um desses planos, uma minoria que se iguale ou exceda um terço do eleitorado local seria capaz, se não tentasse mais do que isso, de eleger um dos três membros. O mesmo resultado poderia ser conseguido de uma forma ainda melhor se, como proposto em panfleto competente pelo sr. James Garth Marshall[26], o eleitor retivesse seus três votos mas tivesse a liberdade de concedê-los todos ao mesmo candidato. Esses esquemas, embora infinitamente melhores do que plano algum, são, contudo, apenas paliativos e atingem o objetivo de forma muito imperfeita, uma vez que todas as minorias locais de menos de um terço e todas as minorias, embora numerosas que são, formam os vários eleitorados, permaneceriam sem representação. Contudo, há de se lamentar muito que nenhum desses planos tenha sido posto em prática visto que qualquer um deles reconheceu o princípio certo e preparou o caminho para sua mais completa aplicação. Mas a verdadeira igualdade de representação não será obtida a menos que um grupo de eleitores correspondente ao número médio de um eleitorado, não importando em que parte do país residam, tenha o poder de unir-se a um outro para eleger um representante. Tal grau de perfeição na representação pareceria impraticável até que um homem de grande capacidade, visão geral e habilidade para planejar detalhes práticos – sr. Thomas Hare – provou sua possibilidade elaborando um esquema para sua realização, incorporado a um projeto de um Ato do Parlamento; esquema esse que possui o mérito quase sem par de realizar um grande princípio de governo de uma maneira que se aproxima à perfeição ideal quanto ao objetivo especial em questão, enquanto atinge acidentalmente vários outros fins de não menos importância.

De acordo com esse plano, a unidade da representação, a cota de eleitores que estaria autorizada a eleger um membro para si, seria determinada pelo processo comum de cálculo de médias, o número de votantes dividido pelo número de cadeiras da Câmara; e cada candidato que obtivesse tal cota seria eleito, por maior que fosse o número de eleitores locais que conseguisse congregar. Os votos, como se dá atualmente, seriam dados localmente; mas qualquer eleitor teria a liberdade de votar

[26] James Garth Marshall escreveu um panfleto intitulado *Minorias, Maiorias e seus Direitos*, Londres, 1853. (N. T.)

em qualquer candidato, independente da parte do país que ele se apresentasse. Tais eleitores, portanto, que não desejassem ser representados por quaisquer dos candidatos locais poderiam ajudar através de seu voto na eleição daqueles que mais gostassem, dentre os candidatos por todo o país, que tivessem demonstrado vontade de serem escolhidos. Por tal modo, isso tornaria real os direitos eleitorais da minoria, de outra forma privada de exercer seus direitos de voto. Mas é importante que não só aqueles que se recusam a votar em qualquer candidato local, mas também aqueles que votam em um deles e são derrotados, devam ter a possibilidade de encontrar em algum outro lugar a representação que não conseguiram obter no próprio distrito. É necessário, portanto, que um eleitor posa entregar sua cédula contendo outros nomes além daquele que representa sua principal preferência. Seu voto seria apenas contado para um candidato, mas se o objeto de sua primeira escolha não fosse eleito por não ter atingido a cota, talvez sua segunda escolha fosse mais feliz. Ele pode aumentar sua lista para um número maior, na ordem de sua preferência para que, se os nomes que estão próximos do topo da lista ou não completam a cota o a completam sem seu voto, o voto ainda possa ser utilizado por alguém a quem tal voto pode eleger. Para obter o número total de membros exigido para completar a Câmara, assim como para evitar que candidatos muito populares monopolizem todos os sufrágios, é necessário que não sejam contados mais votos além da cota para sua eleição, não importando quantos votos um candidato possa obter. O restante daqueles que votaram em tal candidato teriam seus votos contados para o próximo indivíduo em suas respectivas listas e que porventura necessitassem deles para que, com tal contribuição, pudessem completar a cota. Para determinar quais votos de um candidato deveriam ser utilizados para sua eleição e quais ficam livres para outros, vários métodos são propostos sobre os quais não nos deteremos por ora. Certamente reteria os votos de todos aqueles que de outra forma não seriam representados e, para o restante, seria perfeito sorteá-los por falta de melhor providência. As cédulas seriam enviadas a um escritório central, onde os votos então seriam contados, o número do primeiro, segundo, terceiro, e outros votos dados a cada candidato apurado e a cota seria repartida a cada um que conseguisse completá-la até que o número da

Câmara fosse atingido; os primeiros votos em preferência aos segundos, os segundos aos terceiros, e assim por diante. As cédulas e todos os elementos de cálculo seriam colocados em repositórios públicos acessíveis a todos os interessados e, se qualquer candidato que tivesse obtido tal cota não fosse eleito, tal fato seria facilmente provado.

Esses são os principais dispositivos do esquema. Para um conhecimento mais minucioso de tão simples funcionamento, devo me referir ao *Tratado sobre Eleição de Representantes* (um pequeno volume publicado em 1859)[27], do sr. Thomas Hare, e a um panfleto do sr. Henry Fawcett (Professor de Economia Política na Universidade de Cambridge), publicado em 1860 e intitulado *Projeto de Reforma do Sr. Hare - simplificado e explicado*. Este último é uma exposição muito clara e objetiva do plano, reduzido a seus mais simples elementos através da omissão dos dispositivos originais do sr. Hare, os quais, embora benéficos em si mesmos, julgou-se tirar mais da simplicidade do esquema do que acrescentaram à sua utilidade prática. Quanto mais tais obras são estudadas, mais certo me aventuro a predizer, será a impressão da perfeita praticabilidade do esquema e de suas vantagens transcendentes. São tais e tão numerosos que, segundo creio, colocam o plano do sr. Hare entre os maiores avanços já realizados na teoria e prática de governo.

Em primeiro lugar, ele assegura uma representação, em proporção a números, a cada divisão do corpo eleitoral: não somente a dois grandes partidos com talvez algumas poucas minorias importantes em lugares particulares, mas a cada minoria em toda a nação, consistindo em um número suficientemente grande a ter direito à representação, de acordo com os princípios da justiça igualitária. Em segundo lugar, nenhum eleitor seria, como ocorre hoje, nominalmente representado por algum candidato que ele não tivesse escolhido. Cada membro da Câmara seria o representante de um eleitorado unânime. Ele representaria mil eleitores, ou qualquer que fosse a cota, e cada um deles não teria votado apenas em tal candidato, mas o teria escolhido em todo o país e, não meramente a partir do sortimento de duas ou três laranjas podres que talvez fosse a única escolha oferecida a ele no mercado local. Sob o

(27) Em uma segunda edição publicada recentemente (1861), o sr. Hare fez importantes avanços em alguns dos dispositivos detalhados. (N. A.)

ponto de vista dessa relação, o vínculo entre o eleitor e o representante seria de tal força e valor dos quais, no momento, não temos experiência. Cada um dos eleitores se identificaria pessoalmente com seu representante e este com seu eleitorado. Cada eleitor que tivesse votado nele o teria feito ou porque, dentre todos os candidatos para o Parlamento que são favoravelmente conhecidos para certo número de eleitores ele seja aquele que melhor expresse as opiniões do próprio eleitor, ou porque ele seja um daqueles cujas faculdades e caráter são mais respeitados pelo eleitor e em quem mais confia para decidir por ele. Tal membro representaria pessoas e não meros tijolos e argamassa da cidade – os eleitores em si e não simplesmente alguns conselheiros ou autoridades paroquiais. Contudo, tudo o que vale a pena preservar na representação das localidades seria preservado. Embora o Parlamento da nação devesse se ocupar o menos possível de assuntos puramente locais, ainda assim, enquanto tiver de tratar deles, deveria dispor de membros especialmente comissionados para cuidar dos interesses de cada localidade importante e, estes seriam fáceis de encontrar. Em cada localidade que possa completar a cota em si mesma, a maioria geralmente prefere ser representada por um de seus membros, por uma pessoa do conhecimento local e que resida em tal localidade, caso tal pessoa exista dentre os candidatos, e que seja bem qualificada para agir como seu representante. Seriam sobretudo as minorias que, na incapacidade de eleger o membro local, procurariam em outro lugar um candidato com probabilidade de obter outros votos além dos seus.

De todos os modos nos quais uma representação nacional seja possivelmente constituída, este proporciona a melhor segurança para as qualificações intelectuais desejáveis nos representantes. Atualmente, como todos admitem, tem sido cada vez mais difícil para um candidato, apenas de talento e caráter, ser admitido na Casa dos Comuns. Os únicos que conseguem ser eleitos são aqueles que têm influência local ou abrem seu caminho através de gastos exagerados ou que, a convite de três ou quatro comerciantes ou advogados, são enviados por um dos dois grandes partidos dos clubes londrinos como homens de cujos votos depende o partido sob todas as circunstâncias. No sistema do sr. Hare, aqueles que não gostassem dos candidatos locais ou que não conseguissem levar o candidato de sua preferência, poderiam preencher suas cédulas fazendo a escolha dentre todas as pessoas de reputação nacional, na lista de candidatos, com cujos princípios políticos gerais eles simpatizassem. Quase qualquer pessoa, portanto, que de alguma forma tivesse se destacado, embora destituída de influência local e sem comprometimento com nenhum partido político, teria a chance justa de atingir a cota. Seria possível, portanto, esperar que, com tal encorajamento, essas pessoas se oferecessem em número até então nunca imaginados. Centenas de homens competentes, de pensamento independente, que não teriam qualquer chance de serem escolhidos pela maioria de um eleitorado existente, através de seus escritos ou esforços em algum campo da utilidade pública tornaram-se conhecidos e foram aceitos por algumas pessoas em quase todos os distritos do reino. Se cada voto que a eles fosse concedido em cada localidade pudesse ser contado para sua eleição, provavelmente completariam o número da cota. Nenhuma outra forma seria possível sugerir para que o Parlamento estivesse tão certo de abrigar a verdadeira *elite* do país.

Não seria somente através dos votos das minorias que esse sistema de eleição faria elevar o padrão intelectual da Casa dos Comuns. As maiorias estariam obrigadas a procurar membros de calibre muito mais elevado. Quando os indivíduos que compõem a maioria não mais fossem reduzidos à *escolha de Hobson*, ou de votar no candidato apresentado por seus líderes locais ou de não votar absolutamente, quando o indicado dos líderes tivesse de enfrentar a competição não somente do candidato da minoria, mas de todo aquele de reputação estabelecida no país, ansiosos por servir, então não seria mais possível impingir por mais tempo aos eleitores a primeira pessoa que se apresentasse com o lema do partido na boca e três ou quatro mil libras no bolso. A maioria insistiria em ter um candidato merecedor de sua escolha ou levaria seus votos para um outro lugar e, dessa forma, a minoria prevaleceria. A escravidão da maioria em sua porção menos respeitável chegaria ao fim. As melhores e mais competentes pessoas da notoriedade local viriam à frente pela preferência e, se fosse possível, aqueles conhecidos de alguma forma vantajosa além da localidade, que sua força local pudesse ter uma chance de fortalecer-se por votos desgarrados de outro lugar. Os eleitorados competiriam pelos melhores candidatos e disputariam entre si para escolher dentre indivíduos de conhecimento e relações locais, aqueles que mais se distinguissem em qualquer outro aspecto.

A tendência natural do governo representativo, como o da civilização moderna, caminha em direção à mediocridade coletiva: e tal tendência é aumentada por todas as reduções e extensões de privilégios, sendo seu efeito colocar o poder nas mãos de classes que estão cada vez mais abaixo do mais elevado nível de instrução na comunidade. Mas embora as mentes e intelectos elevados necessariamente excedam em número, representa grande diferença que eles sejam ou não ouvidos. Na falsa democracia, que, em vez de conceder representação a todos, a concede apenas às maiorias locais, a voz da minoria instruída poderá não ter de modo algum órgão no corpo representativo. Admite-se que, na democracia americana, a qual se fundamenta nesse modelo defeituoso, os membros de espíritos altamente cultos da comunidade, exceto por aqueles que se prestam a sacrificar suas opiniões e modos de julgamento, dessa forma tornando-se porta-vozes servis daqueles que são inferiores a eles em conhecimento, raramente candidatam-se ao Congresso ou às Assembleias Estaduais, tão reduzidas suas chances de serem eleitos. Se um plano como o do sr. Hare tivesse a sorte de ser sugerido aos fundadores esclarecidos e patrióticos da República Americana, as Assembleias Federal e Estaduais teriam incluído muitos desses homens distintos e a democracia teria sido poupada de sua maior reprovação e de um de seus mais terríveis males. Contra tal malefício o sistema de representação pessoal proposto pelo sr. Hare é quase específico. A minoria de intelectos instruídos dispersa nos eleitorados locais se uniria para eleger um número, proporcional a seus próprios números, dos mais verdadeiramente competentes homens que o país dispusesse. Tal minoria estaria sob o mais forte incentivo para escolher esses homens, uma vez que de nenhum outro modo poderia obter força numérica para decidir algo considerável. Os representantes da maioria, além do fato de eles próprios serem melhorados em qualidade pela utilização do sistema, não mais teriam todo o campo para si. Certamente excederiam aos outros tanto quanto uma classe de eleitores excede à outra no país. Poderiam sempre obter mais votação, mas falariam e votariam em sua presença e estariam sujeitos à sua crítica. Quando surgisse qualquer diferença, teriam de enfrentar os argumentos dos pouco instruídos através de razões pelo menos aparentemente convincentes e, uma vez que não pudessem, como fazem aqueles que falam às pessoas já unânimes, supor que tivessem razão, lhes ocorreria por vezes convencer-se de que estariam errados. Como seriam, em geral, bem intencionados (pois isso poderíamos esperar de uma representação nacional eleita de forma razoável), seus espíritos seriam insensivelmente elevados pela influência daqueles com os quais tivessem contato ou, até mesmo, em conflito. Os campeões das doutrinas impopulares não apresentariam seus argumentos meramente em livros e periódicos, lidos apenas por seus adeptos; as posições opostas se encontrariam frente a frente e corpo a corpo e então haveria uma justa comparação de sua força intelectual perante o país. Assim descobriríamos se a opinião que prevalecesse pela contagem dos votos também prevaleceria se os votos fossem pesados assim como contados. As pessoas frequentemente têm um instinto natural para distinguir um homem competente quando ele dispõe de meios para mostrar suas habilidades em terreno neutro perante elas. Se tal pessoa não conseguir, pelo menos em parte, algum reconhecimento justo, seria devido às instituições ou aos costumes que o mantém fora da vista. Nas antigas democracias não havia nenhum meio de manter um candidato competente fora das vistas: o *bema* estaria aberto para ele; ele não precisaria do consentimento de ninguém para tornar-se um conselheiro público. Isso não ocorre em um governo representativo, e os melhores amigos da democracia representativa dificilmente podem nutrir suspeitas de que Temístocles ou Demóstenes, cujos conselhos teriam salvo a nação, poderia passar toda sua vida sem conseguir jamais uma cadeira na representação. Mas se é possível assegurar a presença na assembleia representativa de algumas das principais mentes do país, embora as remanescentes consistam de mentes médias, a influência desses espíritos de liderança certamente se fará sentir sensivelmente nas deliberações gerais, mesmo sabendo que em muitos aspectos são opostos à tendência da opinião e sentimento populares. Sinto-me incapaz de conceber qualquer modo pelo qual a presença de tais espíritos possa ser positivamente assegurada, como pelo modo proposto pelo sr. Hare.

Essa parte da Assembleia também seria o órgão apropriado de uma grande função social, para a qual não há nenhum dispositivo nas democracias existentes, mas que em nenhum governo pode ficar permanentemente sem ser preenchida sem que se condene tal governo à inevitável degeneração e consequente decadência. Essa poderia ser chamada de função do Antagonismo. Em cada governo há algum poder mais forte do que todo o resto, o qual tende a torna-se o único perpetuamente. Em parte propositadamente e em parte inconscientemente, ele está sempre se esforçando para fazer com que todas as outras coisas se curvem a si; e não se dá por satisfeito enquanto houver algo que se oponha permanentemente a ele, qualquer influência em desacordo com sua natureza. Contudo, se consegue suprimir todas as influências rivais e moldar tudo de acordo com seu padrão, então será o fim do progresso nesse país e se dará o declínio. O progresso humano é o produto de muitos fatores e nenhum poder até agora constituído na humanidade dispõe de todos. Mesmo os poderes mais benéficos trazem em si apenas alguns dos requisitos do bem, e o restante, se o progresso continuar, deve ser retirado de alguma outra fonte. Nenhuma comunidade jamais teve progresso tão longo, exceto enquanto havia conflito entre o poder mais forte na comunidade e algum poder rival, entre as autoridades espirituais e temporais, as classes militar ou territorial e a industrial, o rei e o povo, os reformadores ortodoxos e os religiosos. Quando a vitória no lado oposto foi tão completa a ponto de pôr fim à discussão, e não havendo outro conflito, seguiu-se primeiro a estagnação e então a queda. A ascendência da maioria numérica é menos injusta e, no conjunto, menos nociva, do que muitas outras, mas está ligada ao mesmo tipo de perigos, e até mesmo com mais certeza. Quando o governo está nas mãos de um ou de poucos, os muitos sempre existem como um poder rival, o qual não é forte o suficiente para controlar o outro, porém cuja opinião e sentimento representam suporte moral e até mesmo social de todos aqueles que, ou por convicção ou por contrariedade de interesses, opõem-se a qualquer uma das tendências da autoridade governante. Mas, quando a democracia é suprema, não há um ou poucos suficientemente fortes para sustentarem opiniões divergentes e interesses prejudicados ou ameaçados. A grande dificuldade do governo democrático até agora parece ser como fornecer, em uma sociedade democrática, aquilo que as circunstâncias até aqui têm fornecido em todas as sociedades que se mantêm à frente das outras, ou seja, apoio social, um *point d'appui* (ponto de apoio) para as resistências individuais contra as tendências do poder governante; uma proteção, um ponto de arregimentação, para opiniões e interesses que a opinião pública ascendente vê de forma desfavorável. Por falta de tal *ponto de apoio*, as sociedades mais antigas e todas as sociedades modernas, exceto por algumas poucas, ou foram dissolvidas ou estagnaram (o que implica lenta deterioração) pela predominância exclusiva apenas de uma parte das condições do bem-estar social e mental.

Ora, o sistema de representação pessoal é adequado para suprir essa grande carência da forma mais perfeita admitida pelas circunstâncias da sociedade moderna. O único refúgio no qual procurar um suplemento ou correção complementar contra os instintos de uma maioria democrática, é a minoria instruída. Contudo, no modo comum para se constituir uma democracia, essa minoria não possui nenhum órgão, mas o sistema do sr. Hare fornece um. Os representantes eleitos para o Parlamento pela associação de minorias, proporcionariam tal órgão em sua maior perfeição. Uma organização separada de classes instruídas, mesmo se fosse possível, seria odiosa e apenas poderia deixar de ser ofensiva se não tivesse influência alguma. Mas se a elite dessas classes fizesse parte do Parlamento sob o mesmo título que qualquer outro de seus membros, ou seja, a mesma fração numérica do desejo nacional representada pelo mesmo número de cidadãos, sua presença não causaria ressentimento a ninguém enquanto estivesse na posição de elevada vantagem, tanto para fazer com que suas opiniões e conselhos sobre todos os assuntos importantes fossem ouvidos, quanto para participar ativamente nos assuntos públicos. Suas faculdades provavelmente lhes dariam mais do que sua parcela numérica da real administração do governo. Da mesma forma os atenienses não confiavam funções públicas de responsabilidade a Cléon ou Hipérbolo (o emprego de Cléon em Pilos e Anfípolis era puramente excepcional), mas Nícias, Terâmenes e Alcibíades[28] estavam constantemente empregados tanto em seu país quanto no exterior, em-

(28) Diversos homens públicos e políticos da Grécia antiga: Cléon (? – 422 a.C.), político ateniense; Hipérbolo (? – 411 a.C.), demagogo ateniense; Nícias (470-413 a.C.), político ateniense, chefe do partido aristocrático; Terâmenes (450-404 a.C.), estadista ateniense; Alcibíades (450-404 a.C.), estratego e estadista ateniense. (N. T.)

bora se soubesse que simpatizavam mais com a oligarquia do que com a democracia. A minoria instruída, na votação real, não contava apenas por seus números, mas como força moral contaria muito mais em virtude de seu conhecimento e da influência que obteria sobre os demais. Um arranjo melhor adaptado para manter a opinião pública dentro dos limites da razão e da justiça e para protegê-la contra influências maléficas que investem contra o lado fraco da democracia, não poderia ser planejada pelo engenho humano. Dessa forma, um povo democrático seria suprido com aquilo que de um outro modo quase certamente lhe faltaria – líderes com um nível mais elevado de intelecto e caráter do que ele próprio. A democracia moderna teria ocasionalmente um Péricles[29] e seu grupo habitual de espíritos superiores de orientação.

Com toda essa sucessão de razões, da mais fundamental natureza, em favor do lado afirmativo da questão, o que haveria no lado negativo? Nada que necessite de exame quando as pessoas podem ser induzidas a examinar verdadeiramente algo novo. Certamente aqueles, se existirem, que, sob o pretexto de justiça igualitária, visam apenas a substituição da ascendência de classe dos pobres pela dos ricos, obviamente serão desfavoráveis a um esquema que as coloca no mesmo patamar. Mas não creio que exista, no momento, um desejo dentro das classes trabalhadoras desse país, embora não responda pelo efeito que a oportunidade e os artifícios demagógicos possam daqui por diante dispor para instigá-lo. Nos Estados Unidos, onde a maioria numérica há muito possui o despotismo coletivo, provavelmente não se mostraria desejosa de abrir mão dele como um simples déspota ou aristocracia. Mas creio que a democracia inglesa por enquanto se contentaria com a proteção contra a legislação de classes de outros, sem reclamar o poder de exercê-la por sua vez.

Dentre os opositores ostensivos ao esquema do sr. Hare, alguns professam que tal plano seria impraticável, contudo se verificará que estes são geralmente pessoas que mal ouviram falar dele, ou o examinaram de maneira superficial e rápida. Outros são incapazes de se conformar com a perda daquilo que chamam de caráter local de representação. Não lhes parece que uma nação seja constituída de pessoas, mas de unidades artificiais, a criação da geografia e da estatística. O Parlamento

[29] Péricles (495-429), estratego e estadista ateniense, líder dos democratas. (N. T.)

deve representar cidades e condados, e não seres humanos. Entretanto ninguém procura aniquilar cidades e condados. Presume-se que estes sejam representados quando o são os homens que neles vivem. Não pode haver sentimentos locais sem alguém que os sinta, e nem interesses locais sem alguém que zele por eles. Se os seres humanos, cujos sentimentos e interesses são esses, têm sua parcela adequada de representação, então tais sentimentos e interesses serão representados em comum com todos os outros pertencentes a essas mesmas pessoas. Contudo, não consigo ver porque os sentimentos e interesses que organizam os homens de acordo com suas localidades deveriam ser os únicos merecedores de representação, ou porque pessoas que têm diferentes interesses e sentimentos, os quais valorizam mais do que os geográficos, deveriam restringir-se a eles como o princípio único de sua classificação política. A ideia de que Yorkshire e Middlesex tenham direitos diferentes dos de seus habitantes, ou que Liverpool e Exerter são objetos adequados dos cuidados do legislador, em contraposição à população de tais localidades, é um exemplo curioso de desilusão causada por palavras.

Em geral, contudo, os opositores cortam o assunto pela raiz ao afirmarem que o povo da Inglaterra jamais consentirá com tal sistema. Não me responsabilizarei em dizer o que o povo inglês provavelmente achará daqueles que sumariamente condenam sua capacidade de entendimento e julgamento, julgando supérfluo considerar se algo é justo ou injusto antes de afirmar que com toda a certeza o rejeitará. De minha parte, não creio que o povo da Inglaterra mereça ser, sem julgamento, estigmatizado como insuperavelmente preconceituoso contra qualquer coisa que se prove boa ou para eles mesmos ou para outros. Também me parece que quando preconceitos persistem obstinadamente, a ninguém cabe tanto a culpa quanto como àqueles que insistem em proclamá-los insuperáveis, como uma desculpa para si mesmos por nunca se unirem para tentar extingui-los. Seja qual for o preconceito, este será insuperável se aqueles que não compartilham dele, se submetam a ele, o exaltem e o aceitem como uma lei da natureza. Creio, entretanto, que neste caso não há, em geral, dentre os que ainda não ouviram falar na proposição, nenhuma outra hostilidade a ela mais do que a desconfiança natural e saudável inerente a todas as novidades que não foram suficientemente analisadas para elucidar, no geral, todos os prós e contras da questão. O único obstáculo sério é a falta de familiaridade. Certamente isso é algo terrível, pois a imaginação se conforma muito mais facilmente com uma grande alteração na essência do que com uma pequena modificação nas denominações e formas. Mas tal falta de costume é uma desvantagem que, quando há qualquer valor na ideia, ela apenas requer tempo para ser afastada. E nestas épocas de discussão e de interesses despertos para o aperfeiçoamento, aquilo que anteriormente era o trabalho de séculos, hoje frequentemente requer apenas anos.

Desde a primeira publicação desse Tratado, várias críticas contrárias têm sido feitas ao plano do sr. Hare, o que indica pelo menos um exame cuidadoso do mesmo e uma consideração mais inteligente do que anteriormente tinha sido dada às suas pretensões. Esse é o progresso natural que envolve os grandes avanços. São, à princípio, vistos com cego preconceito e com argumentos os quais apenas tal preconceito cego poderia atribuir algum valor. À medida que o preconceito enfraquece, os argumentos empregados por ele por algum tempo crescem em força, uma vez que sendo o plano melhor compreendido, suas inevitáveis inconveniências e as circunstâncias que militam contra ele imediatamente produzindo todos os benefícios, dos quais é intrinsecamente capaz, tornam-se evidentes juntamente com seus méritos. Mas, de todas as objeções que têm alguma aparência de razão e que chegaram a meu conhecimento, não há nenhuma que não tenha sido prevista, considerada e examinada pelos adeptos do plano, e verificando-se não ser real nem superadas.

A mais séria das objeções, pelo menos na aparência, pode ser a mais fácil de ser respondida resumidamente; a suposta impossibilidade de evitar a fraude ou suspeita de fraude, nas operações do Escritório Central. A publicidade e completa liberdade de inspecionar as cédulas de votação após a eleição foi a garantia fornecida, mas admite-se que tudo seria inútil porque, para verificar uma eleição, um eleitor teria de repassar todo o trabalho que foi realizado pela equipe de funcionários. Esta seria uma objeção muito importante se houvesse necessidade que as eleições devessem ser verificadas por cada eleitor. Tudo o que se poderia esperar que um eleitor fizesse para tal verificação seria checar o destino dado à sua cédula e, para tal propósito, cada cédula seria devolvida, após um período conveniente, ao local de origem. Mas aquilo que o eleitor não pudesse fazer seria feito por ele, pelos candidatos que não foram bem-sucedidos e seus agentes. Aqueles, dentre os derrotados, que contavam ser eleitos, contrataram, isoladamente ou em conjunto, uma agência para checar todo o processo da eleição e, se detectassem qualquer erro significativo, encaminhariam os documentos para um Comitê da Casa dos Comuns através do qual todas as operações eleitorais da nação seriam examinadas e revistas a uma décima parte do custo de tempo e dinheiro necessários para o exame de uma única eleição perante um Comitê de Eleições sob o sistema ora em vigor. Presumindo-se que o plano seja praticável, dois modos foram propostos, nos quais seus benefícios poderiam ser frustrados, o que resultaria em consequências danosas. Primeiro, diz-se que o poder indevido seria concedido a grupos e "panelinhas", associações com objetivos especiais, tais como a Liga da Lei do Maine, a Sociedade do Voto ou da Liberação ou entidades unidas pelo interesse de classe ou comunidades religiosas. Em segundo lugar, opõe-se que o sistema admitisse ser operado para propósitos partidários. Um órgão central de cada partido político enviaria sua lista de 658 candidatos por todo o país a serem votados por todos seus adeptos em cada eleitorado. Seus votos excederiam bem mais em número aqueles que pudessem ser obtidos por qualquer candidato independente. Afirma-se que o sistema do "ticket" funcionaria, como ocorre na América, unicamente em favor dos grandes partidos organizados, cujos "tickets" seriam cegamente aceitos e votados em sua integridade e dificilmente o excederiam em votos os grupos sectários ou grupos de indivíduos reunidos por alguma extravagância comum, dos quais já falamos.

A resposta a tais objeções parece ser conclusiva. Ninguém pretende que, sob o plano do sr. Hare ou de qualquer outro, a organização deixaria de ser vantajosa. Elementos dispersos estão sempre em desvantagem se comparados a grupos organizados. Como o plano do sr. Hare não pode alterar a natureza das coisas, devemos esperar que todos os partidos ou seções, grandes ou pequenos, que possuem organização, se prevaleceriam dele ao máximo para fortalecer a própria influência. Mas, sob o sistema existente, tais influências representam tudo. Os elementos dispersos não são nada absolutamente. Os eleitores que não estão vinculados nem às grandes divisões políticas, nem às pequenas divisões sectárias, não possuem meios para disponibilizar seus votos. O plano do sr. Hare lhes fornece tais meios. Eles poderão fazer uso dele de forma mais ou menos hábil. Poderão obter sua parcela de influência ou muito menos do que isso. Mas seja o que for que realmente adquiram, será um ganho positivo. E quando se supõe que cada pequeno interesse, ou combinação em favor de um pequeno interesse, fosse organizado, por que deveríamos supor que o grande interesse do intelecto e caráter nacionais seria o único a não dispor de organização? Se tivesse de haver cédulas de Temperança ou cédulas para Escolas de Maltrapilhos, e similares, uma pessoa de espírito público dentro de um eleitorado não seria suficiente para apresentar uma cédula de "mérito pessoal" e colocá-la em circulação por toda a vizinhança? E algumas dessas pessoas, reunindo-se em Londres, não poderiam escolher a partir da lista de candidatos, os nomes mais distintos sem considerar as divisões técnicas de opinião, publicando-os em todos os distritos a um custo insignificante? Devemos lembrar que a influência dos dois grandes partidos, no atual modo de eleição, é ilimitada: no esquema do sr. Hare seria grande, mas confinada a certos limites. Nem eles e nem qualquer dos grupos menores estariam aptos a eleger mais membros do que em proporção ao número relativo de seus adeptos. O sistema de "ticket" na América opera sob condições opostas a esta. Na América os eleitores votam no "ticket" do partido porque a eleição é decidida por maioria simples, descartando-se o voto dado a alguém que sabidamente não obterá a maioria. Mas, no sistema do sr. Hare, um voto concedido a um indivíduo de conhecido valor tem tanta chance de atingir seu objetivo como um concedido a um candidato do partido. Portanto, se poderia esperar que cada Liberal ou Conservador, que tivesse as próprias preferências além das de seu partido, riscasse o nome dos candidatos mais obscuros e insignificantes do partido e inscrevesse, em seu lugar, alguns dos indivíduos que representassem uma honra para a nação. A probabilidade da ocorrência de tal fato agiria como forte estímulo junto àqueles que elaborassem as listas dos partidos para que não se limitassem a homens comprometidos do partido, mas, que incluíssem dentre eles, em seus respectivos "tickets", aqueles de notoriedade nacional que simpatizassem mais com seu lado do que com o oposto.

A verdadeira dificuldade, pois não podemos fingir que não há dificuldade, seria que os eleitores independentes, aqueles desejosos de votar em indivíduos de mérito não comprometidos, poderiam inscrever os nomes de poucas pessoas dentro dessas condições e preencher o restante de sua lista com meros candidatos do partido, dessa forma ajudando a aumentar os números de votos contra aqueles por quem prefeririam ser representados. Haveria uma fácil solução para isso se fosse necessário recorrer-se a ela, ou seja, impor um limite ao número de votos secundários ou contingentes. Nenhum eleitor provavelmente possui preferência independente, fundamentada no conhecimento, para 658 ou até mesmo 100 candidatos. Haveria pouca objeção a que se limitasse a vinte, cinquenta, ou qualquer que possa ser o número em cuja escolha houvesse alguma probabilidade que sua escolha fosse exercida – que ele votasse como um indivíduo e não como um candidato pertencente ao partido. Mas, mesmo sem tal restrição, é provável que o mal fosse curado tão logo o sistema viesse a ser bem compreendido. Frustrá-lo tornar-se-ia um objetivo importante de todos os agrupamentos e "panelinhas" cuja influência é tão condenável. Destes partiria, cada um em si representando uma pequena minoria, a palavra de ordem, "Vote apenas em seus candidatos *especiais*, ou pelo menos coloque seus nomes à frente para dar-lhes a plena oportunidade que lhes garanta a força numérica de obterem a cota através dos primeiros votos, ou sem que desçam muito baixo na escala." Os eleitores que não pertencessem à "panelinha" lucrariam com a lição.

Os grupos minoritários teriam precisamente o volume de poder que deveriam ter. a influência que pudessem exercer seria exatamente aquela que o número de eleitores lhes desse direito e nem uma porção a mais. Ao mesmo tempo, para assegurar tal fato, eles teriam motivo para apresentar, como representantes de seus objetivos especiais, candidatos cujas outras recomendações possibilitariam que eles obtivessem os votos de eleitores que não pertencessem à "panelinha". É curioso observar como muda a linha popular de argumentação na defesa de sistemas existentes de acordo com a natureza do ataque investido contra eles.

Não muitos anos atrás, o argumento favorito para apoiar o sistema de representação então existente era de que todos os "interesses" ou "classes" eram representados sob eles. Certamente, todos os interesses ou classes de alguma importância devem ser representados, ou seja, devem ter porta-vozes ou advogados no Parlamento. Mas daí argumentava-se que se deve apoiar um sistema que proporcione aos interesses parciais não advogados simplesmente, mas o próprio tribunal. Ora, observe a mudança. O sistema do sr. Hare impossibilita que os interesses parciais dominem o tribunal, contudo, assegura-lhes advogados e até mesmo por fazer isso ele é censurado. Pelo fato de unir os pontos bons da representação de classe e os da representação numérica é atacado por ambos os lados de uma só vez.

Mas não são objeções como essas que representam a verdadeira dificuldade para que se aceite o sistema; é a ideia exagerada que se faz de sua complexidade e consequente dúvida de que ele seja capaz ou não de ser realizado. A única resposta completa a essa objeção seria a experiência. Quando os méritos do plano tornarem-se mais conhecidos no geral, e tiverem obtido um apoio mais amplo dentre os pensadores imparciais, deveria ser feito um esforço para conseguir que fosse experimentalmente introduzido em algum campo restrito, tal como as eleições municipais de uma grande cidade. Perdeu-se uma oportunidade quando a decisão foi tomada para decidir o West Riding de Yorkshire com o objetivo de dar-lhe quatro membros, ao invés de experimentar o novo princípio, deixando o eleitorado indivisível e, permitindo que um candidato fosse eleito se obtivesse, quer nos primeiros votos ou votos secundários, uma quarta parte do número total de votos dados. Tais experiências seriam uma verificação muito imperfeita do valor do plano, mas constituiriam um exemplo de seu modo de atuação. Elas possibilitariam que os indivíduos se convencessem de que não é impraticável, os tornariam familiarizados com seu mecanismo e lhes forneceria material para julgar se as dificuldades que se imaginam tão terríveis são reais ou apenas imaginárias. O dia em que tal experiência parcial for sancionada pelo Parlamento inaugurará, assim creio, uma nova era da Reforma Parlamentar que se destina a conceder ao Governo Representativo um modelo adequado a seu período maduro e triunfante, quando houver passado pelo estágio militante, o único até agora visto pelo mundo[30].

Embora a Dinamarca seja até agora o único país no qual a Representação Pessoal tenha se tornado uma instituição, o avanço da ideia dentre as mentes pensantes tem sido muito rápido. Em quase todos os países nos quais o sufrágio universal é considerado uma necessidade, o esquema rapidamente abre seu caminho entre os amigos da democracia como uma consequência lógica do princípio que apoiam. Dentre aqueles que antes aceitam do que preferem o governo democrático, ele representa um corretivo indispensável a seus inconvenientes. Os pensadores políticos da Suíça colocaram-se à frente e os da França os seguiram. Para não mencionar outros, dentro de um período muito recente, dois dos mais influentes e autorizados escritores políticos da França, um deles pertencente à escola liberal moderada e outro à escola democrática extrema, aderiram publicamente ao plano. Dentre seus defensores destacamos um dos pensadores políticos mais eminentes na Alemanha, que também é membro proeminente do Gabinete Liberal do Grão-duque de Baden. Tal assunto, dentre outros, possui sua parcela no despertar importante do pensamento na república americana, que já era fruto do grande conflito iminente pela liberdade humana. Nas duas principais de nossas colônias australianas, o plano do sr. Hare foi apresentado à consideração de seus respectivos poderes legislativos e, embora ainda não tenha sido adotado, já possui forte partido a seu favor. Ao mesmo tempo, a compreensão clara e completa de seus princípios, demonstrada pela maioria de seus porta-vozes tanto do lado Conservador quanto do Radical da política geral, mostra o quão infundada é a noção dele ser tão complexo para que seja possível compreendê-lo e colocá-lo

[30] No intervalo entre a última edição e a atual desse tratado, soube-se que a experiência ora sugerida realmente foi realizada em uma escala maior do que a municipal ou da província, sendo continuada por vários anos. Na Constituição Dinamarquesa (não propriamente a da Dinamarca, mas a Constituição estruturada para todo o reino Dinamarquês) a representação igualitária das minorias foi fornecida baseada em um plano quase tão igual ao do sr. Hare, que acrescentou outro exemplo aos muitos de como as ideias, as quais resolvem dificuldades resultantes de uma situação geral do espírito humano ou da sociedade, se apresentam, sem qualquer comunicação, a vários espíritos superiores ao mesmo tempo. Tal aspecto da lei eleitoral dinamarquesa foi apresentado plena e claramente ao público britânico através de um competente panfleto do sr. Robert Lytton, o qual forma um dos valiosos relatórios dos Secretários de Legação, impressos por ordem da Casa dos Comuns em 1864. O plano do sr. Hare, que agora também pode ser chamado de plano do sr. Andrae, passou, dessa forma, de um simples projeto para um fato político realizado.

em prática de maneira geral. Nada se exige para tornar tanto o plano quanto suas vantagens perfeitamente inteligíveis a todos, a não ser que chegue o tempo em que achem que vale a pena se dar ao trabalho de realmente prestar-lhe atenção.

CAPÍTULO VIII

DA EXTENSÃO DO SUFRÁGIO

Uma democracia representativa tal como a que acabamos de esboçar, representativa de todos e não somente da maioria – na qual os interesses, as opiniões, os graus de intelecto que excedem em número, seriam, contudo, ouvidos e teriam uma oportunidade de obter pelo peso do caráter e pela força do argumento, uma influência que não pertenceria à sua força numérica – esta democracia, que é a única igual, a única imparcial, a única que é governo de todos por todos, o único tipo verdadeiro de democracia – estaria livre dos maiores males das democracias falsamente assim chamadas, que hoje predominam e das quais se deriva exclusivamente a ideia atual de democracia. Mas, mesmo nessa democracia, o poder absoluto ficaria com a maioria numérica, se esta escolhesse exercê-lo; e, essa maioria seria composta exclusivamente de uma única classe, semelhante em inclinações, preconceitos e maneiras gerais de pensar e, para não dizer mais, que não seria a de cultura mais elevada. A constituição, portanto, ainda estaria sujeita aos males característicos do governo de classe: com toda a certeza, em um grau muito menor do que a do governo exclusivo por uma classe, que ora usurpa o nome de democracia; mas, ainda sob nenhuma restrição eficaz, exceto a que se encontra no bom senso, moderação e indulgência da própria classe. Se restrições desse tipo forem suficientes, a filosofia do governo constitucional será simplesmente trivial. Toda a confiança em constituições está baseada na segurança que elas podem proporcionar, não que os depositários do poder não irão proporcioná-la, mas que não possam empregá-la mal. A democracia não é a forma de governo idealmente melhor a menos que esse seu lado fraco seja reforçado; a menos que ela possa ser tão organizada que nenhuma classe, nem mesmo a mais numerosa, seja capaz de reduzir tudo a não ser ela mesma à insignificância política, direcionando o curso da legislação e da administração pelo seu interesse exclusivo de classe. O problema é encontrar o meio de impedir esse abuso sem sacrificar as vantagens características do governo popular.

Esse requisito duplo não é atendido através do expediente de uma limitação do sufrágio, envolvendo a exclusão compulsória de qualquer parte de cidadãos da voz na representação. Entre os principais benefícios do governo livre está o da educação, da inteligência e o dos sentimentos, que são proporcionados aos graus mais baixos do povo quando este é chamado para participar de atos que afetam diretamente os grandes interesses de seu país. Quanto a este aspecto, já insisti tão enfaticamente que somente volto a ele porque existem poucos que parecem dar toda a importância que este efeito das instituições populares tem o direito de merecer. As pessoas julgam irreal esperar tanto de uma causa que parece ser tão insignificante – reconhecer um instrumento poderoso de aprimoramento mental no exercício de privilégios políticos concedidos aos trabalhadores manuais. Contudo, a não ser que um desenvolvimento mental considerável na massa da humanidade seja uma mera visão, este é o caminho que pelo qual deve vir. Se alguém supõe que esse caminho não o trará, utilizarei o conteúdo inteiro da grande obra de Tocqueville[31] e especialmente sua opinião sobre os americanos. Quase todos os viajantes ficam impressionados com o fato de que cada americano é, em certo sentido, tanto patriota quanto uma pessoa de inteligência culta; e Tocqueville mostrou como é íntima a relação entre essas qualidades e as instituições democráticas desse povo. Nunca se viu em parte alguma, ou nem mesmo se imaginou como atingível, a difusão tão ampla de ideias, gostos e sentimentos de espíritos educados[32]. Entretanto, isso não é nada em comparação ao que poderíamos es-

(31) Charles Alexis Henri Clérel de Tocqueville (1805-1859), escritor e político francês; a obra a que Stuart Mill alude é *Democracia na América*. (N. T.)

(32) O seguinte "extrato do Relatório do Comissário inglês para a Exposição de Nova York", que cito dos *Princípios da Ciência Social*, de Mr. Carey, serve de testemunho pelo menos de uma parte do que se afirma no texto:

"Temos alguns grandes engenheiros e mecânicos e um grande corpo de trabalhadores habilidosos; mas os americanos parecem ter se tornado uma nação inteira de tais elementos. Seus rios já estão apinhados de navios a vapor, seus vales estão cobertos de fábricas; suas cidades, ultrapassando as de qualquer Estado da Europa, exceto a Bélgica, a Holanda e a Inglaterra, servem de moradia para todas as habilidades que ora distinguem uma população da cidade; e, raramente, se encontra uma arte na Europa que não se pratique na América com perfeição igual ou maior do que no Continente, embora aqui tal arte seja cultivada e aprimorada através das épocas. Uma nação inteira de Franklins, Stephensons e Watts em perspectiva, é algo maravilhoso a ser contemplado por outras nações. Em contraste com a inércia e a ignorância da massa do povo da Europa, seja qual for a superioridade de algumas pessoas bem instruídas e habilidosas, a grande inteligência de todo o povo americano é a circunstância mais digna de atenção pública."

perar de um governo igualmente democrático em sua não-exclusividade, mas melhor organizado em outros pontos importantes. De fato, a vida política na América é a escola mais valiosa, porém é uma escola da qual se excluem os professores mais hábeis; sendo os primeiros espíritos do país tão eficientemente afastados da representação nacional e das funções públicas em geral, como se fossem considerados formalmente incapazes. Uma vez que o *demos* (povo) também é na América a única fonte de poder, toda a ambição egoísta do país é atraída para ele, como acontece nos países despóticos em relação ao monarca; o povo, assim como o déspota, é perseguido por adulação e bajulação, e os efeitos corruptores do poder acompanham totalmente as influências de aprimoramento e enobrecimento. Se, mesmo com essa mistura, as instituições democráticas produzem superioridade de desenvolvimento mental tão notável nas classes inferiores de americanos, comparadas com as classes correspondentes na Inglaterra ou de qualquer outro país, o que seria se fosse possível reter a parte boa da influência, excluindo-se a má? E isso, até certo ponto, pode ser realizado; mas não excluindo-se a parte do povo, que possui um número menor de estímulos intelectuais de outros tipos, de tão inestimável apresentação a interesses amplos, distantes e complicados, que pode ser proporcionada através da atenção que tal povo pode ser induzido a prestar sobre as questões políticas. É através da discussão política que o trabalhador braçal, cujo trabalho é uma rotina e cujo modo de vida não o coloca em contato com uma variedade de impressões, circunstâncias ou ideias, aprende que as causas e os eventos remotos, que acontecem muito longe, têm o efeito mais sensível até mesmo sobre os seus interesses pessoais; e é a partir da discussão política e da ação política coletiva que aquele, cujas ocupações diárias concentram seus interesses em um pequeno círculo em volta dele mesmo, aprende a examinar os concidadãos e ser solidário com eles, tornando-se conscientemente um membro de uma grande comunidade. Porém, as discussões políticas passam por cima das cabeças dos que não têm votos e não se estão se esforçando para adquiri-los. Sua posição, em comparação aos eleitores, é a da audiência de um tribunal de justiça, comparado aos doze homens sentados à mesa do júri. Não é o *sufrágio* deles que é requisitado, não é a opinião deles que deve ser influenciada; os apelos são feitos e os argumentos são direcionados a outros que não eles;

nada depende da decisão a que possam chegar e não há necessidade e nem tampouco estímulo para que formulem alguma. Qualquer um, em governo de qualquer forma popular, que não tem voto e nem perspectiva de obtê-lo, ficará permanentemente descontente ou se sentirá como alguém que não é afetado pelas questões gerais da sociedade; para quem tais questões devem ser administradas por outros; como quem "nada tem a ver com as leis exceto obedecê-las", nem com os interesses e preocupações públicas a não ser na qualidade de observador. O que esse indivíduo sabe ou com que se preocupa, desse ponto de vista, pode parcialmente ser medido pelo que uma mulher da classe média sabe ou se preocupa sobre a política, comparada com seu marido e irmãos.

Independentemente de todas essas considerações, é uma injustiça pessoal retirar de qualquer um, a menos que seja para prevenir males maiores, o privilégio comum de ter a opinião reconhecida na decisão de questões nas quais tal pessoa tem o mesmo interesse que as demais. Se ela é obrigada a pagar, se podem forçá-la a combater, se lhe exigem obediência irrestrita, ela deveria ter legalmente o direito de saber a razão de lhe pedirem consentimento e de valorizarem sua opinião, embora somente pelo seu justo valor. Não devem existir párias em uma nação civilizada e completamente desenvolvida, assim como nenhuma pessoa incapacitada, exceto por sua própria culpa. Qualquer um é degradado, tenha ele consciência disso ou não, quando outras pessoas, sem consultá-lo, assumem poder ilimitado para interferir em seu destino. E, até mesmo em um estado muito mais avançado do que o espírito humano já tenha alcançado, não é natural que aqueles que se dispõem deste modo recebam tratamento igual àqueles que têm uma opinião. Os governantes e as classes governantes têm a necessidade de levar em consideração os interesses e desejos daqueles que têm o sufrágio; mas, quanto àqueles que estão excluídos, é uma opção de tais governantes e das classes governadas se o farão ou não; e, embora estejam honestamente dispostos, eles geralmente estão tão ocupados com assuntos aos quais eles *devem* dar atenção, que têm pouco espaço em seus pensamentos para qualquer questão que possa ser deixada de lado impunemente. Nenhum arranjo do sufrágio, portanto, pode ser permanentemente satisfatório, quando dele se exclui terminantemente qualquer pessoa ou classe e quando o privilégio eleitoral não está acessível a todas as pessoas de maior idade que desejam obtê-lo.

Existem, contudo, certas exclusões, exigidas por motivos positivos, que não entram em conflito com esse princípio e que, embora sendo um mal em si, só é possível livrar-se delas através da suspensão das circunstâncias que as exigiram. Considero totalmente inadmissível que qualquer pessoa participe de eleições sem ser capaz de ler, escrever e, irei adicionar, sem executar as operações comuns de aritmética. A justiça exige, mesmo quando o sufrágio não dependa disso, que os meios para adquirir esses conhecimentos elementares estejam ao alcance de todos, gratuitamente ou com uma despesa que o mais pobre, que ganha para seu sustento, tenha condições de arcar. Se esse realmente fosse o caso, as pessoas não pensariam mais em dar o voto a um indivíduo que não sabe ler, como não pensam em dá-lo a uma criança que não sabe falar; e não seria a sociedade que iria excluí-lo, mas sim sua indolência. Quando a sociedade não cumpriu seu dever, tornando essa instrução mínima acessível a todos, existe certa dificuldade na questão, mas é uma dificuldade que deve ser tolerada. Se a sociedade deixou de cumprir duas obrigações solenes, a mais importante e fundamental das duas deve ser cumprida em primeiro lugar: o ensino universal deve preceder a libertação universal. Ninguém a não ser aqueles em quem uma teoria *a priori* fez calar o bom senso, irá sustentar que o poder sobre os outros e sobre toda a comunidade deve ser concedido a pessoas que não adquiriram os requisitos mais comuns e mais essenciais para cuidar de si mesmas; para perseguir de maneira inteligente os próprios interesses e os daqueles mais próximos a elas. Este argumento, sem dúvida, pode ser levado mais adiante e provar muito mais. Seria evidentemente desejável que outros conhecimentos além da leitura, escrita e aritmética se tornassem necessários ao sufrágio; que se exigisse de todos os eleitores algum conhecimento sobre a conformação da Terra, suas divisões naturais e políticas, os elementos da história geral e da história e instituições de seu país. Mas esses tipos de conhecimento, embora indispensáveis para um uso inteligente do sufrágio, não são, neste país, e provavelmente em nenhum outro, a não ser nos Estados Unidos, acessíveis a todas as pessoas; nem existe qualquer mecanismo confiável para verificar se foram ou não adquiridos. Atualmente, a tentativa de fazê-lo conduziria à parcialidade, tramoia e a toda espécie de fraude. Seria melhor que o sufrágio fosse conferido, ou mesmo retirado, indiscriminadamente do que fosse concedido a um e retirado de outro segundo o critério de um funcionário público. Contudo, no que diz respeito à leitura, escrita e cálculos, não deve haver nenhuma dificuldade. Seria fácil exigir de todos que se apresentassem para registro que copiassem, na presença do escrivão, uma sentença de um livro inglês e resolvessem um cálculo de regra de três, assegurando-se, através de regras fixas e publicidade completa, a aplicação honesta de um teste tão simples. Essa condição, portanto, deveria acompanhar o sufrágio universal em todos os casos; e, depois de alguns anos, ninguém seria excluído a não ser aqueles que tão pouco se importassem com tal privilégio, que seu voto, caso fosse dado, não serviria em geral para indicar qualquer opinião política real.

Também é importante que a assembleia que vota os impostos, tanto gerais quanto locais, seja eleita exclusivamente por aqueles que pagam alguma parcela dos impostos cobrados. Aqueles que não pagam impostos, dispondo do dinheiro de outras pessoas através de seus votos, têm todos os motivos para esbanjar e nenhum para economizar. No que se refere às questões financeiras, qualquer poder de voto que possuam é uma violação do princípio fundamental do governo livre; uma separação do poder de controle em relação ao interesse em seu exercício benéfico. Significa permitir que eles coloquem as mãos nos bolsos de outras pessoas para qualquer propósito que julguem adequado chamar de público; o que em algumas das grandes cidades dos Estados Unidos é conhecido por ter produzido uma escala de tributação local excepcionalmente onerosa e totalmente suportada pelas classes mais abastadas. De acordo com a teoria das instituições britânicas, a representação deve coexistir com a tributação, não devendo detê-la, mas também não indo além dela. Porém, para que possa existir uma reconciliação, como condição ligada à representação, com a universalidade, é essencial, assim como é desejável, por muitos outros motivos, que a tributação, de forma visível, se estenda às classes mais pobres. Neste país, e em muitos outros, provavelmente não há nenhuma família proletária que não contribua com os impostos indiretos, através da compra de chá, café, açúcar, para não mencionar narcóticos e estimulantes. Mas esse modo de custear uma parcela das despesas públicas é dificilmente sentido; quem paga, a menos que seja uma pessoa educada e ponderada, não identifica seu interesse com uma baixa escala de gastos públicos tão atentamente como quando o dinheiro necessário para o suporte de tais gastos é exigido diretamente dela; e, mesmo supondo que essa pessoa assim o fizesse, ela teria, sem dúvida, todo cuidado para que os gastos não fossem custeados por impostos adicionais sobre artigos que ela própria consome, por mais exagerada que fosse a despesa que pudesse, por meio do voto, impor ao governo. Seria melhor que um imposto direto, sob a simples forma de uma capitação, fosse cobrado de cada pessoa na comunidade; ou que cada pessoa pudesse ser admitida como eleitor, permitindo-lhe ser tributado *extra ordinem* aos impostos taxados; ou, ainda, que um pequeno pagamento anual, maior ou menor, de acordo com o valor bruto da despesa do país, fosse exigido de cada eleitor registrado; então, deste modo, cada um sentiria que o dinheiro com o qual ele contribuiu ao votar era parcialmente seu e ficaria interessado em mantê-lo reduzido.

Seja como for, considero como exigido pelos primeiros princípios, que o recibo de auxílio paroquial deva ser considerado como uma incapacidade peremptória para o direito de voto. Aquele que não pode sustentar-se pelo próprio trabalho, não tem o direito de reivindicar o privilégio de servir-se do dinheiro de outras pessoas. Ficando na dependência dos membros restantes da comunidade para subsistir, essa pessoa renuncia à sua reivindicação por direitos iguais aos dos demais em outros aspectos. Aqueles, a quem ela tem de recorrer para continuar a existir, podem com justiça exigir a administração exclusiva dos interesses comuns para os quais tal pessoa em nada contribui, ou contribui menos do que recebe. Como condição para o direito de voto, um prazo deveria ser estabelecido, digamos de cinco anos antes do registro, durante o qual o nome do favorecido não seria mencionado nos livros da paróquia como sendo beneficiado pelo auxílio. O indivíduo falido que não conseguisse se reabilitar ou aquele que tivesse utilizado o benefício do Ato de Insolvência não deveria ter o direito de voto até que liquidasse seus débitos ou, pelo menos, provasse que atualmente ele não depende, como dependeu por um longo período, de auxílio beneficente. O não pagamento de impostos, quando prolongado por tanto tempo que não pudesse ter sido causado por inadvertência, deveria impedir o exercício de voto enquanto tal pagamento não fosse realizado. Tais exclusões não são de natureza permanente. Elas exigem condições que todos são capazes ou devem ser capazes de atender se assim desejarem. Elas permitem que o sufrágio seja acessível a todos aqueles que estão em condição normal de ser humano; e se alguém tiver de renunciar seu direito de votar, ou não se importa o suficiente com tal direito, para fazer pelo bem do sufrágio o que se compromete a fazer, ou encontra-se em condições gerais de depressão e degradação nas quais não sinta essa insignificante adição, necessária para a segurança de outros, e, ao sair de tais condições, esse sinal de inferioridade desapareceria com o restante.

Com o decorrer do tempo, portanto (supondo-se que não existam restrições a não ser aquelas que acabamos de mencionar), devemos esperar que todos, exceto (conforme é de se esperar) a classe que diminui progressivamente, formada pelos que recebem auxílio paroquial, estariam em condições de votar e, então, o sufrágio seria universal, somente com aquele pequeno desconto. É absolutamente necessário, para uma concepção ampliada e elevada do bom governo, que se expandisse amplamente dessa forma, como já vimos anteriormente. Contudo, na situação atual, a maior parte dos eleitores em muitos países e, principalmente neste, seria de operários; e o perigo duplo, ou seja, o do padrão extremamente baixo de inteligência política e o da legislação de classe, ainda existiria em grau muito arriscado. Resta saber se existem meios através dos quais esses males possam ser evitados.

Eles podem ser evitados se os homens sinceramente assim o desejarem; não através de qualquer medida artificial, mas através da realização da ordem natural da vida humana, que é recomendada a todos em relação às questões nas quais eles não tenham interesse ou opiniões tradicionais contrárias. Em todas as questões humanas, cada pessoa diretamente interessada, que não esteja sob tutela explícita, tem o direito de opinar e, quando o exercício de tal direito não entra em conflito com a segurança de todos, essa pessoa não pode ser excluída de tal com justiça. Mas, embora todas as pessoas tenham o direito de dar sua opinião, é uma proposição totalmente diferente dizer que todos deveriam ter a mesma opinião. Quando duas pessoas que possuem um interesse em conjunto sobre qualquer assunto, diferem de opinião, a justiça exige que ambas opiniões sejam consideradas exatamente de igual valor? Se com virtude igual, um é superior ao outro em conhecimento e inteligência, ou se com inteligência igual, um excede o outro em virtude, a opinião e o julgamento daquele que tem moral ou inteligência mais elevada vale mais do que a opinião ou julgamento do inferior; e se as instituições do país virtualmente afirmam que eles têm o mesmo valor, tais instituições estão afirmando algo que não é verdadeiro. Um dos dois, por ser mais sábio, ou melhor, tem maior importância; a dificuldade está em determinar qual dos dois; algo impossível entre indivíduos, mas considerando-se os homens em grupos e em números, pode ser feito com certa exatidão. Não existe qualquer pretensão de aplicar esta doutrina em qualquer caso que pudesse, com razão, ser considerado como o de direito individual e privado. Em qualquer questão que seja de interesse somente de uma das duas pessoas, esta terá o direito de seguir a própria opinião, embora a da outra possa ser mais sábia. Porém, estamos falando de questões que interessam a ambas; nas quais, se a mais ignorante não ceder à orientação da mais sábia, esta última será forçada a ceder àquela. Qual desses modos de superar a dificuldade é de maior interesse para ambas e está de acordo com a adequação geral? Se fosse considerado injusto que ambas tivessem de desistir, que injustiça seria maior? A de que o melhor julgamento desistisse a favor do pior, ou que este desistisse a favor daquele?

Ora, as questões nacionais são exatamente tais interesses em conjunto, com a diferença de que ninguém precisa ser convocado para sacrificar inteiramente a própria opinião. Sempre é possível calcular e atribuir certo valor, sendo que o valor mais elevado seja atribuído aos sufrágios daqueles cuja opinião tem direito a uma importância maior. Não existe, em tal arranjo, algo necessariamente ofensivo para aqueles a quem se atribui grau inferior de influência. Uma coisa é a exclusão total da opinião sobre as questões comuns e outra é a concessão a outros de uma opinião mais forte baseada na elevada capacidade para a administração de interesses comuns. Esses dois aspectos não são simplesmente diferentes, eles são incomparáveis. Qualquer pessoa tem o direito de sentir-se insultada por ser considerada sem importância alguma. Ninguém a não ser um tolo, e somente um tipo excêntrico de tolo, sente-se ofendido por reconhecer que existem outras pessoas cujas opiniões e, até mesmo, cujos desejos merecem consideração maior do que os deles. Não ter o direito de opinar sobre questões que são em parte de seu interesse é algo que ninguém aceita de bom grado; porém, quando o que em parte lhe diz respeito também diz respeito a outros e ele sente que o outro entende melhor do assunto do que ele próprio e que a opinião do outro deve ter maior consideração do que a sua própria, isso está de acordo com suas expectativas e com as circunstâncias que ele está acostumado a consentir em todas as outras questões da vida. Somente será necessário que essa influência superior seja alegada com base no que ele pode compreender e seja capaz de perceber com justiça.

Apresso-me em dizer que considero totalmente inadmissível, a menos que seja um recurso temporário, que a superioridade da influência deve ser concedida em consideração à propriedade. Não nego que a propriedade é um tipo de teste; a educação na maioria dos países, embora seja algo proporcionado aos ricos, é, em geral, melhor na parte mais rica do que na parte mais pobre da sociedade. Todavia, o critério é tão imperfeito; o acidental está muito mais relacionado do que o mérito com a possibilidade de os homens elevarem-se no mundo; e é tão impossível para qualquer um, que tenha adquirido certa parcela de instrução, certificar-se de elevação correspondente em posição, que este fundamento do privilégio de votar sempre é e continuará a ser, extremamente ofensivo. Vincular a pluralidade de votos com qualquer qualificação pecuniária seria não somente desagradável em si, mas também um modo seguro de desacreditar o princípio, tornando impraticável sua manutenção permanente. A Democracia, pelo menos neste país, não é neste momento ciosa de superioridade pessoal, mas é naturalmente e de modo muito justo ciosa da superioridade que está baseada em meras circunstâncias pecuniárias. A única razão que pode justificar a consideração de opinião de uma pessoa como sendo equivalente a mais do que uma é a superioridade mental individual; e o que se procura é algum meio para avaliar tal superioridade. Se houvesse alguma educação realmente nacional ou um sistema confiável de exame geral, a educação seria diretamente verificada. Na ausência destes, o tipo de ocupação de uma pessoa serve, até certo ponto, como uma avaliação. Um empregador é, em geral, mais inteligente do que o trabalhador, visto que ele deve trabalhar com a cabeça e não somente com as mãos. Um capataz é geralmente mais inteligente do que um operário, e o trabalhador especializado mais do que o trabalhador comum. Provavelmente, um banqueiro, um homem de negócios ou um fabricante é mais inteligente do que um comerciante, porque ele tem interesses mais abrangentes e mais complicados para administrar. Nesses casos, não é simplesmente o fato de estar comprometido com uma função superior, com o desempenho bem-sucedido da mesma, que avalia as qualificações; por essa razão, assim como para evitar que as pessoas se envolvam só nominalmente em uma ocupação a fim de obter votos, seria apropriado exigir que a ocupação fosse exercida por certo período de tempo (digamos três anos). Sob tal condição, poderia se permitir a concessão de dois ou mais votos a cada pessoa que exercesse uma dessas funções superiores. As profissões liberais quando praticadas realmente e não nominalmente, implicam, sem dúvida, em um grau ainda mais elevado de instrução; e, quando um exame suficiente for requisitado ou qualquer condição séria de educação for exigida antes de exercer uma profissão, seus membros poderão ser imediatamente admitidos à pluralidade de votos. A mesma regra poderia ser aplicada aos formados pelas universidades; e mesmo para aqueles que apresentam certificados satisfatórios por terem passado pelo curso de estudos exigidos por qualquer escola na qual se ensinam os ramos mais elevados do conhecimento, com a garantia de que o ensino é real e não um simples pretexto. O exame "local" ou de "classe média" para o grau de Associado, estabelecido pelas Universidades de Oxford e Cambridge de maneira louvável e patriótica, e quaisquer outros semelhantes, que possam ser instituídos por outros grupos competentes (contanto que sejam oferecidos de modo justo a todos os que se apresentarem) proporcionam um fundamento no qual a pluralidade de votos poderia com grande vantagem ser concedida àqueles que passaram no teste. Todas essas sugestões estão abertas para muitas discussões detalhadas e para objeções que seriam inúteis antecipar. Ainda não chegou o tempo de dar uma forma prática a tais planos, nem desejaria eu ficar limitado pelas sugestões específicas que fiz. Mas, na minha opinião, é evidente que nessa direção encontra-se o ideal verdadeiro do governo representativo e que, trabalhar nessa direção, através dos melhores meios práticos que se pode encontrar, é o caminho para o aperfeiçoamento político real.

Se perguntarem até que ponto é admissível levar o princípio ou quantos votos deveriam ser concedidos a um indivíduo baseando-se em qualificações superiores, responderei que tal questão não é em si muito importante, contanto que não se façam distinções e graduações arbitrariamente, mas que sejam feitas de modo a serem entendidas e aceitas pela consciência e compreensão geral. Porém, é uma condição absoluta não ultrapassar o limite prescrito pelo princípio fundamental estabelecido no capítulo anterior como condição de excelência na constituição de um sistema representativo. A pluralidade de votos não deve, por motivo algum, ser levada tão longe que aqueles privilegiados por ela, ou a classe (se houver) a qual eles principalmente pertençam, adquiram maior importância através de tal pluralidade que todo o resto da comunidade. A distinção a favor da educação, justa por si mesma, é fortemente recomendada por preservar os educados da legislação de classe dos não educados; mas não deve permitir que eles sejam capazes de praticar a legislação de classe por conta própria. Deixe-me adicionar que considero uma parte absolutamente necessária do esquema de pluralidade que este seja oferecido ao indivíduo mais pobre da comunidade para que este reivindique os privilégios se ele puder provar que, apesar de todas as dificuldades e obstáculos, ele tem o direito de recebê-los no que diz respeito à inteligência. Deve haver exames voluntários a que qualquer pessoa se apresente e possa provar que atende o padrão de conhecimento e habilidade considerado como suficiente e ser, então, admitido como consequência, à pluralidade de votos. Um privilégio que não é recusado a qualquer um que possa demonstrar ter preenchido as condições das quais depende em teoria e princípio, não seria necessariamente repugnante para o sentimento de justiça de qualquer pessoa; mas, certamente o seria se, embora conferido com bases em presunções gerais nem sempre infalíveis, tal privilégio fosse negado diante de prova direta.

O voto plural, embora praticado em eleições de conselhos paroquiais e nas eleições de guardiões da lei dos pobres, é tão pouco familiar nas eleições do Parlamento, que provavelmente sua adoção não será feita em breve ou de bom grado; porém, certamente chegará uma ocasião em que a única escolha possível será entre este e o sufrágio universal igual; quem não desejar o último, não pode deixar de começar desde já a reconciliar-se com o primeiro. Nesse meio-tempo, a sugestão para o presente, embora não seja uma solução prática, servirá para indicar qual é o melhor princípio e permitirá que julguemos a elegibilidade de qualquer meio indireto, seja existente ou capaz de ser adotado, que possa promover de maneira menos perfeita o mesmo fim. Uma pessoa pode ter voto duplo por outros meios que não o de dar dois votos na mesma eleição; ela pode ter um voto em cada um de dois distritos diferentes; e, embora esse privilégio excepcional pertença atualmente mais à superioridade de meios do que à inteligência, eu não o aboliria onde ele existe, uma vez que até que um teste mais verdadeiro da educação seja adotado, não seria prudente dispensar um meio tão imperfeito proporcionado por circunstâncias pecuniárias. Pode-se encontrar meios de proporcionar maior extensão ao privilégio que o ligaria de modo mais direito à educação superior. Em qualquer projeto futuro de Reforma que diminua grandemente as condições pecuniárias do sufrágio talvez fosse uma medida sensata permitir que todos os graduados pelas universidades, todas as pessoas que cursaram com êxito as escolas superiores, todos os membros das profissões liberais e talvez alguns outros, se registrassem especificamente nesse caráter e dessem seus votos nos distritos eleitorais nos quais preferiram se registrar, conservando, além disso, seus votos como cidadãos simples nas localidades que residem.

Até que se tenha planejado e até que a opinião esteja disposta a aceitar algum modo de votação plural que possa ser proporcionado à educação como tal, o grau de influência superior que lhe é devido, suficiente como contrapeso ao peso numérico da classe menos educada, não será possível obter os benefícios do sufrágio completamente universal sem que estes impliquem, como me parece, possibilidade de males mais do que equivalentes. Na realidade, é possível (e talvez seja uma das transições através das quais tenhamos de passar para o nosso progresso em direção a um sistema representativo realmente bom) que as barreiras que limitam o sufrágio possam ser inteiramente niveladas em certos distritos eleitorais, cujos membros, em consequência, fossem eleitos sobretudo por operários; a qualificação eleitoral existente seria mantida por toda parte ou qualquer alteração nesta seria acompanhada por um grupo de distritos eleitorais a fim de evitar que a classe trabalhadora se tornasse predominante no Parlamento. Por meio de tal ajuste, as anomalias na representação não seriam somente conservadas, mas aumentariam; contudo, essa objeção não é definitiva, porque se o país não optar por atingir os objetivos corretos através de um sistema regular que diretamente o conduza a eles, terá de contentar-se com recursos irregulares, muito mais aceitos em um sistema livre de irregularidades, mas adaptados a propósitos errôneos ou nos quais alguns objetivos igualmente necessários tenham sido deixados de lado. É uma objeção muito mais grave dizer que este ajuste é incompatível com a intercomunidade dos distritos eleitorais locais, conforme exigido pelo plano do sr. Hare; que sob ele cada eleitor ficaria aprisionado dentro de um ou mais distritos eleitorais nos quais seu nome estivesse registrado e a menos que tal eleitor quisesse ser representado por um dos candidatos dessas localidades, ele não seria representado de modo algum.

Associo tamanha importância à emancipação daqueles que já possuem votos, mas cujos votos são inúteis porque excedem em número, assim como tenho esperança de que, pela influência natural da verdade e da razão, uma vez que seja ouvida e tenha uma defesa competente – não deverei desanimar da aplicação até mesmo do sufrágio igual e universal, se o tornarem real pela representação proporcional de todas as minorias, segundo o princípio do sr. Hare. Porém, se as melhores esperanças que podem ser obtidas quanto a esse assunto forem certezas, ainda lutaria pelo princípio do voto plural. Não proponho a pluralidade como algo indesejável em si, que, como a exclusão da parte da comunidade do sufrágio, pode ser temporariamente tolerada enquanto for necessária para evitar males maiores. Não considero a igualdade de votação como algo que é bom, contanto que seja possível proteger-se contra inconvenientes. Considero essa igualdade somente como relativamente boa, menos desagradável do que a desigualdade de privilégio baseada em circunstâncias irrelevantes ou fortuitas, mas com princípios errôneos, porque reconhece um padrão injusto e exerce uma má influência na mente dos eleitores. Não é útil, mas prejudicial, que a constituição do país declare que a ignorância tem direito igual ao poder político como o conhecimento. As instituições nacionais devem colocar todos os assuntos com as quais se ocupa perante o espírito do cidadão sob o aspecto que lhe convenha considerá-los; e como lhe favorece pensar que todos têm o direito a certa influência, é importante que esta convicção seja admitida pelo Estado e incorporada às instituições nacionais. Tais medidas constituem o *espírito* das instituições de um país: aquela parte da influência exercida por elas que é menos considerada pelos pensadores comuns e especialmente pelos pensadores ingleses; embora as instituições de todos os países, que não estejam sob forte opressão evidente, produzam mais efeito pelo espírito do que por qualquer outra medida direta, uma vez que por esse meio se modela o caráter nacional. As instituições americanas gravaram fortemente no espírito americano que qualquer homem (de pele branca) é tão bom quanto qualquer outro; e sente-se que este falso credo está intimamente ligado a alguns pontos mais desfavoráveis do caráter americano. Não será um pequeno malefício se a constituição de qualquer país sancionar esse credo, visto que acreditar nele, de modo tácito ou expresso, é quase tão prejudicial à excelência moral e intelectual quanto qualquer efeito que muitas formas de governo possam produzir.

Talvez se possa dizer que uma constituição que concede influência igual, homem por homem, ao mais instruído e ao menos instruído, conduz, entretanto, ao progresso, porque os apelos feitos constantemente às classes menos instruídas, o exercício proporcionado às faculdades mentais e os esforços que os mais instruídos são obrigados a fazer para esclarecer-lhes o julgamento e livrá-los de erros e preconceitos são estimulantes poderosos para seu aprimoramento intelectual. Admito e já sustentei arduamente que esse efeito muito desejável realmente acompanha a admissão das classes menos educadas a uma certa parte, ou até mesmo grande parte, do poder. Mas, tanto a teoria quanto a experiência provam que se estabelece uma contracorrente quando ambas estão de posse de todo o poder. Aqueles que se tornam supremos sobre tudo, sejam um, poucos ou muitos, não têm mais necessidade de utilizar as armas da razão; eles podem fazer prevalecer a própria vontade, e aqueles a quem não se pode resistir geralmente estão muito satisfeitos com as próprias opiniões para que tenham vontade de mudá-las ou para escutar com paciência a qualquer um que lhes diga que estão errados. A posição que proporciona o estímulo mais forte para o desenvolvimento da inteligência é a de elevar-se ao poder, não a de tê-lo obtido; e de todos os pontos de apoio, temporários ou permanentes, no caminho para a ascendência, a posição que desenvolve as melhores e mais elevadas qualidades é a posição daqueles que são fortes o suficiente para fazer com que a razão prevaleça, mas não são fortes o suficiente para prevalecer contra ela. Essa é a posição na qual, de acordo com os princípios que estabelecemos, os ricos e os pobres, os mais e os menos educados e todas as outras classes e denominações que dividem entre si a sociedade, devem ser colocados até onde for praticável. Pela combinação deste princípio com o não menos justo de permitir superioridade de influência à superioridade de qualidades intelectuais, uma constituição política compreenderia esse tipo de perfeição relativa que é o único compatível com a natureza complicada das questões humanas.

Na discussão anterior, a favor do sufrágio universal, mas gradativo, não levei em consideração a diferença de sexo. Considero tal diferença totalmente irrelevante para os direitos políticos, assim como são irrelevantes as diferenças de altura ou de cor de cabelo. Todos os seres humanos possuem o mesmo interesse pelo bom governo; o bem-estar de todos é igualmente afetado por ele e todos têm necessidade de serem ouvidos a fim de assegurar sua participação nos benefícios. Se houver qualquer diferença, as mulheres a exigem mais do que os homens, uma vez que sendo fisicamente mais fracas, elas dependem mais da lei e da sociedade para sua proteção. A humanidade há muito tempo abandonou as únicas premissas que poderiam apoiar a conclusão de que as mulheres não devem votar. Não há ninguém, hoje em dia, que afirme que as mulheres devem ser mantidas em servidão pessoal, que elas não devem ter pensamentos, desejos ou ocupações, consideradas como escravas domésticas de maridos, pais e irmãos. Permite-se que as mulheres solteiras, e em breve também se permitirá que as casadas possuam propriedade e tenham interesses pecuniários e comerciais do mesmo modo que os homens. Considera-se conveniente e adequado que as mulheres pensem, escrevam e ensinem. Tão logo tais princípios sejam aceitos, a incapacidade política não terá nenhum princípio para basear-se. Toda a maneira de pensar do mundo moderno está se pronunciando, com crescente ênfase, contra a alegação da sociedade em decidir pelos indivíduos o que eles são ou não capazes de fazer e o que eles terão ou não permissão para tentar realizar. Se os princípios da política moderna e da economia política são úteis para qualquer propósito, é no sentido de provar que esses pontos somente podem ser corretamente julgados pelos próprios indivíduos; e que, sob completa liberdade de escolha, onde quer que existam diversidades de aptidões, a maioria se dedicará àquelas coisas para as quais elas são geralmente mais capazes e o caminho excepcional será somente adotado pelas exceções. Ou toda tendência dos aprimoramentos sociais modernos está errada ou terá de conduzir à total abolição de todas as exclusões e incapacidades que bloqueiam qualquer emprego honesto a um ser humano.

Nem mesmo é necessário, porém, sustentar tanto com o objetivo de provar que as mulheres devem ter o direito ao voto. Mesmo que fosse justo, como é injusto, que elas fossem uma classe subordinada, limitada às ocupações domésticas e sujeitas à autoridade doméstica, elas não precisariam menos da proteção do sufrágio para protegê-las contra o abuso de tal autoridade. Os homens, assim como as mulheres, não precisam de direitos políticos a fim de que possam governar, mas para que não sejam mal governados. A maioria do sexo masculino é e será por toda a vida, nada mais do que um trabalhador em plantações ou em fábricas; mas tal circunstância não torna o sufrágio menos desejável para eles, nem o direito de votar menos irresistível, quando não for provável que o empreguem mal. Ninguém pretende pensar que as mulheres fariam uso indevido do sufrágio. O pior que se diz é que votariam como simples dependentes, sob as ordens de seus parentes masculinos. Se assim for, que o seja. Se elas pensarem por si próprias, um grande bem será feito, e, se elas assim não o fizerem, não haverá mal algum. É um benefício para o ser humano livrar-se das correntes, mesmo quando não queira andar. Seria um enorme aprimoramento na posição moral das mulheres se a lei não mais as declarasse incapazes de opinar, sem direito de exprimir uma preferência com relação aos interesses mais importantes da humanidade. Haveria certo benefício para elas, individualmente, em ter algo a conceder que os parentes masculinos não podem exigir e, entretanto, tivessem o desejo de obter. Não seria menor o benefício se o marido necessariamente discutisse o assunto com sua esposa e se o voto não fosse um assunto exclusivamente seu, mas de interesse conjunto. As pessoas não consideram suficientemente como é notável o fato de que, sendo a mulher capaz de agir no mundo externo independente do marido, isso eleva sua dignidade e valor aos olhos de um homem comum e torna-a objeto de respeito que nenhuma qualidade pessoal seria obtida por aquele cuja existência social ele pudesse absorver inteiramente. O próprio voto melhoraria de qualidade. O homem seria frequentemente obrigado a encontrar razões honestas para seu voto, tais como as que pudessem induzir um caráter mais honesto e imparcial a servir com ele sob a mesma bandeira. A influência da esposa geralmente o manteria fiel à própria opinião sincera. Na realidade, tal influência seria geralmente utilizada, não a favor do princípio público, mas a favor do interesse pessoal ou da vaidade mundana da família. Mas sempre que essa fosse a tendência da influência da esposa, já seria exercida por inteiro nessa má direção; e com maior certeza, uma vez sob a lei e o costume atuais, ela geralmente se considera tão estranha na política, em qualquer sentido que envolva princípios, para ser capaz de compreender que existe um ponto de honra entre eles; e a maioria das pessoas tem tão pouca simpatia no ponto de honra de outros, quando seu próprio ponto de honra não está colocado no mesmo nível, como tem pelos sentimentos religiosos daqueles cuja religião é diferente. Se a mulher tiver o direito de voto, ela ficará sob a influência do ponto de honra político. Ela aprenderá a observar a política como algo sobre o qual ela tem permissão para ter uma opinião e no qual se alguém tem uma opinião, esta deve influenciá-lo; ela adquire o sentimento de responsabilidade pessoal no assunto e não mais sentirá, como acontece atualmente, que seja qual for a parte de má influência que possa exercer, se apenas for possível persuadir o homem, tudo está bem e a responsabilidade dele cobre tudo. É somente sendo estimulada a formar a própria opinião e obter uma compreensão inteligente das razões que devem prevalecer com a consciência contra as tentações de interesses pessoais ou da família que ela poderá deixar de agir como força perturbadora sobre a consciência política do homem. Somente será possível impedir que a atuação indireta da mulher seja politicamente prejudicial, tornando-a direta.

Suponho que o direito de voto depende, como aconteceria em boas circunstâncias, das condições pessoais, em que depende, assim como neste país e em muitos outros, das condições de propriedade, a contradição se torna ainda mais flagrante. Há algo mais do que ordinariamente irracional no fato de que, quando uma mulher pode dar todas as garantias exigidas de um eleitor masculino, tais como circunstâncias independentes, posição de chefe da casa e da família, pagamento de impostos ou quaisquer outras condições impostas, o princípio e o sistema de uma representação baseada na propriedade são colocados de lado e uma incapacidade excepcionalmente pessoal é criada com o simples propósito de excluí-la. Quando se adiciona o fato de que, no país onde isso acontece, reina uma mulher e que o governante mais glorioso que tal país já teve foi uma mulher, o quadro da irracionalidade e da injustiça dificilmente disfarçada está completo. Devemos ter a esperança de que, enquanto durar o trabalho de derrubar, um após o outro, os restos da estrutura decrépita do monopólio e da tirania, este não seja o último a desaparecer; que as opiniões de Bentham, Samuel Bailey, sr. Hare e de muitos outros dos pensadores políticos mais poderosos desta época e deste país (para não falar de outros) sejam aceitas por todos os espíritos que não se tornaram obstinados pelo egoísmo ou por preconceito inveterado; e que, antes de passar para outra geração, a casualidade do sexo, não mais do que a casualidade de pele, seja considerada uma justificativa suficiente para privar o possuidor de proteção igual e dos privilégios justos de um cidadão.

CAPÍTULO IX

DEVERIA HAVER DOIS ESTÁGIOS DE ELEIÇÃO?

Em algumas constituições representativas, adotou-se o plano de escolher os membros do corpo representativo através de um processo duplo, os eleitores primários somente escolhendo outros eleitores e estes elegendo os membros do Parlamento. Esse plano foi provavelmente arquitetado como um obstáculo para o inteiro alcance do sentimento popular, dando o sufrágio e com ele o poder completo a Muitos, mas forçando-os a exercê-lo através de atuação de comparativamente poucos que, supõe-se, sentirem-se menos movidos pela paixão popular do que o *Demos*; e como poderia se esperar que eleitores, sendo um corpo já escolhido, excedessem em intelecto e caráter o nível comum de seus constituintes, a escolha feita por eles seria provavelmente considerada a mais cuidadosa e esclarecida e seria feita, em qualquer caso, sob um sentimento maior de responsabilidade do que a eleição pelas próprias massas. Esse plano de filtrar, por assim dizer, o sufrágio popular, através de um corpo intermediário, aceita uma defesa muito plausível: uma vez que se pode dizer, com grande razão aparente, que menos intelecto e instrução são exigidos para julgar quem, entre nossos vizinhos, merece mais confiança para escolher um membro do Parlamento, do que aquele que seria mais adequado para a função.

Contudo, em primeiro lugar, se os perigos inerentes do poder popular podem ser considerados, até certo ponto, amenizados por esse arranjo indireto, também o seriam os benefícios; e este último efeito é muito mais certo do que o primeiro. Para que o sistema funcione como desejado, ele deverá ser realizado com o espírito que foi planejado; os eleitores devem usar o sufrágio da maneira que se supõe na teoria, ou seja, cada um deles não deverá perguntar a si mesmo quem deveria ser o membro do Parlamento, mas somente quem gostaria mais de escolher em seu lugar. É evidente que as vantagens supostas à eleição indireta sobre a direta exigem essa disposição de espírito no eleitor e tais vantagens só poderão ser reais se ele levar a sério a doutrina de que sua única tarefa é escolher aqueles que irão escolher e não o próprio membro do Parlamento. A suposição deve ser que ele não se preocupará com as opiniões e medidas políticas, mas será levado pelo respeito pessoal para com algum indivíduo em particular, a quem ele dará uma procuração de poder geral para agir em seu lugar. Ora, se os eleitores primários adotarem essa atitude, uma das principais vantagens do sufrágio será invalidada: a função política para a qual eles são convocados deixa de desenvolver o espírito público, e a inteligência política deixa de fazer das questões públicas o objeto de interesse de seus sentimentos e do exercício de suas faculdades. Além disso, a suposição envolve condições inconsistentes, pois, se o eleitor não tem interesse no resultado final, como ou por que ele deveria ter algum interesse no processo que conduz a tal resultado? O desejo de ter um indivíduo em particular como seu representante no Parlamento é possível para uma pessoa com grau moderado de virtude e inteligência; e desejar escolher um eleitor que irá eleger tal indivíduo é uma consequência natural; mas, para quem não se preocupa com quem será eleito, ou sente-se na obrigação de deixar essa consideração de lado, interessar-se de qualquer modo pela indicação da pessoa mais digna para eleger uma outra, de acordo com seu julgamento, implica zelo pelo que é correto na teoria, um princípio habitual do dever pelo bem do próprio dever, o que é possível somente para pessoas com certo grau elevado de cultura, que, pelo fato de possuí-lo, demonstram que podem ter e merecem ter um poder político de forma mais direta. De todas as funções públicas suscetíveis de se conferirem aos membros mais pobres da comunidade, calcula-se que esta, com certeza, seja a que menos desperte os sentimentos e que ofereça o menor estímulo natural para importar-se com a mesma, a menos que se considere como determinação virtuosa desempenhar conscientemente qualquer dever que alguém tenha de cumprir; e, se a massa dos eleitores se importasse o suficiente com as questões políticas para atribuir qualquer valor à participação tão limitada, eles provavelmente não se sentiriam satisfeitos sem participação muito mais ampla.

Em segundo lugar, admitindo-se que uma pessoa que não possa, pelo alcance limitado da própria cultura, julgar bem as aptidões de um candidato ao Parlamento, esteja em condições de ser um juiz competente da honestidade e capacidade geral de alguém a quem ele possa incumbir para escolher um membro do Parlamento em seu lugar; poderei ressaltar que, se o eleitor estiver de acordo com essa estimativa das aptidões de tal pessoa e realmente desejar que a escolha seja feita por ele, porque merece confiança, não há necessidade de qualquer dispositivo constitucional para esse propósito; ele terá somente de perguntar de modo confidencial a tal pessoa em qual candidato seria melhor votar. Neste caso, os dois modos de votar coincidem no resultado e todas as vantagens da eleição indireta são obtidas com a eleição direta. Os sistemas somente divergem no funcionamento se acreditarmos que o eleitor preferiria usar o próprio julgamento para escolher um representante e somente deixasse um terceiro escolher por ele porque a lei não lhe permite um modo mais direto de ação. Mas, se esse é o estado de espírito dele; se a vontade dele está de acordo com a limitação imposta pela lei e ele deseja fazer uma escolha direta, poderá fazê-la apesar da lei. Ele somente terá de escolher como eleitor um partidário conhecido do candidato que ele prefere, ou alguém que se comprometa em votar nesse candidato. E este é o funcionamento tão natural das eleições em dois estágios que, exceto em condição de completa indiferença política, dificilmente se poderá esperar outra forma de atuação. É desse modo que a eleição do Presidente dos Estados Unidos praticamente se realiza. Nominalmente, a eleição é indireta: a população, como um todo, não vota no Presidente; ela vota em eleitores que escolhem o Presidente. Porém, os eleitores são sempre escolhidos sob um compromisso expresso de votar em um candidato em particular; nenhum cidadão vota em um eleitor porque o prefira; ele vota na cédula de Lincoln, ou na cédula de Breckenridge. Devemos lembrar que os eleitores não são escolhidos com o propósito de procurar pelo país e encontrar a pessoa mais adequada para ser o Presidente ou o membro do Parlamento. Haveria algo a ser dito em favor dessa prática se assim o fosse; mas não é e nunca será, até que a humanidade em geral tenha a mesma opinião que Platão, ou seja, que a pessoa mais adequada para receber o poder é aquela mais desejosa de aceitá-lo. Os eleitores deverão escolher um entre aqueles que se apresentaram como candidatos; e os que escolhem os eleitores já sabem quais são os candidatos. Se houver qualquer atividade política no país, todos os eleitores que se preocupam em votar já se decidiram sobre os candidatos que eles gostariam de ter e farão dessa decisão a única consideração ao dar seu voto. Os partidários de cada candidato terão suas listas de eleitores prontas, todos comprometidos a votarem naquele indivíduo; e a única pergunta feita ao eleitor primário será para qual destas listas ele dará apoio.

O caso no qual a eleição em dois estágios funciona bem na prática é quando os eleitores não são escolhidos unicamente como eleitores, mas têm outras funções importantes para desempenhar, o que evita que sejam escolhidos somente como delegados para dar um voto em particular. Essa combinação de circunstâncias pode ser exemplificada com outra instituição americana, o Senado. Essa assembleia, a Câmara Alta, por assim dizer, do Congresso, considera-se como representante não do povo diretamente, mas dos Estados como tais, e como protetor da parte de direitos soberanos não alienados por esses Estados. Uma vez que a soberania interna de cada Estado é, pela natureza de uma federação de igualdade de condições, igualmente sagrada seja qual for o tamanho ou a importância do Estado, cada um elege, para o Senado, o mesmo número de membros (dois), seja o pequeno Estado de Delaware ou o "Estado-império" de Nova York. Esses membros não são escolhidos pela população, mas sim pelas Assembleias Legislativas estaduais, eleitas pelo povo de cada Estado; mas como todo trabalho comum de uma assembleia legislativa, ou seja, legislação interna e controle do executivo, é de responsabilidade destes corpos, eles são eleitos tendo em vista esses objetivos mais do que qualquer outro; e, ao nomearem duas pessoas para representar o Estado no Senado Federal, eles exercitam, na maioria das vezes, o próprio julgamento, somente com a referência em geral à opinião pública, como é necessário em todos os atos do governo de uma democracia. As eleições feitas dessa forma mostraram-se eminentemente bem-sucedidas e são notavelmente as melhores de todas as eleições dos Estados Unidos, sendo que o Senado é formado invariavelmente pelos homens mais distintos entre aqueles que se tornaram suficientemente conhecidos na vida pública. Depois de tal exemplo, não se pode dizer que a eleição popular indireta nunca é vantajosa. Sob certas condições, é o melhor sistema a ser adotado. Porém, essas condições são dificilmente obtidas na prática, exceto em um governo federativo como é o dos Estados Unidos, onde a eleição pode ser confiada a corpos locais, cujas outras funções se estendem aos interesses mais importantes da nação. Os únicos corpos em posição análoga, que existem ou podem existir nesse país, são as municipalidades, ou quaisquer outros conselhos que tenham sido criados ou que serão criados para propósitos locais semelhantes. Contudo, poucas pessoas considerariam um aprimoramento em nossa constituição parlamentar se os membros que representam a cidade de Londres fossem escolhidos pelos vereadores e pelo Conselho Comum, e os que representam o distrito de Marylebone fossem admitidos, como já são virtualmente, pelos conselhos paroquiais. Mesmo se esses corpos, simplesmente considerados como conselhos locais, fossem menos censuráveis do que são, as qualidades que os tornariam capazes para os deveres limitados e peculiares da edilidade municipal ou paroquial não seriam garantia de nenhuma capacidade especial para julgar as aptidões dos candidatos que assumiriam seus lugares no Parlamento. Provavelmente, eles não cumpririam esse dever melhor do que os habitantes através do voto direito; ao passo que, por outro lado, se a aptidão para eleger membros do Parlamento tivesse de ser levada em consideração durante a seleção de pessoas para o cargo de conselheiro paroquial ou vereadores municipais, muitos daqueles que estão aptos para exercer esse dever mais limitado, seriam inevitavelmente excluídos dele, simplesmente pela necessidade de escolherem pessoas cujas opiniões sobre a política em geral estivessem de acordo com as dos eleitores que votaram neles. A simples influência política indireta dos conselhos municipais já conduziu a uma considerável perversão das eleições municipais desviando-as do objetivo pretendido, tornando-as uma questão de política partidária. Se fosse tarefa do contador ou do mordomo de um homem escolher seu médico, provavelmente não seria mais bem tratado do que se ele próprio o escolhesse, enquanto estaria limitado para escolher um mordomo ou contador entre aqueles em que fosse possível confiar sua saúde sem correr perigos muito grandes.

Parece, portanto, que todos os benefícios que possam ser obtidos com a eleição indireta só o serão através da eleição direta; alguns benefícios que se esperam dela e que não seriam obtidos pela eleição direta também deixarão de ser obtidos pela eleição indireta, enquanto esta última apresentar consideráveis desvantagens que lhe são peculiares. O simples fato de que é uma roda adicional e supérflua no mecanismo não é uma objeção insignificante. Já insistimos em sua inferioridade decidida como um meio de desenvolver o espírito público e a inteligência política; e, se tivesse qualquer influência eficaz, isto é, se os eleitores primários deixassem, em qualquer extensão, aos indivíduos escolhidos a seleção do representante parlamentar, o eleitor seria impedido de identificar-se com seu membro do Parlamento, e este sentiria uma responsabilidade muito menos ativa para com seus eleitores. Além de tudo isso, o número comparativamente reduzido de pessoas em cujas mãos, finalmente, estaria a eleição de um membro do Parlamento, somente contribuiria para aumentar as facilidades de intrigas e todas as formas de corrupção compatíveis com a posição dos eleitores na vida. Os distritos eleitorais seriam universalmente reduzidos, no que diz respeito às conveniências para o suborno, à condição de pequenos distritos atuais. Seria suficiente obter um pequeno número de pessoas para ter certeza de eleger-se. Se fosse dito que os eleitores seriam responsáveis perante aqueles que os elegeram, a resposta evidente é que, como não ocupam qualquer posição ou cargo de conhecimento público, eles não arriscariam nada por um voto corrupto exceto aquilo com que pouco se preocupam, ou seja, não serem escolhidos novamente; e a segurança principal ainda estaria com as penalidades por suborno, cuja insuficiência nos pequenos distritos, a experiência já tornou notória a todo o mundo. O mal seria exatamente proporcional à discrição deixada aos eleitores escolhidos. O único caso no qual eles provavelmente teriam receio de utilizar o voto para promoção de seus interesses pessoais seria quando fossem eleitos sob compromisso expresso, como simples delegados, para levarem os votos de seus eleitores às urnas. No momento em que o duplo estágio de eleição começasse a exercer qualquer efeito, começaria a ter um mau efeito. E poderemos verificar que isso é verdade em relação ao princípio da eleição indireta, seja qual for a maneira de aplicá-la, exceto em circunstâncias semelhantes àquelas da eleição dos Senadores nos Estados Unidos.

O melhor que se poderia dizer para esse instrumento político é que, em alguns estados de opinião, seria mais praticável do que o do voto plural, pois proporciona a cada membro da comunidade certo tipo de voto sem tornar uma simples maioria numérica predominante no Parlamento; como se o atual eleitorado deste país aumentasse através da adição de uma parte numerosa e escolhida de classes trabalhadoras eleita pelos restantes. As circunstâncias poderiam tornar tal esquema um modo conveniente de compromisso temporário, mas não colocariam em execução qualquer princípio suficientemente perfeito para que se recomendasse a qualquer classe de pensadores como um arranjo permanente.

CAPÍTULO X

DA MANEIRA DE VOTAR

A questão de maior importância em relação à maneira de votar é a de segredo ou publicidade; e iremos imediatamente nos dedicar a essa questão.

Seria um grande erro fazer a discussão girar em torno de sentimentalismos em relação à covardia e ao desejo de esquivar-se. O segredo é justificável em muitos casos, imperativo em outros, e não é covardia procurar proteção contra os males que possam ser evitados. Não será possível sustentar razoavelmente os casos que não são concebíveis, nos quais o voto secreto seja preferível ao voto público. Mas tenho de afirmar que estes casos, nos assuntos de caráter político, são uma exceção e não a regra.

O caso atual é um dos muitos exemplos nos quais, como já tive oportunidade de observar, o *espírito* de uma instituição, ou seja, a impressão que causa no espírito do cidadão, é uma das partes mais importantes de sua atuação. O espírito do voto secreto – interpretação provavelmente a ser colocada na mente do leitor – é aquele em que o sufrágio é concedido ao eleitor por ele mesmo, para seu uso e benefício particulares e não como um voto de confiança do público. Porque se de fato for um voto de confiança e se o público tem o direito a ele, também não terá o direito de conhecer o voto? Essa impressão falsa e prejudicial pode ser causada a todos em geral, uma vez que a maioria daqueles que defenderam visivelmente o voto secreto nos últimos anos também obteve a mesma impressão. A doutrina não foi compreendida dessa forma pelas primeiras pessoas que a promoveram; mas o efeito de uma doutrina sobre o espírito é manifestado de melhor forma não naqueles que a formaram e sim naqueles que foram formados por ela. O sr. Bright e sua escola de democratas se consideram grandemente preocupados em sustentar que o voto é o que eles denominam de direito e não de confiança. Ora, essa ideia, criando raízes no espírito geral, causa um dano moral que excede todo o bem trazido pelo voto secreto no ponto mais elevado possível de ser avaliado. Seja qual for o modo pelo qual possamos definir ou entender a ideia de um direito, nenhuma pessoa pode ter o direito de exercer poder sobre as outras (exceto no sentido puramente legal); qualquer poder que tal pessoa tenha permissão para exercer é, moralmente, no sentido mais amplo do termo, um voto de confiança. Porém, o exercício de qualquer função política, seja como eleitor ou como representante, é ter poder sobre outros. Aqueles que dizem que o sufrágio não é um voto de confiança e sim um direito, raramente aceitarão as conclusões a que conduz sua doutrina. Se for um direito, se pertence ao eleitor para seu próprio bem, baseados em que podemos culpá-lo por vendê-lo ou utilizá-lo para recomendar-se a quem é de seu interesse agradar? Não é de esperar que uma pessoa consulte exclusivamente o interesse público quanto ao uso que faz de sua casa, ou de seus 3% de ações ou de algo ao qual ele realmente tenha direito. De fato, o sufrágio é um direito dele, como meio de proteção pessoal, entre outras razões, mas somente contra o tratamento ao qual ele está limitado, no que dependa de seu voto, a proteger qualquer um de seus concidadãos. Seu voto não é algo sobre o qual ele tenha uma opção; tem tanto a ver com seus desejos pessoais quanto o veredicto de um jurado. É estritamente uma questão de dever; ele é obrigado a dá-lo de acordo com suas melhores e mais conscientes opiniões sobre o bem público. Qualquer um que tenha outra opinião sobre isso não está em condições de ter o direito de voto; o efeito de tal direito sobre ele irá corrompê-lo e não elevar o seu espírito. Ao invés de abrir-lhe o coração para um patriotismo exaltado e para a obrigação do dever público, desperta e alimenta nele a inclinação de usar uma função pública para o próprio interesse, prazer ou capricho; os mesmos sentimentos e propósitos, em escala mais humilde, que instigam um déspota e opressor. Ora, um cidadão comum em qualquer posição pública, ou que tenha qualquer função social, certamente pensa e sente, no que diz respeito às obrigações que lhe são impostas, exatamente o que a sociedade parece pensar e sentir quando lhe confere tal posição ou função. O que a sociedade parece esperar dele forma um padrão abaixo do qual ele poderá cair, mas acima do qual ele raramente se elevará. A interpretação que ele quase certamente dará ao voto secreto é que não está limitado a dar seu voto com qualquer referência para aqueles que não têm permissão para saber como ele o dá; mas concede seu voto simplesmente como se sente inclinado a fazer.

Esta é a razão decisiva pela qual o argumento não prevalece, desde o uso do voto secreto em clubes e sociedades particulares até sua adoção em eleições parlamentares. Um membro de um clube realmente não tem nenhuma obrigação de levar em consideração os desejos e interesses de qualquer pessoa, como o eleitor falsamente acredita que tenha. Ele não declara nada através de seu voto, a não ser que está ou não disposto a associar-se, de modo mais ou menos íntimo, com uma pessoa em particular. Esta é uma questão sobre a qual, pelo consentimento universal, seu prazer ou inclinação lhe concede o direito de decidir; e será melhor para todos, incluindo a pessoa recusada, que ele seja capaz de decidir sem desavenças. Uma razão favorável ao voto secreto, nesses casos, é que tal voto não conduz necessariamente ou naturalmente à mentira. As pessoas envolvidas são da mesma classe ou posição e seria considerado inconveniente para qualquer uma delas pressionar a outra com perguntas sobre como teria votado. O caso é muito diferente em eleições parlamentares e provavelmente continuará a ser, enquanto existirem relações sociais que provoquem a necessidade do voto secreto; enquanto uma pessoa se julgue suficientemente superior à outra, para achar-se no direito de ditar-lhe o voto. E, enquanto esse for o caso, o silêncio ou uma resposta evasiva será, com certeza, considerada como prova de que o voto concedido não foi aquele desejado.

Em qualquer eleição política, até mesmo por sufrágio universal (e ainda mais evidente no caso de um sufrágio limitado), o eleitor está sob uma absoluta obrigação moral de levar em consideração o interesse do público, não sua vantagem particular, e conceder seu voto como julgue melhor, exatamente como se ele estivesse limitado a fazê-lo se fosse o único eleitor e se a eleição dependesse unicamente dele. Uma vez que este fato seja admitido, é pelo menos uma consequência *prima facie* que o dever de votar, assim como qualquer outro dever público, deveria ser executado sob os olhos e a crítica do público; considerando que cada pessoa não só tem interesse na realização da votação, mas também todo o direito de se considerar prejudicada caso esta seja realizada de outra forma que não seja honesta e cuidadosa. Sem dúvida, nem esta, nem qualquer outra máxima de moralidade política é absolutamente inviolável; pode ser rejeitada por considerações ainda mais irrefutáveis. Mas sua importância é tal que os casos em que se admite afastá-la devem ser de um caráter notavelmente excepcional.

Pode acontecer, sem dúvida alguma, que se tentarmos, através da publicidade, tornar o leitor responsável pelo próprio voto perante o público, ele ficará praticamente responsável por tal voto perante algum indivíduo poderoso, cujo interesse está mais em oposição ao interesse geral da comunidade do que o do próprio eleitor estaria se, protegido pelo segredo, ficasse totalmente livre de toda a responsabilidade. Quando esta é a condição, em alto grau, de grande parte dos eleitores, o voto secreto talvez se torne o menor mal. Quando os eleitores são escravos, qualquer coisa que os possibilite livrar-se do jugo será tolerada. O caso mais forte a favor do voto secreto é quando o poder nocivo de Alguns sobre Muitos é crescente. Durante o declínio da república romana, as razões para o voto secreto eram irresistíveis. A cada ano, a oligarquia tornava-se mais rica e mais tirana, e o povo mais pobre e mais dependente, e era necessário erguer barreiras cada vez mais fortes contra o abuso do direito de voto, que era convertido, cada vez mais, em um instrumento nas mãos de pessoas importantes e inescrupulosas. Tão pouco se pode duvidar que o voto secreto, enquanto existiu, teve uma influência benéfica na constituição ateniense. Até mesmo nas comunidades menos instáveis da Grécia, a liberdade poderia ser aniquilada por algum tempo por um simples voto popular obtido injustamente; e, embora o eleitor ateniense não fosse suficientemente dependente para ser frequentemente coagido, ele poderia ter sido subornado ou intimidado pelos ultrajes ilegais de alguns grupos de indivíduos, tais como o que não eram incomuns, mesmo em Atenas, entre jovens de posição e fortuna. O voto secreto era, nesses casos, um valioso instrumento de ordem e conduzia à *Eunomia* pela qual Atenas se distinguia entre as antigas comunidades.

Mas nos Estados mais avançados da Europa moderna, e especialmente neste país, o poder de coagir os eleitores enfraqueceu e está cada vez mais em declínio; atualmente, se deve ter menos receio de que o mau voto possa sofrer influências de outras pessoas as quais o eleitor está sujeito do que dos interesses ameaçadores e sentimentos desonrosos que lhes pertencem seja individualmente ou como membro de uma classe. Protegê-lo contra o primeiro, à custa de afastar todas as restrições do último, seria trocar um mal menor e decrescente por um maior e crescente. Sobre este tópico e sobre a questão em geral, conforme se aplica à Inglaterra atualmente, me manifestei, em um panfleto sobre a Reforma Parlamentar, em termos que, como não me sinto capaz de manifestar melhor, me arrisco a transcrever aqui.

"Há trinta anos, ainda era verdade que na eleição dos membros do Parlamento, o mal principal contra o qual era preciso proteger-se era aquele que o voto secreto excluiria – coação por parte dos proprietários de terras, empregadores e clientes. Atualmente, percebo uma fonte muito maior de males de egoísmo e preferências egoístas do próprio eleitor. Estou convencido de que um voto desvalorizado e prejudicial é atualmente concedido, com muito mais frequência, em razão do interesse pessoal do eleitor ou do da classe ou de algum sentimento mesquinho de seu espírito, do que de qualquer receio das consequências de estar em mãos de outras pessoas; e o voto secreto lhe permitiria ceder a essas influências, livre de qualquer sentimento de vergonha ou de responsabilidade."

"Em época relativamente recente, as classes mais altas e mais ricas dominavam totalmente o governo. Seu poder era a principal injustiça do país. O hábito de votar sob as ordens de um empregador, ou de um proprietário de terras, estava tão firmemente estabelecido que dificilmente algo era capaz de mudar essa inclinação, a não ser um uma boa causa. Um voto concedido em oposição a essas influências era, portanto, em geral, um voto honesto e patriótico; porém, em qualquer caso, e por qualquer motivo que fosse ditado, era quase certo que seria um bom voto, porque tal voto era contra o mal monstruoso, a influência dominadora da oligarquia. Se o eleitor, nessa época, tivesse a possibilidade de exercer seu privilégio livremente, sentindo-se protegido, mesmo sem honestidade e sem inteligência, seria um grande ganho para a reforma, porque o jugo do poder, então dominante no país, seria rompido – o poder que havia criado e mantido tudo quanto era ruim nas instituições e na administração do Estado – o poder dos senhores de terras e dos negociantes dos municípios."

"O voto secreto não foi adotado, mas o progresso das circunstâncias fez e tem feito cada vez mais o trabalho que esse voto secreto faria. Tanto a situação política quanto a social do país, no que afetam essa questão, mudaram muito e estão mudando todos os dias. Atualmente, as classes superiores não dominam mais o país. É preciso ser cego a todos os sinais dos tempos para pensar que as classes médias são subservientes às mais elevadas, ou que as classes trabalhadoras dependam das classes mais elevadas e médias, como dependiam um quarto de século atrás. Os acontecimentos deste quarto de século não somente ensinaram a cada classe a conhecer a própria força coletiva, como também colocaram os indivíduos de classe inferior em condição de mostrar muito mais ousadia aos da classe mais elevada. Na maioria dos casos, o voto dos eleitores, seja em oposição ou de acordo com os desejos de seus superiores, não é, atualmente, o efeito de coação, para a qual não existem mais os mesmos meios de ser aplicada, mas a expressão das preferências pessoais ou políticas. Os próprios vícios do sistema eleitoral atual são as provas desse fato. O crescimento do suborno, do qual se reclama tão intensamente, e sua propagação em lugares anteriormente livres dele, são evidências de que as influências locais não prevalecem mais; nos dias atuais, os eleitores votam para agradar a si mesmos e não para agradar a outras pessoas. Ainda resta, sem dúvida, em condados e em distritos menores, uma grande quantia de dependência servil; mas, o temperamento da época é contrário a tal dependência e a força dos acontecimentos tende constantemente a diminuí-la. Um bom inquilino pode sentir atualmente que ele é tão valioso para o dono de suas terras quanto o dono é para ele; um negociante próspero sente-se agora independente de qualquer freguês em particular. Em cada eleição, cada vez mais os votos pertencem aos eleitores. Atualmente, é o espírito deles que requer emancipação muito mais do que as circunstâncias pessoais. Os eleitores não são mais instrumentos passivos da vontade de outros homens – simples órgãos para colocar o poder nas mãos de uma oligarquia controladora. Eles mesmos estão se tornando a oligarquia."

"Exatamente na proporção em que o voto do eleitor é determinado por sua vontade, e não pela vontade daquele que é seu senhor, sua opinião é semelhante à do membro do Parlamento e a publicidade é indispensável. Uma vez que qualquer parte da comunidade não é representada, o argumento dos Cartistas contra o voto secreto, em conjunto com o sufrágio restrito, é inaceitável. Os eleitores atuais e a massa daqueles que provavelmente se unirão a eles através do Ato de Reforma são de classe média e possuem tanto interesse de classe quanto os donos de terras e os grandes fabricantes que são diferentes da classe trabalhadora. Se o sufrágio se estendesse a todos os trabalhadores especializados, ainda estes teriam ou poderiam ter um interesse de classe diferente dos operários. Vamos supor que se estendesse a todos os homens – vamos supor que o que era anteriormente chamado, por denominação mal aplicada, de sufrágio universal e atualmente de modo tolo, de sufrágio da humanidade, se tornasse lei; os eleitores ainda teriam um interesse de classe diferente do das mulheres. Suponha-se que houvesse uma questão perante o Poder Legislativo que afetasse especialmente as mulheres; por exemplo, se elas tivessem permissão para graduarem-se em Universidades; se as amenas penalidades que se aplicam aos malfeitores que espancam diariamente suas mulheres quase até a morte fossem substituídas por algo mais eficaz; ou suponha-se que alguém propusesse no Parlamento inglês o que um Estado após o outro está decretando na América, não por meio de uma simples lei, mas por meio de um dispositivo introduzido em suas Constituições revisadas – que as mulheres casadas têm o direito à propriedade. A esposa e as filhas de um homem não terão o direito de saber se ele vota a favor ou contra um candidato que apoia esses dispositivos?"

"Sem dúvida, haverá objeção que tais argumentos tenham toda sua força a partir da suposição de um estado injusto de sufrágio; que se a opinião dos não-eleitores provavelmente seria capaz de fazer com que o eleitor votasse mais honestamente ou mais beneficamente do que o faria se votasse por ele mesmo, eles estariam em melhores condições de ser eleitores do que ele, e deveriam ter o direito de voto, porque aquele que é capaz de influenciar os eleitores, é capaz de ser um eleitor; que aqueles por quem os eleitores são responsáveis devem ser eleitores também; e, assim sendo, eles deveriam ter a garantia do voto secreto para proteger-se das influências indevidas dos indivíduos ou classes poderosas perante os quais não deveriam ser responsáveis."

"Este argumento é capcioso e já houve ocasião que o considerei conclusivo. Atualmente, me parece enganoso. Todos os que são capazes de influenciar os eleitores não são, por essa razão, capazes de ser eleitores. Este último poder é muito maior do que o primeiro, e aqueles que podem estar preparados para a função política menor não poderiam seguramente ter a confiança de uma função superior. As opiniões e os desejos das classes trabalhadoras mais pobres e rudes podem ser muito úteis como uma influência entre outras, sobre o espírito dos eleitores, assim como sobre o dos legisladores; entretanto, poderia ser altamente prejudicial conceder-lhes influência preponderante e aceitá-los no presente estado de moral e inteligência, no pleno exercício do sufrágio. É exatamente essa influência direta daqueles que não têm direito a voto sobre aqueles que o têm que suaviza, através de seu crescimento progressivo, a transição para qualquer nova extensão de sufrágio e é o meio pelo qual, no tempo devido, acontece tal extensão de modo pacífico. Porém, existe outra consideração ainda mais profunda que nunca deve ser deixada de ser analisada nas investigações políticas. Não há como sustentar a noção de que a publicidade e o senso de responsabilidade perante o público não têm utilidade a menos que o público esteja qualificado para fazer um julgamento seguro. É uma visão muito superficial da utilidade da opinião pública supor que é favorável somente quando se consegue forçar uma conformidade servil. Estar sob os olhos de outros ou ter de se defender de outros nunca é mais importante para aqueles que agem em oposição à opinião de outros, porque os obriga a ter base sólida quanto à sua atividade contra a pressão. A menos que esteja sob influência temporária de excitação veemente, ninguém fará algo pelo qual espera ser grandemente reprovado; o que sempre é considerado uma evidência de caráter ponderado e cauteloso e, exceto em homens radicalmente perversos, geralmente resulta de convicções pessoais fortes e sinceras. Até mesmo o simples fato de prestar contas da própria conduta é um poderoso estímulo para adotar uma conduta, no mínimo, decente. Se alguém pensa que a simples obrigação de preservar a decência não é um controle considerável do abuso do poder, tal pessoa nunca prestou atenção na conduta daqueles que não se sentem na necessidade de observar tal restrição. A publicidade é imperceptível mesmo quando não faz nada mais do que evitar aquilo que não é possível de ser plausivelmente defendido, ou do que obrigar à deliberação e forçar alguém a determinar, antes de agir, o que ele dirá se for convocado a prestar contas por suas atitudes."

"Mas, se não agora (pode-se assim dizer), pelo menos no futuro, quando todos forem capazes de votar, quando todos os homens e mulheres forem admitidos a votar em virtude de sua idoneidade, *então*, não haverá mais o perigo da legislação de classe, desse modo, os eleitores, sendo a nação, não terão interesses separados do interesse geral; mesmo se alguns indivíduos ainda votarem de acordo com as influências privadas ou de classes, a maioria não terá tal influência; e, como não haverá não-eleitores perante os quais seja responsável, o efeito do voto secreto, excluindo-se as influências ameaçadoras, será totalmente benéfico."

"Não concordo nem mesmo com isso. Não posso imaginar que, mesmo se o povo estivesse apto para o sufrágio universal e o tivesse obtido, o voto secreto seria desejável. Primeiro, porque não poderia ser considerado necessário em tais circunstâncias. Vamos somente conceber a situação que a hipótese envolve: um povo universalmente educado no qual cada adulto tem o direito de voto. Se até mesmo quando somente uma pequena parte é formada de eleitores e a maioria da população é quase que deseducada, a opinião pública já é, como todos podem hoje observar, o poder governante em último recurso, seria uma utopia supor que qualquer poder fosse capaz de ser exercido sobre uma comunidade em que todos leem e na qual todos têm o direito de voto através dos proprietários de terra e ricos em oposição à inclinação daqueles aos quais seria absolutamente difícil de ser retirada. Mas, embora a proteção de sigilo fosse desnecessária, o controle da publicidade seria mais fundamental do que nunca. A observação universal da humanidade tem se mostrado muito enganosa, se o simples fato de ser membro da comunidade, e não estar em posição claramente contrária ao interesse do público em geral, é suficiente para assegurar o cumprimento de um dever público, sem o estímulo ou a restrição da opinião de nossos semelhantes. A participação particular de um homem no interesse público, mesmo que ele não tenha nenhum interesse privado que o conduza na direção oposta, não é, como regra geral, considerado suficiente para fazê-lo cumprir com seu dever para com o público sem outros incentivos externos. Também não se pode admitir que mesmo se todos tivessem o direito ao voto, eles o dessem tão honestamente em sigilo quanto em público. Ao analisarmos a afirmação de que os eleitores, quando formam o conjunto da comunidade, não podem ter um interesse em votar contra o interesse da comunidade, veremos que causa mais impressão do que o seu real significado. Embora a comunidade como um todo não possa ter (conforme o termo sugere) nenhum outro interesse a não ser o coletivo, qualquer indivíduo, ou todos, poderão tê-lo. O interesse de um homem consiste em qualquer coisa sobre a qual ele tenha interesse. Qualquer pessoa possui tantos interesses diferentes como seus sentimentos, gostos ou aversões, tanto de natureza egoísta ou de natureza melhor. Não se pode dizer que qualquer um desses interesses, considerado isoladamente, constitua "o interesse dele"; ele é um bom ou mau homem assim como prefere uma classe de interesses ou outra. Um homem que é um tirano em casa estará apto a simpatizar-se com a tirania (quando não exercida sobre ele mesmo), ele provavelmente não irá simpatizar-se com a resistência à tirania. Um homem invejoso irá votar contra Aristides porque o chamam de Justo. Um homem egoísta irá preferir até mesmo um benefício individual insignificante à sua parcela de vantagem que seu país obteria de uma boa lei, porque os interesses que lhes são peculiares são aqueles que o hábito do espírito não só determina que ele insista neles como também o torna mais capaz de avaliá-los. Um grande número de eleitores terá dois grupos de preferências – o grupo de preferências privadas e o grupo de preferências baseadas em motivos públicos. Estas últimas são as únicas que o eleitor gostaria de declarar. As pessoas ficam ansiosas para mostrar o melhor lado de seu caráter, mesmo para aqueles que não são melhores do que elas. As pessoas irão conceder votos desonestos ou mesquinhos por ganância, malícia, ressentimento, rivalidade pessoal, até mesmo por interesses ou preconceitos de classe ou seita, mais prontamente em segredo do que em público. E existem casos – que poderão tornar-se mais frequentes – nos quais a única restrição para uma maioria de desonestos será o respeito involuntário pela opinião de uma minoria honesta. Em um caso como o dos Estados repudiados da América do Norte, não há alguma verificação de eleitores sem princípios que se sentem envergonhados de encarar um homem honesto? Uma vez que todos esses benefícios seriam sacrificados pelo voto secreto, mesmo nas circunstâncias que lhe fossem favoráveis, torna-se necessário um argumento muito mais forte do que se possa agora formular (e o argumento está continuamente se tornando mais fraco) para que sua adoção seja desejável.[33]"

Não será necessário gastar tantas palavras com outros pontos discutíveis ligados com a maneira de votar. O sistema de representação pessoal, organizado pelo sr. Hare, torna necessária a utilização de cédulas. Porém, parece-me indispensável que o eleitor assine essa cédula em local público de votação ou, se não houver um local desses convenientemente acessível, que o eleitor o faça em algum escritório aberto a todos e na presença de um funcionário público responsável. Considero como fatal a proposta que foi sugerida de permitir que as cédulas sejam preenchidas nas residências dos eleitores e enviadas pelo correio ou recolhidas por um funcionário público. O ato seria feito na ausência de influência salutar e na presença de todas as influências perniciosas. O subornador poderia, ao abrigo da privacidade, contemplar com os próprios olhos, a execução do suborno, e quem quisesse intimidar os outros poderia ver a obediência extorquida realizada irrevogavelmente no mesmo local; ao passo que a contra influência benéfica da presença daqueles que conhecessem os sentimentos reais do eleitor e o efeito inspirador da simpatia daqueles pertencentes ao mesmo partido ou com a mesma opinião seriam afastados.[34]

(33) *Pensamento sobre a Reforma Parlamentar*, 2ª edição, p. 32-36. (N. A.)

(34) "Este expediente foi recomendado tanto sob o pretexto de economizar despesas quanto para obter os votos de muitos eleitores que de outro modo não votariam e que são considerados pelos partidários do plano como uma classe particularmente desejável de eleitores. O esquema foi colocado em prática na eleição dos guardiões da lei dos pobres e apela-se para seu sucesso neste exemplo em favor de adotá-lo no caso mais importante de eleição de um membro do Poder Legislativo. Mas me parece que os dois casos diferem no ponto de que dependem os benefícios do expediente. Em uma eleição local para um tipo especial de negócio administrativo, que consiste principalmente na distribuição de um fundo público, tem-se como objetivo impedir que a escolha fique exclusivamente nas mãos daqueles que se interessam ativamente por tal eleição; uma vez que o interesse público relacionado à eleição é limitado, e em muitos casos não é muito intenso, a inclinação de se ocupar com a questão limita-se em grande parte a pessoas que esperam retornar àquela atividade para o próprio proveito; e, portanto, tais pessoas desejam tornar a intervenção de outras pessoas o menos onerosa possível para eles, mesmo que tenham o único propósito de absorver tais interesses particulares. Mas, quando a questão em foco é assunto de maior importância do governo nacional, no qual devem tomar parte todos que se preocupam com algo fora dos próprios interesses ou que se preocupem inteligentemente com sua pessoa, é muito mais importante evitar que votem os que são indiferentes à questão ao invés de induzi-los a votar por qualquer outro meio que não seja despertar-lhes o espírito adormecido. O eleitor que não se preocupa o suficiente com a eleição para comparecer às urnas é o mesmo homem que, se puder votar sem esse pequeno incômodo, dará o voto para a primeira pessoa que lhe pedir ou pelo motivo mais frívolo e insignificante. Um homem que não se importa em votar ou não, provavelmente não se importará muito com o modo de votar; e aquele que se encontra nesse estado de espírito, não tem absolutamente o direito moral de votar; uma vez que se ele o fizer, um voto que não é expressão de uma convicção, tem o mesmo valor e tem tanto alcance de determinação do resultado como o voto que representa os pensamentos e objetivos de uma vida." (*Pensamentos*, & C, p. 39) (N. A.)

Os locais de votação devem ser tão numerosos para que fiquem ao alcance de todos os eleitores; não se deve tolerar, sob qualquer pretexto, despesas de transporte à custa dos candidatos. O enfermo, mediante atestado médico, deve ter o direito de exigir o transporte à custa do Estado ou da localidade. O público deverá se encarregar das despesas com urnas, mesários e toda o maquinário necessário para as eleições. Não se deve exigir e nem permitir que o candidato tenha qualquer tipo de despesa, a não ser uma quantia limitada e insignificante para se eleger. O sr. Hare considera aceitável exigir uma quantia de 50 libras de qualquer pessoa e colocar seu nome na lista de candidatos para evitar que pessoas que não possuem nenhuma chance de êxito e nenhuma intenção real de tentar eleger-se sejam candidatas por capricho ou simples paixão de notoriedade e talvez conquistem alguns votos que seriam necessários para a eleição de aspirantes mais sérios. Há uma despesa que um candidato ou aqueles que o apoiam não podem deixar de ter e que dificilmente se possa esperar que o público custeie para todos aqueles que a exigirem: essa despesa é para tornar a candidatura conhecida aos eleitores por meio de anúncios, cartazes ou circulares. Para todas as despesas dessa natureza, as 50 libras propostas pelo sr. Hare devem ser suficientes, se houver permissão para que sejam utilizadas para esse objetivo (poderia ser elevada para 100 libras). Não há meios de evitar que os amigos do candidato assumam despesas com comissões e propaganda; mas as despesas que não sejam custeadas pelo próprio candidato ou que estejam além do depósito de 50 libras (ou 100 libras) deverão ser consideradas ilegais e estarão sujeitas à punição. Se houvesse qualquer probabilidade de que a opinião recusaria ser conivente com a mentira, uma declaração sob juramento ou sob palavra de honra seria exigida de todos os membros ao serem empossados, afirmando que não gastariam o valor acima mencionado de 50 libras, direta ou indiretamente para os fins da eleição; e no caso em que a afirmação fosse comprovadamente falsa, ou se o compromisso fosse rompido, o candidato estaria sujeito às penalidades de perjúrio. É provável que tais penalidades, mostrando que o Poder Legislativo estava decidido, conduzissem a opinião pública para a mesma direção e impediria de considerar, conforme feito até agora, esse crime, julgado um dos mais sérios contra a sociedade, como leve falta desculpável. Uma vez produzido tal efeito, não há dúvida de que a declaração por compromisso ou juramento seria considerada uma obrigação.[35]

"A opinião tolera um falso repúdio somente quando já tolera o que é repudiado." Este é notoriamente o caso em relação à corrupção eleitoral. Ainda não houve, entre políticos, qualquer tentativa real e séria para impedir o suborno, porque ainda não houve o desejo real para que as eleições não fossem caras. O custo é uma vantagem para aqueles que têm condições de suportar a despesa, excluindo uma multidão de concorrentes; e, como uma tendência conservadora, aprecia-se qualquer coisa, mesmo que seja prejudicial, que possa limitar o acesso dos ricos ao Parlamento. Esse sentimento está enraizado entre os nossos legisladores de ambos partidos políticos e é quase o único ponto em que acredito serem realmente mal intencionados. Comparativamente, pouco lhes importa quem vota, contanto que tenham certeza de que os votos serão somente para pessoas de sua classe. Eles sabem que podem confiar no sentimento de camaradagem de um membro da própria classe para com o outro, ao passo que a subserviência dos *novos ricos* que batem à porta da classe é ainda uma segurança maior; e nada se deve temer de muito hostil aos

[35] Várias testemunhas que compareceram perante a Comissão da Casa dos Comuns em 1860, na aplicação do Ato de Prevenção de Práticas Corruptas, algumas delas com grande experiência nos assuntos de eleições, foram favoráveis (tanto absolutamente quanto em última instância) ao princípio que exige uma declaração dos membros do Parlamento; e sua opinião era que, se apoiada por penalidades, seria eficaz em grande extensão (Evidências, pp. 46, 54-7, 67, 123, 198-202, 208). O Presidente da Comissão do Inquérito de Wakefield disse (referindo-se certamente a uma proposta diferente): "Se perceberem que o Poder Legislativo insiste no assunto, a máquina irá funcionar... Tenho plena certeza de que se algum estigma fosse aplicado à corrupção, haveria mudanças no curso da opinião pública". (pp. 26 e 32). Um distinto membro do Comitê (e do atual Gabinete) parecia pensar que deveria se criar objeções aplicáveis às penalidades de perjúrio para um simples juramento de promessa em contraposição a juramento assertivo; mas lembraram-lhe que o juramento prestado por uma testemunha perante o Tribunal de Justiça é promissório; e a réplica (que a promessa da testemunha se relaciona com um ato a ser praticado imediatamente, ao passo que a do membro do Parlamento seria uma promessa para o futuro) somente seria aplicada para o caso, se fosse possível supor que quem fizesse o juramento esquecesse a obrigação assumida, ou acaso a violasse inconscientemente: contingências que, em um caso como o atual, estão fora de questão.

Uma das dificuldades mais consideráveis dentre as formas que mais frequentemente assumem as despesas eleitorais é a de inscrições para caridades ou outros objetivos locais; e seria uma medida muito forte decretar que o membro do Parlamento não desse dinheiro para a caridade dentro de um lugar. Quando tais inscrições são de *bona fide*, a popularidade que resulta é uma vantagem que parece impossível de negar-se à grande riqueza. Porém, grande parte do mal consiste no fato de que o dinheiro assim contribuído se destina ao suborno, sob o eufemismo de manter o interesse do membro. Para evitar esse mal, deveria fazer parte da declaração do membro que todas as quantias gastas por ele no local ou para qualquer propósito relacionado a este ou com qualquer de seus habitantes (com exceção talvez das próprias despesas de hospedagem), deveriam passar pelas mãos do auditor das eleições e seriam aplicadas por tal auditor (e não pelo próprio membro ou por seus amigos) para o propósito declarado.

O princípio de colocar todas as despesas legítimas das eleições a cargo não do candidato, mas da localidade, foi sustentado por duas das melhores testemunhas. (pp. 20, 65-70, 277) (N. A.)

interesses ou sentimentos dos ricos sob o sufrágio mais democrático, enquanto os democráticos forem impedidos de se eleger para o Parlamento. Mas mesmo desse ponto de vista, esse equilíbrio de mal por mal, ao invés da combinação de bem com bem, é uma política lamentável. O objetivo deveria ser o de ajuntar os melhores membros de ambas as classes, sob tal título que os levasse a deixar de lado as preferências de sua classe para percorrerem juntos o caminho traçado pelo interesse comum; ao invés de permitir que os sentimentos de classe dos Muitos controlassem os distritos eleitorais, sujeitos à dificuldade de terem que agir através de pessoas imbuídas de sentimentos de classe dos Poucos.

Raramente existe algum modo no qual as instituições políticas sejam moralmente mais perniciosas – provocar maior mal por meio do próprio espírito – do que representar as funções políticas como favor a ser conferido, algo que o depositário tem de pedir como se desejasse para si mesmo, e até pagar como se destinasse a beneficiá-lo pessoalmente. Os homens não gostam de pagar grandes quantias para deixarem de cumprir um dever penoso. Platão tinha uma visão muito mais justa das condições do bom governo quando afirmava que as pessoas que deveriam ser procuradas para investir no poder político são aquelas que se mostram pessoalmente contrárias a ele, e o único motivo pelo qual se possa confiar para induzir os homens mais adequados para assumirem o trabalho árduo de governar é o medo de serem governados por homens piores. O que o eleitor deve pensar quando vê três ou quatro cavalheiros – sendo que nenhum deles tenha anteriormente sido observado esbanjando o próprio dinheiro em projetos de beneficência desinteressada – discutindo uns com os outros sobre as quantias que gastam para terem condições de escrever M.P. depois de seus nomes? É provável que tal eleitor suponha que é pelo interesse *dele* que tais homens incorrem em todas essas despesas? E, se tal eleitor formar uma opinião desfavorável sobre a participação deles no assunto, que obrigação moral ele provavelmente sentirá como sendo a sua própria? Os políticos gostam de encarar como sonho de entusiastas que o corpo eleitoral nunca será corrompido: e assim é de fato, até que eles se disponham a ser corrompidos; pois os eleitores, com certeza, irão buscar o tom moral dos candidatos. Enquanto o membro eleito pagar por sua cadeira, por qualquer forma ou maneira, todos os esforços irão falhar para tornar a questão da eleição algo que não seja uma barganha egoísta de todos os lados. "Enquanto o próprio candidato e os costumes do mundo parecem considerar a função de um membro do Parlamento menos como um dever a ser desempenhado do que um favor pessoal a ser requisitado, nenhum esforço terá valor para incutir em um eleitor comum o sentimento de que a eleição de um membro do Parlamento também é uma questão de dever, e que ele não tem liberdade de conceder seu voto baseado em qualquer outra consideração que não a de aptidão pessoal."

O mesmo princípio que exige que nenhum pagamento de dinheiro para fins eleitorais por parte do eleito seja solicitado ou tolerado, impõe outra conclusão, aparentemente de tendência contrária, mas usando o mesmo objetivo. Tal princípio nega o que frequentemente já se propôs, como um meio de tornar o Parlamento acessível a pessoas de todas as classes e circunstâncias – o pagamento de honorários ao membro do Parlamento. Se, como no caso de algumas de nossas colônias, dificilmente se encontram pessoas adequadas que tenham condições de ter uma ocupação não remunerada, o pagamento deveria ser uma indenização pela perda de tempo ou dinheiro, não um salário. A maior latitude de escolha que um salário poderia proporcionar é uma vantagem ilusória. Nenhuma remuneração que alguém pensasse em atribuir ao cargo atrairia aqueles que estão seriamente comprometidos com outras profissões lucrativas com a perspectiva de serem bem-sucedidos. A função de um membro do Parlamento se tornaria, portanto, uma ocupação em si; exercida como outras profissões, com o principal intuito de compensações pecuniárias e sob as influências desmoralizadoras de uma ocupação essencialmente precária. Tal função se tornaria um objeto de desejo para aventureiros de baixa categoria; e 658 pessoas de posse, com dez ou vinte vezes tantas outras em expectativa, iriam constantemente se esforçar para atrair ou reter os sufrágios dos eleitores, prometendo todas as coisas, honestas e desonestas, possíveis ou impossíveis, com rivalidades entre si para alcovitar os sentimentos mais mesquinhos e preconceitos mais ignorantes da parte mais vulgar da multidão. O leilão entre Cléon e o vendedor de salsichas em Aristófones é uma caricatura excelente do que constantemente aconteceria. Equivale a oferecer 658 prêmios, desde o lisonjeiro mais bem-sucedido, ao enganador mais astuto, de um corpo de seus concidadãos. Sob nenhum despotismo existiu tal sistema organizado de lavra para realizar uma colheita abundante de galanteio corrupto[36]. Quando por motivo de qualificações preeminentes (como talvez possa acontecer em qualquer ocasião), é desejável que uma pessoa inteiramente desprovida de meios independentes, ou resultantes da propriedade ou do exercício da profissão ou negócio, seja levada ao Parlamento para prestar serviços que nenhuma outra poderá prestar igualmente bem, existe o recurso de uma subscrição política; tal pessoa poderia ser sustentada - enquanto estivesse no Parlamento, com Andrew Marvell - por meio de contribuições de seus eleitores. Não há como fazer objeção a este processo, pois tal honra nunca será paga por mera subserviência; os grupos de homens não se importam tanto com a diferença entre um adulador e outro para que assumam as despesas com seu sustento a fim de serem bajulados por esse indivíduo. Tal apoio somente será concedido devido às qualidades pessoais notáveis e impressionantes, que, embora não sejam prova absoluta de aptidão para a função de representante nacional, lhe oferecem alguma presunção e, de qualquer modo, alguma garantia de que possui opinião e vontade independentes.

(36) "Como o sr. Lorimer observa, através da criação de um incentivo pecuniário para pessoas de classe mais baixa para que se dediquem aos negócios públicos, a convocação dos demagogos seria formalmente inaugurada. Nada é mais condenável do que tornar interesse privado de certo número de pessoas ativas o fato de instigar a forma de governo na direção de sua perversão natural. As indicações que uma multidão ou um indivíduo pode oferecer, quando simplesmente entregues às próprias fraquezas, fornecem somente uma pálida ideia do que tais fraquezas se tornariam quando salientadas por milhares de bajuladores. Se houvesse 658 lugares de emolumentos certos, embora moderados, a serem obtidos persuadindo-se a multidão de que a ignorância é tão boa quanto o conhecimento, ou mais, é terrivelmente provável que acreditariam e passariam a agir de acordo com a lição." (Artigo no *Fraser's Magazine* de Abril de 1859, sob o título "*Escritores Recentes sobre a Reforma*") (N. A.)

CAPÍTULO XI

DA DURAÇÃO DOS PARLAMENTOS

Depois de quanto tempo os membros do Parlamento devem sujeitar-se à reeleição? Os princípios aqui envolvidos são bastante evidentes; a dificuldade está em sua aplicação. Por um lado, o membro não deve ocupar sua cadeira por tanto tempo que até se esqueça de sua responsabilidade, relaxe no cumprimento de seus deveres, conduzindo-os com uma visão direcionada para sua vantagem pessoal ou negligenciando as conferências livres e públicas com seus eleitores, que, estando ele de acordo ou divergindo deles, constituem um dos benefícios do governo representativo. Por outro lado, ele deve ter tal período para exercício do cargo que lhe permita ser julgado não por um simples ato, mas pelo curso de sua atuação. É importante que ele tenha a maior latitude de opinião e critério individuais, compatíveis com o controle popular essencial para um governo livre; e, para atingir tal objetivo, é necessário que se exerça o controle, como em qualquer caso é mais bem exercido, depois, que ele tenha tempo suficiente para mostrar todas as qualidades que possui e provar que existe outra maneira que não é a de simples eleitor obediente e advogado de opiniões do eleitorado, pelas quais ele possa tornar-se um representante desejável e digno de crédito aos olhos de seus eleitores.

É impossível estabelecer, através de qualquer regra universal, o limite entre tais princípios. Se o poder democrático na constituição é fraco ou demasiadamente passivo e requer estímulo; se o representante, ao deixar o eleitorado, entra imediatamente em uma atmosfera aristocrática ou de cortesia, cujas influências tendem a desviar-lhe o curso em direção diferente da corrente popular, ou a atenuar quaisquer sentimentos democráticos que ele tenha, fazendo-o esquecer dos desejos e ficando frio aos interesses daqueles que o elegeram, a obrigação de um frequente retorno a estes, para renovação de sua incumbência, é indispensável para manter seu temperamento e caráter no ponto conveniente. Até mesmo três anos, em tais circunstâncias, seria um período muito longo; e qualquer prazo maior seria absolutamente inadmissível. Se, ao contrário, a democracia é o poder em ascensão, tendendo ainda a aumentar, exigindo mais que seja moderada em seu exercício do que encorajada a exercer qualquer atividade anormal; se a publicidade ilimitada e a imprensa permanentemente presente garantem ao representante que qualquer de seus atos será imediatamente conhecido, discutido e julgado por seus eleitores e que ele está ganhando ou perdendo terreno na estia destes – ao passo que, pelo mesmo meio, a influência dos sentimentos dos eleitores e todas as outras influências democráticas são mantidas constantemente vivas e ativas em seu espírito; menos de cinco anos dificilmente seria um período suficiente para evitar subserviência tímida. A mudança que tem acontecido na política inglesa com relação a todos esses aspectos, explica a razão pela qual os parlamentos anuais, que quarenta anos atrás estavam proeminentemente à frente do credo dos reformadores mais avançados, recebem atualmente tão pouca atenção e tão raramente se ouve falar sobre eles. Devemos considerar que, seja o período curto ou longo, durante o último ano os membros estão em posição na qual sempre estariam se os parlamentos fossem anuais, tanto que se o período fosse curto, haveria virtualmente parlamentos anuais durante grande parte do tempo. Nas circunstâncias atuais, o período de sete anos, embora de extensão desnecessária, seria dificilmente alterado a fim de produzir qualquer benefício; especialmente, uma vez que a possibilidade de dissolução sempre eminente, mantém constantemente diante dos olhos do membro as razões para estar bem colocando perante seu eleitorado.

Seja qual for o período mais aceitável para a duração do mandato, pareceria natural que cada membro deixasse sua cadeira vaga ao término do prazo a contar da data da eleição e assim não haveria renovação da Casa por inteiro. Muito poderia se dizer a respeito desse sistema, se houvesse qualquer objetivo prático em recomendá-lo. Porém, é condenado por razões muito mais fortes do que se pode alegar para apoiá-lo. Uma dessas razões é que não haveria meios de prontamente livrar-se de uma maioria que tivesse tomado uma atitude prejudicial para com a nação. A certeza de uma eleição geral depois de um prazo limitado, que frequentemente estaria prestes a expirar, e a possibilidade de uma eleição geral a qualquer momento se o ministro assim o desejasse em proveito próprio ou considerasse tornar-se popular no país, através desta, tendem a impedir a ampla divergência entre os sentimentos da assembleia e os do eleitorado, a qual poderia subsistir indefinidamente se a maioria da Casa sempre estivesse vários anos à frente – se recebesse novas infusões pouco a pouco, as quais provavelmente assumiriam e não modificariam as qualidades da massa a que se unissem. É tão essencial que o sentimento geral da Casa esteja de acordo em linhas gerais com o da nação, como também é essencial que indivíduos distintos sejam capazes, sem arriscar a perder a cadeira, de manifestar livremente os sentimentos mais impopulares. Existe outra razão, de muita relevância, contra a renovação parcial e gradual de uma assembleia representativa. Seria útil que houvesse uma demonstração geral e periódica de forças contrárias, a fim de sondar o espírito nacional e determinar, além de qualquer discussão, a força relativa de diferentes partidos e opiniões. Isso não é obtido definitivamente por meio de renovação parcial, mesmo quando, como em algumas constituições francesas, uma grande parte dos membros deixa de exercer a função, como um quinto ou um terço.

As razões para conceder ao Executivo o poder de dissolução serão consideradas em um capítulo subsequente, em relação à constituição e às funções do Executivo no governo representativo.

CAPÍTULO XII

DEVEM SER EXIGIDAS GARANTIAS DOS MEMBROS DO PARLAMENTO?

O membro do Parlamento deve ficar sujeito às instruções de seus eleitores? Ele deve ser o órgão dos sentimentos desses eleitores ou do próprio sentimento? Embaixador de seus eleitores junto ao congresso, ou agente profissional, com poderes não só para agir pelos seus eleitores, mas para julgar o que se deve fazer? Essas duas teorias dos deveres de um legislador em um governo representativo têm cada uma seus defensores e cada uma é a doutrina reconhecida de alguns governos representativos. Nas Províncias Holandesas Unidas, os membros dos Estados Gerais eram simples delegados; e a doutrina era levada a tal extensão, que, quando surgia qualquer assunto importante que não constasse em suas instruções, tinham de consultar seus eleitores, exatamente como faz um embaixador com relação ao governo que representa. Neste país e em muitos outros que possuem constituições representativas, a lei e o costume permitem que um membro do Parlamento vote de acordo com sua opinião sobre o que considera justo, embora diferente de seus eleitores; porém, há uma noção flutuante de caráter contrário, que exerce influência prática considerável sobre muitos espíritos, atém mesmo de membros do Parlamento, que frequentemente os faz, independente do desejo de popularidade ou da preocupação com a reeleição, sentirem-se obrigados em consciência a manifestar, em questões nas quais seus eleitores possuem uma opinião decidida, tal opinião ao invés da sua. Abstraindo-se da lei positiva e das tradições históricas de qualquer povo em particular, qual destas duas noções de dever de um representante é a verdadeira?

Diferentemente das questões das quais temos tratado até agora, esta não é uma questão de legislação constitucional, mas sim mais adequadamente chamada de moralidade constitucional – a ética do governo representativo. As ideias que devem prevalecer como deveres morais de um eleitor não se relacionam tanto com as instituições como com o temperamento espiritual que os eleitores devem ter para desempenhar suas funções. Porque, seja qual for o sistema de representação, ele será convertido em simples delegação se os eleitores assim preferirem. Contanto que tenham a liberdade de não votar ou votar como lhes aprouver, não é possível impedi-los de fazer o voto depender de qualquer condição que achem conveniente anexar ao seu voto. Recusando-se a eleger qualquer um que não se comprometa a sustentar suas opiniões e, mesmo se quiserem, consultá-los antes de votar qualquer assunto importante não previsto, eles podem reduzir os representantes a meros porta-vozes ou compeli-los em honra a renunciar à cadeira quando não estiverem mais desejosos de atuar naquela capacidade. E, uma vez que têm o poder de fazê-lo, a teoria da Constituição deve supor que eles desejam fazê-lo; visto que o próprio princípio do governo constitucional exige que se assuma que o poder político será mal utilizado na promoção dos propósitos particulares de seu detentor; não porque sempre é assim, mas porque essa é a tendência natural dos fatos, proteger-se contra o que é de uso especial das instituições livres. Portanto, por mais errôneo ou por mais insensato que nos pareça o fato de os eleitores converterem seu representante em delegado, sendo essa extensão do privilégio eleitoral natural e não improvável, as mesmas precauções devem ser tomadas como se fossem certas. Podemos esperar que os eleitores não tomem atitudes com base nessa noção do uso do sufrágio; mas um governo representativo precisa ser estruturado de tal forma que, mesmo que o façam, não serão capazes de levar a efeito o que não deve estar no poder de qualquer grupo de pessoas – a legislação de classe em proveito próprio.

Quando se diz que a questão é somente de moralidade política, sua importância não é atenuada. As questões de moralidade constitucional não têm menos importância do que aquelas relacionadas à própria constituição. A própria existência de alguns governos e tudo o que torna outros governos toleráveis, está baseada na observação prática das doutrinas de moralidade constitucional; as noções tradicionais no espírito de várias autoridades constituídas, que modificam o uso que pode ser feito, de outra maneira, de seus poderes. Em governos não equilibrados - pura monarquia, pura aristocracia, pura democracia -, tais máximas são as únicas barreiras que restringem o governo de excessos adicionais na direção de sua tendência característica. Em governos imperfeitamente equilibrados, em que existem tentativas de estabelecer limites constitucionais aos impulsos do poder mais forte, mas nos quais esse poder é forte o suficiente para transgredir tais limites, pelo menos com impunidade temporária, é somente através de doutrinas de moralidade constitucional, reconhecidas e sustentadas pela opinião, que se preserva qualquer consideração pelos controles e limitações da constituição. Em governos bem equilibrados, nos quais o poder supremo é dividido, e cada participante está protegido contra as usurpações dos outros pela única maneira possível - a saber, por estarem armados para a defesa com armas tão fortes como as que os outros, podem controlar o ataque - o governo somente pode ser exercido por abstenção de todos os lados em exercer esses poderes extremos, a menos que provocado pela conduta igualmente extrema da parte de algum outro participante do governo; e, nesse caso, podemos verdadeiramente dizer que, somente pela consideração dispensada às máximas da moralidade constitucional, a constituição será conservada em existência. A questão das garantias não é uma das quais essencialmente preocupe-se com a existência dos governos representativos; mas é de grande importância para seu funcionamento benéfico. As leis não podem prescrever aos eleitores os princípios pelos quais eles devem direcionar sua escolha; mas faz uma grande diferença prática através de quais princípios eles acham que devem direcioná-la. E o conjunto desta grande questão envolve a investigação para determinar se tais princípios devem estabelecer como condição que o representante deva aderir a certas opiniões a ele colocadas por seus eleitores.

Nenhum leitor desse tratado pode duvidar de que conclusão, referente a esta questão, resulta dos princípios gerais afirmados em tal tratado. Desde o início, temos afirmado, e invariavelmente mantido à vista, a importância coigual dos dois grandes requisitos do governo: responsabilidades perante aqueles para cujo benefício o poder político deve ser, e sempre afirma ser empregado; e, juntamente com ele, obter, na maior medida possível, para a função do governo, os benefícios de inteligência superior, formada por longa meditação e disciplina prática para essa tarefa especial. Se este segundo objetivo merece ser alcançado, merece também o preço necessário. Os Poderes espirituais superiores e estudo profundo não têm qualquer utilidade, se algumas vezes não conduzirem uma pessoa a conclusões diferentes daquelas que formam poderes espirituais comuns sem estudo; e se o objetivo for o de possuir representantes intelectuais a qualquer respeito superiores à média dos eleitores, deve se levar em consideração que o representante irá algumas vezes ter opinião diferente da maioria de seus eleitores e, quando isso acontecer, sua opinião será, na maioria das vezes, a mais acertada. Segue-se daí que os eleitores não irão agir com sabedoria se insistirem em absoluta conformidade com suas opiniões como condição para que o membro conserve sua cadeira.

Até aí, o princípio é evidente; porém, existem dificuldades reais em sua aplicação: e começaremos a apresentá-las em sua maior intensidade. Se for importante que os eleitores escolham um representante mais instruído do que eles próprios, não será menos necessário que esse homem mais sábio seja responsável por eles; em outras palavras, os eleitores são juízes do modo pelo qual o representante desempenha seu cargo; e como poderão julgar a não ser através do padrão das próprias opiniões? Como irão até mesmo escolhê-lo em primeira instância, senão através do mesmo padrão? De nada adiantará escolher por mero brilhantismo – por superioridade de talento ostentoso. Os testes através dos quais um homem comum pode julgar antecipadamente a simples aptidão de alguém são muito imperfeitos; do modo como são, eles quase que exclusivamente se referem às artes de expressão, e pouco ou nada ao valor do que é expresso. O último não pode ser concluído a partir do primeiro; e, se os eleitores tiverem de ignorar as próprias opiniões, que critério lhes restará para julgarem a aptidão de governar bem? Nem tampouco, se eles pudessem determinar, mesmo infalivelmente, o homem mais capacitado, permitiriam que ele julgasse inteiramente por conta própria, sem nenhuma referência à opinião do eleitorado. O candidato mais capacitado pode ser um Conservador e os eleitores Liberais; ou pode ser um Liberal e os eleitores podem ser Conservadores. As questões políticas do dia podem ser questões da Igreja e ele pode ser um anglicano ritualista, ou um racionalista, ao passo que o eleitorado pode ser composto de dissidentes ou evangélicos e vice-versa. Nesses casos, as aptidões do candidato podem simplesmente habilitá-lo para ir mais longe e agir de modo eficaz naquilo em que o eleitorado acredite conscientemente ser um caminho errado; e os eleitores podem ser obrigados, por suas sinceras convicções, a considerar de maior importância que seus representantes sejam mantidos, com relação a esses pontos, de acordo com o que julgam ser os ditames do dever, do que serem representados por uma pessoa com aptidões acima da média. Eles também terão de considerar não só como serão mais bem representados, mas como sua posição moral em particular e seu ponto de vista intelectual deverão ser representados. A influência de cada modo de pensar compartilhada por grande número de eleitores deve ser sentida no Legislativo; e, supondo-se que a constituição tenha devidamente considerado que diferentes modos de pensamento devem ser representados igualmente, assegurar a representação adequada para seu modo de pensar pode ser a questão mais importante para a qual os eleitores, nessa ocasião particular, tenham de dispensar atenção. Em alguns casos, também pode ser necessário que o representante tenha as mãos atadas a fim de manter-se fiel aos interesses dos eleitores ou ao interesse público como assim compreenderem. Isso não seria necessário sob um sistema político que lhes assegurasse uma escolha ilimitada de candidatos honestos e sem preconceitos; porém, sob o sistema existente, no qual os eleitores quase sempre são obrigados, em razão das despesas da eleição e das circunstâncias gerais da sociedade, a selecionar seu representante entre pessoas de uma posição de vida muito diferente da deles, que possui um interesse de classe diferente, quem afirmará que eles devem entregar-se ao critério do candidato? Podemos culpar um eleitor de classes mais pobres, que somente pode escolher entre dois ou três homens ricos, por exigir daquele para quem conceder o voto, uma garantia para aquelas medidas que ele considera como prova de emancipação dos interesses de classe dos ricos? Além disso, quase sempre acontece que alguns membros do corpo eleitoral são obrigados a aceitar o representante selecionado por uma maioria do próprio partido. Mas, embora um candidato escolhido por eles próprios não tenha nenhuma chance, seus votos podem ser necessários para o sucesso de quem foi escolhido por eles; e o único meio que eles possuem de exercerem parte de sua influência sobre a conduta de tal candidato, pode ser o fato de tornar o apoio que lhe concedem dependente de compromisso por parte do candidato com relação a certas condições.

Estas considerações e contra considerações estão intimamente entrelaçadas; é muito importante que os eleitores escolham como seus representantes homens mais sábios do que eles mesmos e concordem em ser governados de acordo com tal sabedoria superior, enquanto é impossível que a conformidade com as próprias opiniões, quando os eleitores a possuem, não entrem amplamente no julgamento que eles fazem em relação a quem possui a sabedoria e até que ponto o presumido possuidor provou a presunção através de sua conduta; parece quase impraticável estabelecer qualquer regra positiva de dever para o eleitor; o resultado dependerá menos de qualquer prescrição exata ou doutrina autoritária de moralidade política do que do caráter geral do espírito do eleitorado em relação ao importante requisito de deferência para a superioridade intelectual. Os indivíduos, ou povos, que são extremamente sensíveis quanto ao valor da sabedoria superior, provavelmente irão reconhecê-la onde quer que exista, através de outros indícios do que pensando exatamente como eles e até mesmo apesar das diferenças consideráveis de opinião; e quando a reconhecerem, terão um enorme desejo de garanti-la, a qualquer custo admissível, que não se sentirão inclinados a impor a própria opinião a pessoas a quem considerem mais sábias do que eles próprios. Por outro lado, existe um caráter de espírito que não respeita ninguém; que acha que a opinião de outra pessoa nunca será melhor que a sua, ou quase tão boa quanto aquela de cem ou mil pessoas. Quando esta for a atitude de espírito dos eleitores, eles não elegerão ninguém que não seja, ou que pelo menos não afirme ser, a imagem dos próprios sentimentos e não permitirão que ele continue a representá-los se ele não refletir tais sentimentos em sua conduta; e todos os aspirantes a honras políticas irão se esforçar, como Platão diz em Górgias, para encaixar-se no modelo do *Demos* e tornar-se o mais parecido possível com tal modelo. Não se pode negar que uma democracia completa possui uma forte tendência de estereotipar os sentimentos dos eleitores nesse padrão. A Democracia não é favorável ao espírito reverente. O fato de que ela destrói a reverência por mera posição social deve ser considerado como a melhor parte de suas influências e não com a pior; embora, fazendo isso, ela feche a principal *escola* de reverência (quanto a relações simplesmente humanas) que existe na sociedade. Porém, a democracia, em sua essência, também insiste com muito mais força nos assuntos a que todos têm o direito de serem considerados igualmente do que em assuntos nos quais uma pessoa tenha o direito à maior consideração do que outra, que até mesmo o respeito pela superioridade pessoal provavelmente fica abaixo do padrão. É por essa razão, entre outras, que sustento ser de grande importância que as instituições do país devem considerar as opiniões das pessoas de uma classe mais educada como sendo de maior peso do que aquelas das pessoas menos educadas; e ainda argumentaria pela concessão de pluralidade de votos para superioridade autenticada de educação, se fosse ao menos para dar o tono ao sentimento público, sem considerar quaisquer consequências políticas diretas.

Quando realmente existir no corpo eleitoral um sentido adequado da extraordinária diferença de valor entre uma pessoa e outra, não faltará indícios que lhes possibilitem distinguir as pessoas cujo valor seja de maior importância para seus propósitos. Os serviços públicos reais serão naturalmente a melhor indicação; ter ocupado posições de importância e ter se destacado nelas, nas quais a sabedoria é justificada pelos resultados; ter sido o autor de medidas que, através de seus efeitos, parecem ter sido bem planejadas; ter feito previsões que frequentemente se tornaram realidade, raramente ou nunca contrariadas pelos acontecimentos; ter formulado conselhos que, quando adotados, resultaram em boas consequências e quando negligenciados resultaram em consequências prejudiciais. Existe, sem dúvida, uma grande parte de incerteza nesses indícios de sabedoria; mas estamos procurando os indícios que possam ser aplicados por pessoas de discernimento comum. Tais pessoas farão bem se não confiarem muito em qualquer indicação, a menos que confirmada pelas demais; e, em sua avaliação de sucesso ou mérito de qualquer esforço prático, elas darão maior ênfase à opinião geral das pessoas desinteressadas que conhecem o assunto. As provas sobre as quais tenho falado somente se aplicam a pessoas experimentadas, entre as quais devem incluir-se as que, embora sem experiência prática, tenham adquirido experiência teórica; as que, em discurso público ou em escritos, tenham discutido os assuntos públicos de maneira que provem ter dispensado sério estudo sobre eles. Tais pessoas podem, no simples caráter de pensadores políticos, ter exibido uma considerável quantidade dos mesmos títulos à confiança como aquelas que foram provadas na posição de estadistas práticos. Quando é necessário escolher pessoas inteiramente inexperientes, os melhores critérios são a reputação da habilidade entre aqueles que os conhecem pessoalmente e a confiança depositada e recomendações dadas por pessoas já conceituadas. Através de provas como essas, os eleitorados que valorizam suficientemente a aptidão intelectual e a buscam com ardor, irão geralmente ser bem-sucedidos na obtenção de homens além da mediocridade e homens em quem frequentemente se pode confiar para gerenciarem os assuntos públicos de acordo com seu julgamento livre; para os quais seria uma afronta pedir que abdiquem do julgamento em favor daqueles que lhe são inferiores em conhecimento. Se tais pessoas, honestamente procuradas, não forem encontradas, então, realmente, os eleitores terão uma justificativa para tomar outras precauções; pois não é de esperar que eles desistam de suas opiniões particulares, a menos que seja com o objetivo de serem atendidos por uma pessoa de conhecimento superior ao deles. Na realidade, seria conveniente para eles lembrarem-se que, uma vez escolhido o representante, se ele se dedicar às suas obrigações, terá maiores oportunidades de corrigir um falso julgamento original do que muitos de seus eleitores; tal consideração geralmente deve impedi-los (a menos que se encontrem na necessidade de escolher alguém em cuja imparcialidade eles não confiam totalmente) de exigir uma garantia de que o representante não mudará de opinião, ou se ele o fizer, renuncie à cadeira. Porém, quando uma pessoa desconhecida, não abonada em termos inequívocos por alguma alta autoridade, é eleita pela primeira vez, não se pode esperar que o eleitor não estabeleça a conformidade com os próprios sentimentos como condição primordial. Será suficiente se ele não considerar uma mudança subsequente desses sentimentos, honestamente confessada, com fundamentos declarados abertamente, como razão peremptória para retirar-lhe a confiança.

Mesmo supondo-se a capacidade mais experimentada e a proeminência reconhecida de caráter do representante, as opiniões particulares dos eleitores não devem ser deixadas inteiramente em suspenso. A deferência para com a superioridade intelectual não deve chegar a ponto de auto aniquilação – à abnegação de qualquer opinião pessoal. Mas, quando a diferença não está relacionada com os fundamentos da política, por mais convencido que o eleitor esteja dos próprios sentimentos, ele deve considerar que, quando um homem capacitado diverge dele, existe no mínimo uma chance considerável de estar enganado e que, mesmo se não for esse o caso, seria valioso que abandonasse a própria opinião, no que não for absolutamente essencial, em favor da inestimável vantagem de ter um homem capacitado para atuar por ele em inúmeros assuntos sobre os quais não está qualificado para formular um julgamento. Em tais casos, tentará frequentemente reconciliar os dois pontos de vista, induzindo o homem capacitado a sacrificar sua opinião em relação aos pontos de divergência; mas, para o homem capacitado prestar-se a esse compromisso, é uma traição para com seu encargo especial, abdicação de deveres peculiares da superioridade intelectual, dentre os quais um dos mais sagrados é não abandonar a causa contra a qual se eleva o clamor, nem excluir suas opiniões de seus serviços quando mais precisam delas. Um homem de consciência e capacidade reconhecida deve insistir na completa liberdade de ação conforme julgar melhor, segundo sua opinião, e não deve concordar em servir em quaisquer outras condições. Contudo, os eleitores têm o direito de saber de que maneira ele pretende agir; quais opiniões a respeito de todos os assuntos ligados com o dever público ele pretende adotar para guiar sua conduta. Se algumas dessas opiniões não forem aceitáveis, cabe-lhe provar que, apesar disso, ele merece representar seus eleitores; e, se eles forem sábios, fecharão os olhos para numerosas e grandes diferenças entre as opiniões do candidato e as deles, em favor do merecimento geral da opinião de seu candidato. Existem, contudo, algumas diferenças que não se pode esperar que os eleitores deixem de lado. Qualquer pessoa, que sinta pelo governo de seu país a soma de interesses que convém a um homem livre, possui algumas convicções sobre os assuntos nacionais que para ele são como a própria força vital; a intensidade com que acredita em tais convicções, juntamente com a importância que lhes atribui, impedem que ele as torne assunto de transigência ou que as transfira para o julgamento de qualquer pessoa, por mais acima que esta esteja dele. Tais convicções, quando existentes em um povo, ou em qualquer parte apreciável dele, têm o direito de influenciar na virtude de sua simples existência, e não somente na probabilidade de se basearem na verdade. Um povo não pode ser bem governado em oposição às suas noções primordiais do que é correto, mesmo que sejam errôneas em alguns pontos. Uma avaliação correta da relação que deve existir entre governantes e governados não exige que os eleitores aceitem ser representados por alguém que pretende governá-los em oposição às suas convicções fundamentais. Se os eleitores se beneficiam das habilidades do candidato quanto a outros aspectos, em ocasião quando os pontos, sobre os quais ele está inevitavelmente em desacordo com eles, provavelmente não serão discutidos, eles têm o direito de destituí-lo no primeiro momento em que surja uma questão envolvendo tais pontos, e sobre os quais não existe uma maioria certa do que julgam correto, para que torne sem importância a voz discordante de tal indivíduo. Deste modo (menciono nomes para esclarecer o assunto, não para qualquer aplicação pessoal), as opiniões que se supõem terem sido cogitadas pelo sr. Cobden e pelo sr. Bright com relação à existência à agressão estrangeira, deveriam ser desprezadas durante a Guerra da Criméia, quando havia um sentimento nacional esmagador a favor do lado contrário e que poderiam ainda conduzir adequadamente à rejeição pelos eleitores na época da questão chinesa (embora em si, uma questão mais duvidosa), porque era, então, um ponto de discussão se os seus pontos de vista sobre o caso deveriam prevalecer ou não.

Como resultado geral do que foi dito antes, podemos afirmar que garantias reais não devem ser exigidas, a menos que os eleitores, devido a circunstâncias sociais desfavoráveis ou instituições defeituosas, fiquem tão limitados em sua escolha que se sintam obrigados a fixar-se em uma pessoa presumivelmente sob a influência de parcialidades hostis aos seus interesses; que eles tenham direito ao completo conhecimento das opiniões políticas e sentimentos do candidato, e não só o direito, mas, muitas vezes, obrigação de rejeitar aquele que diverge deles em relação a poucos artigos que são os fundamentos de sua crença política; que em proporção à opinião que eles têm sobre a superioridade intelectual de um candidato, devem tolerar a expressão e atitude deste em relação às opiniões diferentes que eles possuem sobre qualquer número de questões não incluídas em seus artigos fundamentais de crença; que devem manter-se irredutíveis na busca de um representante de tal calibre que lhe possam confiar pleno poder para obedecer os ditames de seu julgamento; que devem considerar como um dever para com seus concidadãos, o maior esforço possível para colocar homens desse tipo na Legislatura; e que é de importância muito maior que sejam representados por um homem desses, do que por um que confesse estar de acordo com a maioria de suas opiniões; pois os benefícios de capacidade dele são certos, ao passo que a hipótese de estar errado e seus eleitores estarem certos em pontos de divergência é uma suposição muito duvidosa.

Discuti essa questão com base na suposição de que o sistema eleitoral, em tudo o que depende de instituição positiva, está de acordo com os princípios estabelecidos nos capítulos anteriores. Mesmo baseada nessa hipótese, a teoria da delegação de representação me parece falsa e sua operação prática me parece prejudicial, embora o dano causado ficaria, neste caso, dentro de certos limites. Mas, se a Constituição não reconhece as garantias através das quais procurei preservar o princípio representativo; se a representação das minorias não for instituída e nem se admitir qualquer diferença no valor numérico de votos, de acordo com algum critério da importância da educação possuída pelos eleitores; neste caso, não há palavras que possam exagerar a importância, em princípio, de deixar uma descrição livre ao representante, porque essa seria a única oportunidade, sob o sufrágio universal, para que outras opiniões, que não as da maioria, fossem ouvidas no Parlamento. Nesta democracia, falsamente assim chamada, que é realmente um governo exclusivo de classes ativas, sendo que todas as outras não são representadas nem ouvidas, a única maneira de escapar da legislação de classe em sua mais restrita ignorância política e forma mais perigosa, estaria baseada na inclinação que os não educados poderiam ter para escolher representantes educados, submetendo-se às opiniões destes. Seria razoável esperar-se certa disposição nesse sentido e tudo dependeria de cultivá-la até o ponto mais elevado. Todavia, uma vez investidas de onipotência política, se as classes ativas concordassem voluntariamente em impor, por esta ou por qualquer outra maneira, qualquer limitação considerável sobre a própria opinião e vontade, tais classes provariam ser mais sábias do que qualquer outra que possua poder absoluto que tenha sido mostrado ou, se podemos arriscar dizê-lo, que provavelmente venha a ser mostrado sob aquela influência corruptora.

CAPÍTULO XIII

DE UMA SEGUNDA CÂMARA

De todos os temas relacionados com a teoria do governo representativo, nenhum tem sido assunto de tanta discussão, especialmente no Continente, como o que se conhece por questão das Duas Câmaras. Esse tema tem ocupado a maior soma de atenção de pensadores do que muitas questões dez vezes mais importantes e é considerado uma espécie de pedra de toque que distingue partidários da democracia limitada daqueles pertencentes à democracia livre de controle. Quanto a mim, atribuo pouco valor a qualquer controle que uma Segunda Câmara possa aplicar à democracia de outro modo livre de controle; e inclino-me a pensar que, se todas as outras questões constitucionais forem resolvidas adequadamente, será de importância secundária o fato de o Parlamento ser formado por duas Câmaras ou somente por uma.

Se existirem duas Câmaras, elas podem ser tanto de composição semelhante quanto dessemelhante. No primeiro caso, ambas obedecerão às mesmas influências, e qualquer uma que possua maioria em uma das Casas, provavelmente possuirá na outra. É verdade que a necessidade de obter o consentimento de ambas para aprovação de qualquer medida pode, às vezes, tornar-se obstáculo para o aprimoramento, uma vez que, supondo-se que ambas as Casas sejam representativas e iguais em número de membros, uma parte que exceda ligeiramente um quarto da representação total possa impedir a aprovação de um Projeto, ao passo que, se houver somente uma, o Projeto certamente será aprovado se houver maioria simples. Mas o caso suposto é mais possível teoricamente do que provável de ocorrer na prática. Não acontecerá frequentemente que, de duas Casas semelhantemente compostas, uma seja quase unânime e a outra quase igualmente dividida; se a maioria em uma delas rejeitar a medida, haverá geralmente grande minoria desfavorável na outra; portanto, qualquer melhoramento, que pudesse ser dessa forma impedido, seria, em quase todos os casos, o que não alcançasse mais do que simples maioria no corpo inteiro; e a pior consequência resultante seria a demora por algum tempo para a aprovação da medida, ou daria origem a um novo apelo aos eleitores para verificar se a pequena maioria no Parlamento correspondia a uma maioria efetiva no país. A inconveniência da demora e a vantagem do apelo à nação seriam consideradas, nesse caso, quase igualmente equilibradas.

Atribuo pouca importância ao argumento em que mais frequentemente se insiste a favor de duas Câmaras – impedir precipitação e compelir a segunda deliberação; pois a assembleia representativa deve estar muito mal constituída para que as formas estabelecidas de funcionamento não exijam mais que duas deliberações. A consideração de mais peso, no meu entender, a favor de duas Câmaras (e esta considero de certa importância) é o efeito prejudicial produzido no espírito de qualquer detentor do poder, seja um indivíduo ou uma assembleia, pela consciência de ter de consultar somente um. Em assuntos de grande importância, é vital que nenhum grupo de pessoas seja capaz de, mesmo temporariamente, fazer prevalecer o *sic volo* sem pedir consentimento a quem quer que seja. Em uma assembleia única, quando a maioria assume um caráter permanente – quando composta das mesmas pessoas habitualmente agindo em conjunto e sempre vitoriosas na própria Casa – facilmente se torna despótica e arrogante, se não sentir a necessidade de considerar se seus atos merecem a aprovação de outra autoridade constituída. A mesma razão que induziu os romanos a ter dois cônsules torna desejável a existência de duas Câmaras: para que nenhuma das duas possa ficar exposta à influência corruptora do poder não dividido, mesmo pelo espaço de um único ano. Um dos requisitos mais indispensáveis na conduta prática da política, especialmente na administração de instituições livres, é a conciliação: facilidade para chegar a um acordo; boa vontade para conceder algo aos oponentes e dar forma às boas medidas a fim de ser o menos possível ofensivo com as pessoas de opiniões contrárias; e esse hábito salutar, ou seja, a atitude mútua de "conceder e tomar" (como é denominada), entre as duas Casas é uma escola perpétua; útil como tal mesmo agora, e sua utilidade provavelmente seria ainda melhor em uma constituição mais democrática do Legislativo.

Todavia, não é necessário que as Casas tenham a mesma composição; podem destinar-se ao controle uma da outra. Supondo-se que uma seja democrática, a outra naturalmente será constituída de maneira a servir, até certo ponto, de freio para a democracia. Porém, sua eficácia quanto a esse aspecto, depende totalmente do apoio social que obtenha fora da Casa. Uma assembleia que não esteja baseada em algum grande poder do país torna-se ineficaz contra a que possui tal apoio. Uma Casa aristocrática só é poderosa em um estado aristocrático da sociedade. A Casa dos Lordes já foi o poder mais forte de nossa Constituição e os Comuns eram um corpo fiscalizador; mas isso aconteceu quando os Barões eram quase o único poder do lado de fora. Não posso acreditar que, em um estado realmente democrático da sociedade, a Casa dos Lordes tivesse qualquer valor prático como moderador da democracia. Quando a força de um lado é fraca, em comparação ao outro, a maneira de torná-la eficaz não consiste em alinhar ambas e jogar-lhes a força em campo aberto, uma contra a outra. Essa tática conduziria à completa derrota da mais fraca. Só poderá agir com vantagem e não se isolar, compelindo a todos que se declarem a favor ou contra tal força, tomando uma posição entre a multidão ao invés de opor-se a ela e chamando a si os elementos mais capazes de se aliarem a ela em determinado ponto; não se exibindo de modo algum como corpo antagônico, provocando um reagrupamento geral contra si, mas funcionando como um dos elementos na massa mista, introduzindo o fermento e geralmente convertendo a parte mais fraca em mais forte por meio de sua influência. O poder realmente moderador em uma constituição democrática deve atuar dentro e por meio da Casa democrática.

Já sustentei anteriormente que deve haver, em qualquer governo, um centro de resistência ao poder predominante na Constituição – e, portanto, em uma constituição democrática, um núcleo de resistência à democracia; e considero esse princípio uma máxima fundamental de governo. Se qualquer povo que possua representação democrática estiver mais inclinado, devido a antecedentes históricos, a tolerar tal centro de resistência na forma de uma Segunda Câmara ou Casa de Lordes do que qualquer outra forma, isso constitui um forte motivo para que assim a tenha. Contudo, não me parece a melhor maneira em si, nem de qualquer modo, a mais eficaz para o objetivo em vista. Se existirem duas Casas, uma considerada representante do povo e outra representante somente de uma classe, ou que não seja representativa de modo algum, não acho que sendo a democracia o poder governante da sociedade, a segunda Casa teria qualquer capacidade real para resistir até mesmo às aberrações da primeira. Seria possível que tolerassem a existência por questão de hábito e associação, mas não como controle eficaz. Se exercitasse uma vontade independente, teria de fazê-lo no mesmo espírito geral com a outra Casa; para ser igualmente democrática e contentar-se em corrigir as inadvertências acidentais do ramo mais popular da Legislatura, ou competir com ela em medidas populares.

A praticabilidade de qualquer controle real da ascendência da maioria depende, daí por diante, da distribuição da força no ramo mais popular do corpo governante; e indiquei o modo pelo qual, conforme julgo melhor, um equilíbrio de forças pode ser estabelecido de modo mais vantajoso em tal corpo. Assinalei também que, mesmo se uma maioria numérica tiver permissão para exercer completo predomínio através de uma maioria correspondente no Parlamento, contanto que as minorias também tivessem permissão para ter igual direito que lhes cabe em virtude de rigorosos princípios democráticos, de serem representadas proporcionalmente aos seus números, tal dispositivo asseguraria a presença perpétua na Casa, pelo mesmo título popular como os outros membros, de tantos entre os primeiros intelectos do país; sem fossem colocados à parte ou investidos de qualquer prerrogativa hostil, essa porção da representação nacional teria uma influência pessoal muito maior do que em proporção à sua força numérica, e teria condições de formar, de maneira mais eficaz, o centro moral de resistência, que é necessário. Uma Segunda Câmara, portanto, não é necessária para esse propósito e não contribuiria para tal, mas talvez impediria sua realização através de algumas formas concebíveis. Contudo, se pelas outras razões já mencionadas, se tomasse a decisão no sentido de instituir tal Câmara, seria desejável que fosse composta de elementos que, sem se exporem à atribuição de interesses de classe contrários à maioria, a levasse a opor-se aos interesses de classe da maioria, qualificando-se para erguer a voz com autoridade contra erros e fraquezas daquela. Evidentemente, essas condições não são encontradas em um corpo constituído pelo mesmo modo que nossa Casa de Lordes. Assim que a posição convencional e as riquezas individuais não mais intimidarem a democracia, a Casa de Lordes torna-se insignificante.

De todos os princípios sobre os quais poderia ser construído um corpo sabiamente conservador, destinado a moderar e regular a ascendência democrática, o melhor parece ser o exemplificado pelo Senado Romano, o corpo mais consistentemente prudente e sagaz que já administrou os assuntos públicos. As deficiências de uma assembleia democrática, que representa o público em geral, são aquelas do próprio público, falta de preparo e conhecimento. O corretivo apropriado será associar-lhe um corpo que tenha o preparo e o conhecimento especiais como características. Se uma Casa representa o sentimento popular, a outra deve representar o mérito pessoal, provado e garantido por serviço público real e reforçado pela experiência prática. Se uma é a Câmara do Povo, a outra deve ser a Câmara dos Estadistas; um conselho composto de todos os homens públicos vivos que passaram através de cargos políticos ou empregos importantes. Tal Câmara seria apropriada para muito mais do que um simples corpo moderador. Não seria exclusivamente um controle, mas também uma força impulsora. Em suas mãos, o poder de conter o povo ficaria concentrado nos mais competentes e geralmente nos mais inclinados a conduzir o povo na direção correta. O conselho com a incumbência de retificar os erros do povo não representaria uma classe considerada oposta aos interesses desse povo e seria formado por seus líderes naturais no caminho do progresso. Nenhum modo de composição poderia aproximar-se de tal modo para dar importância e eficácia às funções de moderador. Seria impossível menosprezar um corpo sempre à frente da promoção de melhoramentos, como um corpo meramente obstrutor, seja qual fosse a soma de malefícios que pudesse obstruir.

Se houvesse um lugar vago na Inglaterra para tal Senado (nem preciso dizer que isso é uma mera hipótese), este poderia ser formado pelos seguintes elementos: todos os que fossem ou tivessem sido membros da Comissão Legislativa descrita em capítulo anterior, e qual considero como um ingrediente indispensável em um governo popular bem constituído; todos os que fossem e tivessem sido ministros da Suprema Corte ou presidentes de qualquer tribunal superior; todos os que tivessem exercido por cinco anos o cargo de juiz de categoria inferior; todos os que tivessem ocupado qualquer cargo no Gabinete por dois anos; esses, porém, também seriam elegíveis para a Casa dos Comuns e, caso fossem eleitos, a função de par do reino ou cargo senatorial ficaria suspensa. A condição do tempo é necessária para evitar a nomeação de certas pessoas para ministros de Gabinete, simplesmente para conceder-lhes assento no Senado; e o período de dois anos é sugerido para que o mesmo período que lhes dá direito à pensão possa também lhes dar o direito à senatoria; todos os que tivessem exercido o cargo de Comandante-chefe e todos os que, tendo comandado o exército ou a marinha, tivessem recebido agradecimentos do Parlamento por sucessos militares; todos os que tivessem desempenhado, por dez anos, cargos diplomáticos; todos os que tivessem sido governadores gerais da Índia ou da América Britânica e todos os que tivessem exercido durante dez anos o cargo de governador colonial. O serviço civil permanente também deveria ser representado; seriam senadores todos os que tivessem ocupado durante dez anos os cargos importantes de Subsecretário do Tesouro, Subsecretário permanente do Estado ou qualquer outro cargo elevado e de responsabilidade. Se, juntamente com as pessoas assim qualificadas pela experiência prática na administração de assuntos públicos, qualquer representação das classes especulativas fosse incluída – o que seria desejável – seria valioso considerar se certos professores de determinadas instituições nacionais, depois do exercício de alguns anos, deveriam ter acesso a uma cadeira no Senado. A simples proeminência científica ou literária é muito indefinida e discutível; implica poder de seleção, ao passo que as outras habilidades falam por si; se os escritos que contribuíram para a aquisição da reputação não estiverem ligados à política, não servem de prova das habilidades especiais exigidas, enquanto, se políticos, permitiriam que sucessivos Ministérios inundassem a Casa com instrumentos partidários.

Os antecedentes históricos da Inglaterra nos dão absoluta certeza de que, exceto no caso improvável de subversão violenta da Constituição atual, qualquer Segunda Câmara que pudesse existir teria de ser construída com base na Casa de Lordes. Está fora de questão pensar praticamente em abolir essa assembleia, para substituí-la por um senado conforme esbocei ou por qualquer outro; mas talvez não seja a mesma dificuldade insuperável agregar as classes e categorias mencionadas acima ao corpo existente, no caráter de Pares do Reino pela vida. Um passo posterior e talvez necessário, de acordo com essa hipótese, seria que a aristocracia hereditária poderia estar presente na Casa através de seus representantes e não pessoalmente; uma prática já estabelecida no caso dos Pares escoceses e irlandeses e que a simples multiplicação da ordem provavelmente tornará inevitável cedo ou tarde. Uma fácil adaptação do plano do sr. Hare evitaria que os Pares representativos representassem exclusivamente o partido que possui a maioria na Aristocracia. Se, por exemplo, se permitisse um representante a cada dez pares, seria admissível que cada dezena escolhesse um representante, e os pares teriam a liberdade de agrupar-se como quisessem para esse fim. A eleição seria conduzida dessa forma: todos os pares que fossem candidatos para representação da ordem teriam de declará-lo e colocar seus nomes em uma lista. Um dia e local deveriam ser indicados, quando os pares desejosos de votar deveriam estar presentes, pessoalmente ou pela maneira usual no Parlamento, através de seus procuradores. Os votos seriam recolhidos, cada par votando somente em um. Cada candidato que obtivesse dez votos deveria ser declarado eleito. Se qualquer um tivesse mais votos, somente se permitiria a dez a retirada dos votos, ou se escolheriam dez dentre aquele número, por sorteio. Esses dez formariam seu eleitorado, e o restante de seus eleitores teria a liberdade de votar novamente em outra pessoa. Esse processo deveria ser repetido até que (tanto quanto possível) cada par presente ficasse representado pessoalmente ou por procurador. Quando restasse um número menor que dez que totalizasse cinco, eles teriam a permissão de escolher um representante; se tal número fosse menor que cinco, seus votos seriam perdidos ou teriam permissão para registrá-los em favor de alguém que já tivesse sido eleito. Com essa exceção sem importância, cada par representante figuraria por dez membros do partido, ou seja, por todos os que tivessem não só votado nele, mas que o tivessem escolhido como representante, entre todos que se apresentaram para a escolha e, através dos quais, eles gostariam de ser representados. Como uma compensação para os pares que não fossem escolhidos como representantes da ordem, eles deveriam ser elegíveis na Casa dos Comuns; um direito recusado atualmente aos Pares da Escócia e da Irlanda em suas partes do reino, enquanto a representação na Casa dos Lordes de qualquer partido que não seja o mais numeroso é negada igualmente a ambas.

O modo de compor o Senado, sustentado aqui, não só parece o melhor em si, mas é aquele que conta em maior extensão com o precedente histórico e sucesso real brilhante. Não é, contudo, o único plano viável que pode ser proposto. Outro modo possível de formar uma Segunda Câmara seria elegê-la pela primeira; sujeita à restrição de não nomear qualquer de seus membros. Tal assembleia emanando da escolha popular como o Senado americano, afastada somente uma vez, não iria considerar a possibilidade de entrar em choque com as instituições democráticas e provavelmente adquiriria considerável influência popular. A partir do modo de sua nomeação, seria provavelmente impossível que despertasse a rivalidade da Casa popular ou que entrasse em colisão hostil com ela. Além disso, (a devida provisão sendo feita por representação da minoria) seria quase certo que teria boa composição e incluiria grande parte de homens altamente capazes que, acidentalmente ou pela falta de qualidades ostentosas, não se sentiriam inclinados a procurar ou não seriam capazes de obter os sufrágios do eleitorado popular.

A melhor constituição de uma Segunda Câmara é aquela que abrange o maior número de elementos, excluindo-se os interesses de classe e preconceitos da maioria, mas que não tivesse nada ofensivo em relação ao sentimento democrático. Contudo, repito que a principal segurança para controlar a ascendência da maioria não pode ser colocada em uma Segunda Câmara, seja ela de que espécie for. O caráter de um governo representativo é estabelecido pela constituição da Casa popular. Comparada com essa questão, todas as outras que estão relacionadas com a forma de governo tornam-se insignificantes.

CAPÍTULO XIV

PODER EXECUTIVO EM GOVERNO REPRESENTATIVO

Seria inadequado nesse tratado discutir a questão sobre em que departamentos ou ramos o poder executivo do governo pode ser mais convenientemente distribuído. Nesse aspecto, as exigências de diferentes governos são diversas e há pouca probabilidade de que qualquer erro sério seja cometido na classificação dos deveres quando os homens estiverem desejosos de começar pelo início e não se sentirem obrigados por uma série de acidentes que, em um governo antigo como o nosso, originou a existente divisão dos assuntos públicos. Será suficiente dizer que a classificação dos funcionários deveria corresponder àquela dos assuntos e que não deveria haver vários departamentos independentes um do outro para supervisionarem partes diversas do mesmo todo, conforme ocorria na administração militar até pouco tempo atrás e, em menor grau, até agora. Onde o objetivo a ser atingido for único, por exemplo, o de possuir um exército eficaz, a autoridade comissionada incumbida deve ser, da mesma forma, única. O conjunto inteiro de meios fornecidos para uma finalidade deve estar sob um único e mesmo controle e responsabilidade. Se forem divididos entre autoridades independentes, os meios, de cada uma dessas autoridades, passarão a ser finalidades e, somente o chefe de Governo, que provavelmente não possui a experiência departamental adequada, será responsável por cuidar da principal finalidade. As diferentes classes de meios não se combinam ou se adaptam uma à outra sob a orientação de uma ideia diretora e, enquanto cada departamento leva adiante as próprias necessidades, sem considerar aquelas dos demais, o propósito da obra será permanentemente sacrificado à própria obra.

Como regra geral, cada função executiva, quer superior ou subordinada, deve ser compromisso estabelecido de um determinado indivíduo. A todos deve ficar evidente aquele que tudo fez e aquele, por cuja falha, coisas foram deixadas sem fazer. A responsabilidade é nula quando não se conhece o responsável. Nem, mesmo quando é real, é possível dividi-la sem enfraquecê-la. Para mantê-la no posto mais alto, deve haver alguém que receba todos os louvores por aquilo que foi bem feito e toda a censura pelo mal feito. Contudo, há dois modos de se compartilhar a responsabilidade: por um apenas se enfraquece, pelo outro, destrói-se em absoluto. Enfraquece-se quando a colaboração de mais de um funcionário é necessária para a mesma ação. Cada um deles ainda possui uma responsabilidade real. Se algo errado foi cometido, nenhum deles poderá dizer que não o cometeu, pois ele é tão participante quanto cúmplice em uma ofensa. Se houve criminalidade legal, os dois podem ser punidos legalmente, e tal punição não necessita ser menos severa do que se apenas uma pessoa estivesse envolvida. Mas isso não ocorre apenas com os castigos, mas também com as recompensas da opinião: estas ficam sempre diminuídas por serem compartilhadas. Onde não houve nenhuma ofensa legal definida, corrupção ou malversação, mas apenas um erro ou imprudência, ou algo que seja entendido como tal, todo participante achará desculpa para si e para o mundo pelo fato de outras pessoas estarem envolvidas juntamente com ele. Dificilmente há qualquer coisa, mesmo em relação à desonestidade pecuniária, pela qual os homens não se sintam quase absolvidos se, aqueles cujo dever era resistir e censurar, falharam ao fazê-lo e, ainda mais, deram consentimento formal.

Nesse caso, contudo, embora a responsabilidade esteja enfraquecida, ela ainda existe: todos os envolvidos, em sua capacidade individual, concordaram e se juntaram ao ato. As coisas tornam-se muito piores quando o ato em si é somente o da maioria – de Conselho que delibera a portas fechadas, sem ninguém saber, ou, a não ser em algum caso extremo, sabendo provavelmente se um membro individual votou a favor ou contra o ato. A responsabilidade, nesse caso, não passa de uma simples denominação. "Conselhos", diz Bentham com propriedade, "são escudos". O que "o Conselho" faz não é ato de ninguém e ninguém pode ser chamado a responder por ele. O Conselho sofre, mesmo na reputação, apenas em seu aspecto coletivo, e nenhum membro individualmente o sente mais do que sua inclinação o leve a identificar sua estima com a do corpo – um sentimento frequentemente muito forte quando o corpo é permanente, e a ele está unido em todas as situações. Mas as flutuações de uma carreira militar moderna não dão tempo para a formação do "*esprit de corps*" (espírito de corporação), o qual, se realmente existe, existe apenas nas fileiras dos subordinados permanentes. Conselhos, portanto, não são um instrumento adequado para funções executivas e apenas admitidos para elas quando, por outras razões, fosse pior conceder pleno poder discriminatório a um único ministro.

Por outro lado, é também a máxima de experiência que na multidão de conselheiros haveria sabedoria e que um indivíduo raramente julga com acerto, mesmo a respeito dos próprios interesses e menos ainda dos interesses públicos, quando faz uso habitual de qualquer conhecimento, a não ser o seu ou de um único conselheiro. Não existe nenhuma incompatibilidade necessária entre esse princípio e o outro. É fácil conceder o poder efetivo e a total responsabilidade a alguém fornecendo-lhe, quando necessário, conselheiros, cada um deles responsável apenas pela opinião que der.

Em geral, o chefe de um departamento do governo executivo é um simples político. Pode ser um bom político e um homem de méritos e, a menos que seja esse o caso, o governo é mau. Mas sua capacidade geral e o conhecimento que ele deve possuir sobre os interesses gerais do país não serão, a não ser por acaso, acompanhados pelo conhecimento adequado, o qual pode ser chamado de profissional, do departamento que ele presidirá. Portanto, será necessário que lhe forneçam conselheiros profissionais. Sempre que a simples experiência e o conhecimento forem suficientes – sempre que um único indivíduo bem escolhido possa reunir as qualidades necessárias a um conselheiro profissional (como, nesse caso, um oficial da lei), tal pessoa para os propósitos gerais e uma equipe de funcionários que forneça o conhecimento dos detalhes, satisfazem as exigências dessa circunstância. Entretanto, mais frequentemente, não é suficiente que o ministro deva consultar apenas uma pessoa competente e, quando ele mesmo não estiver inteirado do assunto, aja implicitamente conforme o conselho de tal pessoa. Muitas vezes é necessário que ele ouça, não apenas ocasionalmente, mas habitualmente, diversas opiniões e exponha a sua por meio de discussões dentro do corpo de conselheiros. Isso, por exemplo, torna-se enfaticamente necessário nos assuntos militar e naval. Portanto, os ministros militar e naval, e provavelmente vários outros, deveriam dispor de um Conselho composto, pelo menos nesses dois departamentos, de profissionais competentes e experientes. Para conseguir os melhores homens para tais propósitos em toda mudança de administração, eles deveriam ser permanentes. Com isso quero dizer que eles não deveriam, como os Lordes do Almirantado, se demitir juntamente com o ministro que os nomeou, mas seria uma boa regra que todos que ocupem cargos elevados aos quais chegaram por meio de seleção, e não pelo curso normal da promoção, conservem o cargo apenas por um período fixo, a menos que sejam novamente nomeados, como são as atuais regras para as nomeações do Estado-maior do Exército Britânico. Tal regra torna menos provável que as nomeações permitam abusos, não constituindo fonte de provisão para a vida toda e, ao mesmo tempo, proporciona meios, sem ofender a ninguém, de ver-se livres daqueles que não merecem ser mantidos e convocar pessoas mais jovens altamente qualificadas, para quem nunca haveria oportunidade se tivessem de esperar por vagas por motivo de falecimento ou renúncias voluntárias.

Os Conselhos deverão ser meramente consultivos, de tal forma que a decisão final deverá caber individualmente ao próprio ministro. Mas nem devemos considerá-los e nem mesmo eles devem se considerar cifras ou possíveis de serem reduzidos a tais ao bel-prazer do ministro. Os conselheiros ligados a um indivíduo poderoso e talvez voluntarioso devem ser colocados sob condições que não os impeçam, sem descrédito, de expressar uma opinião, assim como não impeçam tal indivíduo de ouvir e considerar suas recomendações, quer o ministro as adote ou não. A relação que deve existir entre um chefe e sua representação de conselheiros é exatamente representada pela constituição do Conselho do Governador Geral e das diferentes lideranças na Índia. Esses Conselhos são compostos de pessoas que têm conhecimento profissional dos assuntos indianos, que usualmente não o têm o Governador Geral e os Governadores, e que não seria desejável exigir deles. Via de regra, espera-se que cada membro do Conselho dê sua opinião, a qual é, sem dúvida, em muitas ocasiões, um simples consentimento. Mas se houver diferença de sentimentos, cada membro, assim como o Governador Geral ou o Governador terão a opção de registrar os motivos para sua opinião, o que constitui prática invariável. Nos casos comuns a decisão está de acordo com a opinião da maioria; portanto, o Conselho representa uma parte fundamental no governo. Contudo, se o Governador Geral ou o Governador achar conveniente, ele poderá deixar de lado mesmo as opiniões unânimes dos conselheiros, registrando as razões. O resultado é que o chefe é individualmente e efetivamente responsável por todos os atos do Governo. Os membro do Conselho têm apenas a responsabilidade de conselheiros, mas sempre se soube, por meio de documentos que podem ser usados como prova, e, se assim exigir o Parlamento ou a opinião pública, serão sempre apresentados, o que cada um deles aconselhou e quais as razões para tal conselho, ao mesmo tempo que, devido à sua posição importante e à sua ostensiva participação em todos os atos do governo, tais membros têm motivos quase tão fortes para se devotarem aos assuntos públicos e formar e expressar uma opinião bem ponderada sobre cada parte deles, como se toda a responsabilidade recaísse sobre eles próprios.

Esse modo de conduzir a classe mais elevada dos assuntos administrativos é um dos exemplos mais felizes da adaptação dos meios aos fins que a história política, até então não muito prolífera em obras de habilidade e de artifícios, ainda tem de apresentar. É uma das aquisições com as quais a arte da política tem sido enriquecida pela experiência da administração da Companhia das Índias Ocidentais; e, como a maioria dos outros sábios artifícios através dos quais a Índia foi preservada para a Grã-Bretanha e de um bom governo produzido, o que é verdadeiramente admirável, considerando-se as circunstâncias e os componentes, está provavelmente fadado a perecer no holocausto geral que as tradições do governo da Índia parecem estar destinadas a sofrer, desde que foram postas à mercê da ignorância pública e da vaidade presunçosa dos políticos. Já se ergue um clamor pela abolição dos Conselhos como um obstáculo supérfluo e caro nas engrenagens do governo, enquanto o clamor tem há muito insistido e a cada dia conseguido mais apoio nos mais altos escalões pela anulação do serviço civil profissional, o qual forma os homens que compõem os Conselhos e cuja existência é a única garantia de qualquer valor que possam ter.

Um dos princípios mais importantes para um bom governo em uma constituição popular é que nenhum funcionário executivo seja nomeado por eleição popular, nem pelos votos do próprio povo e nem pelos de seus representantes. Todas as funções do governo são empregos qualificados; tais qualificações, para serem desempenhadas, são de natureza particular e profissional, as quais não podem ser propriamente julgadas a não ser pelas pessoas que possuam alguma parte ou alguma experiência prática dessas qualificações. Encontrar os indivíduos mais adequados para ocupar os cargos públicos – não simplesmente selecionando os melhores que se ofereçam, mas procurando pelos absolutamente melhores e observando todos aqueles que sejam encontrados e que possam ser convocados quando forem requisitados, é uma tarefa árdua que requer discernimento sutil tanto quanto consciencioso. Assim como não há nenhum dever público que em geral seja tão mal desempenhado, da mesma forma não há nenhum para o qual seja de grande importância exigir a maior soma possível de responsabilidade pessoal, impondo-o como uma obrigação especial aos altos funcionários nos diversos departamentos. Todos os funcionários públicos subordinados, que não sejam nomeados por algum modo de concurso público, deveriam ser selecionados sob a direta responsabilidade do ministro ao qual servem. Os ministros, todos, exceto o chefe, são naturalmente escolhidos pelo primeiro-ministro, e este, embora designado pelo Parlamento, oficialmente nomeado pela Coroa. O funcionário que nomeia deve ser a única pessoa autorizada a afastar qualquer funcionário subordinado passível de afastamento, o que não deve se dar com a maior parte a não ser por má conduta pessoal. Dessa forma, seria inútil esperar que o corpo de indivíduos, pelo qual transitam todos os detalhes dos assuntos públicos e cujas qualificações são geralmente de muito maior importância para o público do que as do próprio ministro, se dedicasse à sua profissão e adquirisse o conhecimento e a habilidade das quais, em muitas ocasiões, depende o ministro, se estivessem sujeitos, a qualquer momento, a serem dispensados sem razão para que o ministro pudesse se satisfazer ou promover seus interesses políticos nomeando outra pessoa.

Deve o chefe do Poder Executivo, em um governo republicano, ser exceção ao princípio que condena a nomeação de funcionários executivos através do voto popular? Seria uma boa regra aquela que, na Constituição Americana, determina eleição para Presidente a cada quatro anos pelo povo todo? A questão não é fácil de ser respondida. Indiscutivelmente há alguma vantagem, em um país como a América, onde não se nutre apreensão em relação a um golpe de Estado, em fazer o ministro-chefe constitucionalmente independente do corpo legislativo, fornecendo aos dois grandes ramos do governo um efetivo controle de um sobre o outro, embora igualmente populares em sua origem e responsabilidade. O plano está de acordo com a tentativa diligente para evitar a concentração de poder nas mesmas mãos, característica acentuada na Constituição Federal Americana. Mas a vantagem, nesse caso, é adquirida a um preço acima de todas as estimativas razoáveis de seu valor. Seria muito melhor que o primeiro magistrado em uma república devesse ser indicado confessadamente, assim como o primeiro-ministro em uma monarquia constitucional é virtualmente indicado pelo corpo representativo. Em primeiro lugar, é certo que, dessa forma indicado, ele seja um homem mais eminente. O partido que detém a maioria no Parlamento, via de regra, indicaria seu próprio líder, o qual seria sempre uma das pessoas mais importantes, senão a mais importante, na vida política, ao passo que o Presidente dos Estados Unidos, desde que o último sobrevivente dos fundadores da república americana desapareceu, é quase sempre um homem obscuro ou alguém que tenha conseguido reputação em algum outro campo que não o da política. E, como havia observado antes, não se trata de nenhum acaso, mas sim da consequência natural de tal circunstância. Os homens eminentes de um partido, em uma eleição que se estenda por todo o país, nunca serão seus candidatos mais disponíveis. Todos os homens eminentes fizeram inimigos pessoais, ou fizeram algo ou, no mínimo, emitiram uma opinião detestável em relação a determinada parte considerável da comunidade, local ou não, capaz de causar efeito fatal ao número de votos; ao passo que um homem sem antecedentes, de quem nada se sabe a não ser que professa o credo do partido, recebe prontamente os votos de todo aquele eleitorado. Outra consideração é o grande mal da campanha eleitoral. Quando a mais alta dignidade do Estado é conferida pela eleição popular com intervalo de poucos anos, todo o tempo intermediário é gasto naquilo que é virtualmente uma angariação de votos. Presidentes, ministros, chefes de partidos e seus seguidores, são todos propagandistas eleitorais. Toda a comunidade mantém-se atenta às meras personalidades da política e toda questão pública é discutida e decidida preocupando-se menos com seus méritos do que com o propósito esperado na eleição presidencial. Se um sistema fosse planejado para tornar o espírito partidário o princípio regulador da ação em todos os assuntos políticos e criar um estímulo não apenas para fazer de cada questão uma questão partidária, mas para suscitar questões com o objetivo de servir de fundamento aos partidos, teria sido difícil produzir meios melhores que se adaptassem a tal objetivo.

Não vou afirmar aqui que, em todas as ocasiões e lugares, fosse desejável que o chefe do poder executivo devesse depender tão inteiramente dos votos de uma assembleia representativa como ocorre, sem qualquer inconveniente, com o primeiro-ministro na Inglaterra. Caso se julgasse melhor evitar tal situação, ele poderia, embora nomeado pelo Parlamento, manter seu cargo por um período fixo, independente do voto parlamentar, o que seria o sistema americano, sem a eleição popular e seus males. Há um outro modo de conceder ao chefe da administração tanta independência em relação ao Poder Legislativo quanto a que for compatível com elementos essenciais do governo livre. Nunca estaria indevidamente dependente de um voto do Parlamento se tivesse, como o primeiro-ministro britânico praticamente tem, o poder de dissolver a Câmara e apelar para o povo se, ao invés de ser afastado do cargo por um voto hostil, ele pudesse ser reduzido através de tal voto a escolher a renúncia ou a dissolução. Creio que seria desejável que o primeiro-ministro tivesse o poder de dissolver o Parlamento, mesmo sob o sistema que lhe assegura o mandato por um período fixo. Não deveria haver qualquer possibilidade para tal impasse na política, o qual resultaria no rompimento entre o Presidente e a Assembleia, nenhum deles, tendo quaisquer meios legais de se livrar um do outro durante um período de tempo que poderia durar anos. Atravessar esse período sem que se tente um golpe de estado, da parte de qualquer um dos lados ou de ambos, requer tal combinação de amor pela liberdade e hábito de autocontenção do qual muito poucas nações têm se mostrado capazes. Embora se evitasse essa situação extrema, esperar que as duas autoridades não interrompessem as operações uma da outra, seria supor que a vida política do país será sempre permeada pelo espírito de tolerância e transigência mútuas, que não chega a perturbar as paixões e entusiasmos das lutas partidárias mais ardentes. Tal espírito pode existir, mas mesmo onde exista, seria imprudente levá-lo longe demais.

Outros motivos tornam desejável que algum poder no Estado – o qual pode ser apenas o executivo – deva ter a liberdade, em qualquer ocasião e sem restrições, de convocar o Parlamento. Quando há dúvida real sobre qual dos dois partidos concorrentes possui a mais forte adesão, é importante que haja meios constitucionais para pôr em prova a questão imediatamente e resolvê-la. Nenhum outro assunto político terá a oportunidade de ser adequadamente atendido enquanto tal situação não for decidida. Tal período é sobretudo um intervalo com propósitos a interromper o aperfeiçoamento legislativo e da administrativo, nenhum partido confiando o bastante em sua força para tentar atitudes que provavelmente provocarão a oposição em qualquer terreno que possua influência direta ou indireta na luta pendente.

Não levei em consideração o caso no qual o amplo poder centralizado no primeiro magistrado e a insuficiente dedicação da massa popular às instituições livres lhe concedam uma chance de sucesso ao tentar subverter a Constituição e usurpar o poder soberano. Quando tal perigo existir, não se admitirá que o Parlamento não possa, através de um único voto, destituir o primeiro-ministro de seu cargo e passar a ter uma condição particular. Se tais circunstâncias encorajarem a mais audaciosa e condenável de todas as quebras de confiança, mesmo essa inteireza de dependência constitucional será apenas uma fraca proteção.

De todos os funcionários do governo, aqueles cuja nomeação é a mais censurável pela participação do voto popular, são os judiciários. Ao mesmo tempo que não existem funcionários cujas qualificações especiais e profissionais sejam menos adequadas para serem avaliadas pelo julgamento popular, não há nenhum em cujo caso a imparcialidade absoluta e a independência de ligação com políticos ou grupos de políticos seja de igual importância. Alguns pensadores, dentre outros o sr. Bentham, são de opinião que, embora seja preferível que os juízes não devam ser nomeados pela eleição popular, o povo de seu distrito deveria ter o poder, após suficiente experiência, de afastá-los de seus cargos. Não se pode negar que a incapacidade de afastar um funcionário público, a quem foram confiados grandes interesses, é em si um mal. Está longe de se desejar que não haja nenhum meio para afastar um juiz mau ou incompetente, a não ser por conduta irregular pela qual possa ser chamado a responder em um tribunal criminal, tão pouco que um funcionário, de quem tal juiz tanto depende, deva sentir-se livre da responsabilidade exceto da opinião e de sua consciência. A questão, contudo, constitui em saber se, na posição particular de um juiz e supondo-se que todas as precauções possíveis foram tomadas para uma nomeação honesta, a irresponsabilidade, exceto em sua consciência e na consciência pública, não terá no geral menos tendência para perverter sua conduta do que terá a responsabilidade para com o governo ou o voto popular. A experiência há muito respondeu essa questão afirmativamente, no que diz respeito à responsabilidade do executivo, e o caso é igualmente forte quando a responsabilidade, que se procurou tornar efetiva, tem relação com os votos dos eleitores. Dentre as boas qualidades de um eleitorado popular, aquelas que particularmente são incumbências de um juiz, ou seja, calma e imparcialidade, não se contam. Felizmente, na intervenção do voto popular, o qual é essencial para a liberdade, estas não são as qualidades que se exigem. Mesmo a qualidade da justiça, embora necessária a todos os seres humanos e, portanto, a todos os eleitores, não representa o estímulo que decide uma eleição popular. A justiça e a imparcialidade são tão pouco requisitadas para eleger um membro do Parlamento quanto podem ser para qualquer transação dos homens. Os eleitores não têm de conceder algo a que tenha direito um candidato e nem julgar os méritos gerais dos concorrentes, mas sim declarar em qual deles mais confiam e qual melhor representa suas convicções políticas. Um juiz tem a obrigação de tratar seu colega político, ou uma pessoa de sua familiaridade, exatamente da mesma forma que trata as outras pessoas; mas, se um eleitor agisse dessa maneira, tal fato representaria igualmente quebra de dever e um absurdo. Não se pode basear nenhum argumento no efeito benéfico produzido pela jurisdição moral da opinião sobre os juízes ou sobre qualquer outro funcionário pois, mesmo nesse aspecto, aquilo que realmente exerce um controle útil sobre a conduta de um juiz, quando este está capacitado para o cargo, não é – exceto em algumas ocasiões em situações políticas – a opinião da comunidade em geral, mas a do único público que pode devidamente avaliar sua conduta ou aptidões, o foro de seu tribunal. Não devo ser interpretado como alguém que afirma que a participação do público, em geral, na administração da Justiça não seja importante; ao contrário, é da maior importância: mas de que maneira? Pelo desempenho real de uma parte da função judicial, ou seja, na capacidade dos jurados. Este é um dos poucos casos em política no qual é preferível que o povo aja direta e pessoalmente do que através de seus representantes; sendo quase o único caso no qual os erros que uma pessoa no exercício da autoridade possa vir a cometer sejam mais bem suportados do que as consequências de responsabilizá-la por eles. Se um juiz pudesse ser afastado do cargo pelo voto popular, aquele que desejasse afastá-lo tiraria proveito de suas decisões para tal propósito. Além disso, levaria tais decisões tão longe quanto possível, através do apelo irregular perante a opinião pública totalmente incompetente por falta de conhecimento sobre o caso ou por tomar conhecimento dele sem as precauções ou a imparcialidade inerentes à audiência judiciária. Da mesma forma, se aproveitaria da paixão popular e preconceito, onde existissem e se esforçaria para fazê-los surgir onde não existissem. E para isso, se fosse interessante e se empenhasse o bastante, seria infalivelmente bem-sucedido, a menos que o juiz ou seus amigos descessem até a arena e dirigissem apelos igualmente poderosos ao outro lado. Os juízes acabariam sentindo que arriscavam seus cargos por conta de cada decisão tomada em um caso suscetível de interesse geral e que para eles era menos importante considerar qual decisão era justa do que qual delas mereceria ser mais aplaudida pelo público, ou que menos desse margem a embuste insidioso. Receio que se constate que a prática introduzida por algumas das novas e revisadas Constituições Estaduais na América se submeter os funcionários judiciários à periódica reeleição popular venha a ser um dos erros mais perigosos até então cometidos pela democracia. Não fosse a reação que se diz estar sendo produzida pelo bom senso prático que nunca abandona o povo americano, a qual provavelmente não levará muito tempo para conduzir à retratação de tal erro, ele poderia, com razão, ser considerado como o primeiro grande passo na degeneração do governo democrático moderno.[37]

Com relação ao grande e importante corpo que constitui a força permanente do serviço público, aqueles que não se transformam com as mudanças políticas, mas seguem para ajudar a cada ministro com suas experiências e tradições, para informá-lo, através de seu conhecimento do assunto, de como conduzir os detalhes oficiais sob seu controle geral; em suma, aqueles que formam a classe de servidores públicos profissionais que entraram para a profissão, assim como outros, ainda jovens, na esperança de subir progressivamente na profissão à medida em que avançam na vida, é evidentemente inadmissível que estejam sujeitos à demissão e destituídos de todo o benefício de seus serviços anteriores, a não ser que se prove má conduta positiva e grave. Sem dúvida, não será qualquer negligência que os tornará responsáveis perante a lei, mas a negligência voluntária do dever ou conduta que implique falta de confiança para os propósitos que lhes foram confiados. Portanto, uma vez que, no caso de culpa pessoal, não haja nenhum modo de afastá-los, exceto aposentando-os do serviço público, será de grande importância que as nomeações sejam bem feitas à primeira instância, e resta considerar como tal nomeação poderia ser feita para que esse propósito fosse alcançado.

Ao se fazer as primeiras nomeações, deve-se recear pouco pela

(37) Fui, contudo, informado que nos Estados americanos que adotaram juízes eletivos, a escolha não é realmente feita pelo povo, mas sim pelos líderes de partidos. Nenhum eleitor que jamais pense em votar em um candidato que não seja o do partido e, que, consequentemente, o indivíduo eleito é usualmente de fato o mesmo que teria sido nomeado para o cargo pelo presidente ou pelo governador do Estado. Dessa forma uma prática ruim limita e corrige outra e, o hábito de votar em massa sob a bandeira de um partido, que é tão prejudicial em todos os casos nos quais a função de eleger é, de forma acertada, investida no povo, tende a aliviar um mal ainda maior em um caso em que o funcionário a ser eleito *deveria* ser escolhido não pelo povo, mas para o povo. (N. A.)

falta de habilidade e conhecimento especiais daqueles que escolhem, mas muito pela parcialidade e interesse particular e político. Sendo geralmente nomeados no começo da maioridade e não tendo aprendido, mas desejosos de aprender, sua profissão, a única coisa pela qual se pode distinguir os melhores candidatos é a eficiência nos ramos comuns da educação liberal, sendo isso constatado sem dificuldades, contanto que aqueles nomeados para tal investigação estejam investidos dos esforços e imparcialidade necessários. Não se poderia esperar de um ministro nem uma e nem a outra condição, o qual deve confiar inteiramente nas recomendações e, por mais desinteressado que possa estar com relação a seus desejos pessoais, não poderá nunca resistir às solicitações de pessoas que têm o poder de influenciar em sua eleição, ou cujo apoio político seja importante para o ministério ao qual pertence. Tais considerações introduziram a prática de submeter todos os candidatos à primeira nomeação a um exame público, dirigido por pessoas sem comprometimento político, da mesma classe e natureza que os examinadores para cargos honoríficos nas Universidades. Este talvez fosse o melhor plano em qualquer sistema; e, sob o governo parlamentar inglês, ele é o único que proporciona uma oportunidade, não direi de nomeação honesta, mas até mesmo de abstenção daquelas que são confessada e flagrantemente regulares.

Torna-se também absolutamente necessário que os exames sejam oferecidos através de concurso, e as nomeações concedidas àqueles que se saírem melhor. Uma simples aprovação no exame, no fim das contas, nunca faz mais do que excluir os menos capacitados. Quando a questão, no espírito de um examinador, está entre frustrar as perspectivas de um indivíduo e negligenciar um dever com o público, o que, nesse exemplo, em particular, raramente parece de grande importância e, quando ele tem a certeza de que será amargamente censurado na primeira hipótese, do mesmo modo que ninguém em geral saberá ou se importará com a segunda hipótese, a balança, a menos que tal examinador seja homem de caráter incomum, se inclinará para o lado do bom caráter. O afrouxamento em um caso estabelece a mesma reivindicação para outros, tornando-se mais difícil resistir cada vez que tal indulgência é repetida. Cada uma delas, sucessivamente, torna-se precedente para mais, até que o padrão da eficiência seja gradativamente reduzido a algo quase desprezível. Os exames para graduações nas duas grandes universidades têm, em geral, sido tão fracos em suas exigências quanto aqueles para cargos são difíceis e sérios. Onde não há estímulo para exceder um determinado mínimo, o mínimo se tornará o máximo, tornando-se prática geral não almejar mais e, como em tudo há sempre alguém que não consegue tudo que almeja, por mais baixo que o padrão seja fixado, sempre haverá muitos que não corresponderão a ele. Quando, ao contrário, as nomeações são concedidas àqueles, dentre um grande número de candidatos, que mais se distinguem e em que os concorrentes bem-sucedidos são classificados por ordem de merecimento, não apenas cada um deles será estimulado a fazer o seu melhor, mas tal influência se fará sentir em cada lugar de educação liberal por todo o país. Torna-se objeto de ambição para cada professor, e uma passagem para o sucesso ter preparado discípulos que conseguiram uma alta colocação em tais concursos; e dificilmente haverá outro modo pelo qual o Estado possa fazer tanto para elevar a qualidade das instituições educacionais em todo o país. Embora o princípio dos exames por meio de concurso para empregos públicos tenha sido apenas recentemente introduzido no país e ainda seja realizado de maneira imperfeita, sendo o serviço da Índia até agora quase o único caso em que existe em sua inteireza, um efeito sensível já começou a ser produzido nos locais de educação de classe média, apesar das dificuldades que o princípio encontrou no estado vergonhosamente baixo da educação existente no país, para o qual esses mesmos exames trouxeram uma intensa luz. Verificou-se que o padrão de conhecimento era tão baixo entre os jovens que são indicados por um ministro, que é permitido que se apresentem como candidatos, que a competição entre eles gera um resultado quase mais pobre do que aquele que conseguiria uma simples aprovação em um exame; pois ninguém pensaria em fixar condições tão baixas para aprovação nesse exame como de fato se verificam ser suficientes para possibilitar que um jovem supere outros candidatos. Assim sendo, diz-se que os anos consecutivos mostram, no todo, uma queda de conhecimentos, menos esforços sendo feitos porque os resultados dos primeiros exames provaram que os esforços até então empregados foram maiores do que teriam sido suficientes para atingir o objetivo. Em parte devido a essa diminuição de esforço, em parte porque, mesmo nos exames que não requerem uma indicação prévia, a ignorância consciente reduz o número de concorrentes a um simples punhado. Acontece que, embora sempre haja alguns casos de grande eficiência, a parte inferior da lista de candidatos aprovados representa apenas uma quantidade muito moderada de conhecimento, e devemos à palavra dos examinadores, que quase todos que não foram aprovados culpam seu fracasso por ignorar não os mais altos ramos da instrução, mas seus mais humildes elementos – ortografia e aritmética.

Os clamores que continuam a ser feitos contra tais exames por alguns órgãos de opinião, frequentemente, lamento dizer, dão tão pouco crédito à boa-fé quanto ao bom senso dos críticos. Em parte, resultam da deturpação do tipo de ignorância que, na realidade, leva ao insucesso nos exames. Eles citam enfaticamente as mais profundas questões[38] que se pode demonstrar já terem sido formuladas, e deixam transparecer que as respostas, sem qualquer exceção, a todas elas constituíam condição *sine qua non* para o sucesso. Ainda assim tem se repetido bastante que tais questões não são formuladas porque se esperava que todos devessem respondê-las, mas para que aquele que fosse capaz de fazê-lo pudesse ter meios de provar e valer-se dessa parte de seu conhecimento. Não é como fundamento para rejeição, e sim como um meio a mais de sucesso, que a oportunidade é dada. Perguntam-nos, então, se o tipo de conhecimento que se supõe haver nesta ou naquela questão destina-se a ser útil para o candidato após ele ter atingido o objetivo. As pessoas divergem grandemente de opinião com relação à utilidade do conhecimento. Há pessoas, e uma delas um falecido Secretário de Estado, que acham que a ortografia inglesa é um conhecimento inútil para um adido diplomático ou para um funcionário de repartição do governo. Sobre uma coisa os opositores parecem unânimes: a cultura intelectual geral não é útil nesses empregos, seja de que natureza for. Se, contudo, como presumo achar, é útil, ou se qualquer educação é útil de qualquer maneira, deve-se avaliar por

[38] Nem sempre, contudo, no mais recôndito; pois um recente examinador de exames competitivos na Casa dos Comuns teve a ingenuidade de produzir uma série de questões elementares de álgebra, história e geografia, como prova da exorbitante profundidade de pertinência altamente científica de que os comissários estavam imbuídos. (N. A.)

exames que mais provavelmente mostrem se o candidato a possui ou não. A fim de averiguar se ele foi bem educado, ele deverá ser interrogado sobre coisas que provavelmente sabe se recebeu boa educação, embora não diretamente pertinentes ao trabalho para o qual foi nomeado. Em um país onde os dois únicos assuntos que normalmente se ensinam são os clássicos e a matemática, aqueles que se opõem a que o candidato seja interrogado somente sobre tais assuntos, nos dirão sobre quais assuntos então devemos elaborar perguntas? Parece, contudo, haver objeção em examiná-lo nesses assuntos ou em quaisquer outros que não esses. Se os examinadores – ansiosos para aprovar aqueles que não passaram pela rotina da escola secundária ou que compensaram o pouco conhecimento ali ensinado tentando adquirir mais conhecimento – concedem notas pela competência em qualquer outro assunto de verdadeira utilidade, sendo que também poderiam ser reprovados por isso. Nada satisfará os opositores exceto a livre admissão à total ignorância.

Dizem-nos triunfantemente que nem Clive nem Wellington poderiam ter passado no exame que se exige para um aspirante a cadete. Como se, porque Clive e Wellington não fizeram o que deles se exigiu, não poderiam tê-lo feito se lhes fosse exigido. Se fosse apenas para nos informar que é possível tornar-se um grande general sem a necessidade de tais requisitos, o mesmo ocorre sem muitas outras coisas que são de muita utilidade aos grandes generais. Alexandre, o Grande, nunca ouvira falar das regras de Vauban e nem poderia Júlio César falar francês. Em seguida, somos informados que "devoradores de livros", um termo que parece ser considerado aplicável àqueles que tenham o menor traço de conhecimento teórico, podem não ser bons em exercícios físicos ou possuir hábitos de cavalheiros. Essa é uma linha muito comum de observação dentre os estúpidos por condição. Mas, seja o que for que pensem os estúpidos, eles não detêm o monopólio nem dos hábitos de cavalheirismo nem da atividade física. Onde quer que estes sejam necessários, que então sejam procurados e separadamente conseguidos, sem a exclusão das capacidades intelectuais, mas somando-as a estas. Ao mesmo tempo sou informado com segurança que, na Academia Militar em Woolwick, os cadetes que entraram por concurso são tão superiores àqueles admitidos pelo sistema antigo de indicação nesses aspectos quanto todos os outros; aprendem até suas instruções militares mais rapidamente, como realmente se poderia esperar, pois um indivíduo inteligente aprende as coisas mais rapidamente do que um estúpido e, em comportamento geral, contrastam tão favoravelmente com seus predecessores que as autoridades da instituição anseiam pela chegada do dia em que os últimos remanescentes das antigas classes desapareçam da escola. Se assim for, será fácil verificar se devemos esperar ou não ouvir dizer pela última vez que a ignorância é melhor qualificação do que o conhecimento para a profissão militar e *a fortiori* para todas as outras; ou que qualquer outra qualidade, por menos que pareça depender da educação liberal, será provavelmente favorecida passando-se sem ela.

Embora a primeira admissão ao emprego público seja decidida através de concurso, em muitos casos seria impossível que uma promoção subsequente devesse ser dessa forma decidida. Parece apropriado que assim aconteça, como usualmente ocorre hoje, em um sistema misto de antiguidade e seleção. Aqueles cujos deveres são de natureza rotineira deveriam ser promovidos por tempo de serviço ao cargo mais elevado a que os deveres meramente de tal natureza os pudessem conduzir; ao passo que aqueles a quem fossem confiadas as funções de caráter particular que exigissem capacidade especial deveriam ser escolhidos, dentre o corpo, a critério do chefe de departamento. E este fará tal seleção de forma honesta, uma vez que as nomeações originais aconteçam através de concurso aberto; pois nesse sistema seu departamento geralmente consistirá de indivíduos para quem, a não ser pela seleção oficial, ele seria um estranho. Se dentre eles houver alguém por quem ele ou seus amigos e seguidores políticos se interessa, será apenas por acaso e apenas quando a tal privilégio de relações se juntar, até onde o exame preliminar pudesse testá-la, pelo menos a igualdade do real merecimento. E, exceto quando houver um forte motivo para negociar tais nomeações, haverá também uma forte razão para indicar a pessoa mais adequada, ou seja, aquele que proporcionar a seu chefe a assistência mais útil, livrá-lo da maior parte dos problemas e mais, ajudá-lo a construir uma reputação pela boa administração dos assuntos políticos, que resulte, necessariamente e apropriadamente, em credibilidade para o ministro, embora muitas das qualidades que lhe são atribuídas sejam as de seus subordinados.

CAPÍTULO XV

CORPOS REPRESENTATIVOS LOCAIS

Somente uma parte dos negócios públicos de um país as autoridades centrais podem realizar bem ou tentar realizá-la com segurança. Mesmo em nosso governo, o menos centralizado na Europa, a parte legislativa pelo menos do corpo governamental ocupa-se demasiadamente com os assuntos locais, empregando o poder supremo do Estado em cortar pequenos nós para os quais haveria outros e melhores modos de desatá-los. A enorme quantidade de assuntos privados que ocupa o tempo do Parlamento e a mente de seus membros individualmente, desviando-os das ocupações que são próprias do grande conselho da nação, é sentida por todos os pensadores e observadores como um grave mal e, o que é pior, um mal crescente.

Não seria apropriado ao plano limitado deste tratado discutir amplamente a grande questão, de forma alguma peculiar ao governo representativo, dos limites próprios da ação governamental. Já havia dito em algum lugar[39] o que me parecia mais essencial com respeito aos princípios pelos quais se deve determinar o alcance de tal ação. Mas depois de suprimir das funções realizadas pela maior parte dos governos europeus, aquelas que deveriam ser assumidas de algum modo pelas autoridades públicas, ainda resta um conjunto grande e variado de obrigações que, apenas baseando-se no princípio da divisão do trabalho, torna-se indispensável dividi-las entre as autoridades central e as locais. Não apenas diferentes funcionários executivos são necessários para cumprir as obrigações puramente locais, um volume de divisão que existe em todos os governos, mas o controle popular sobre tais fun-

(39) Em *On Liberty*, capítulo final; e, de modo mais extenso, no capítulo final de *Principles of Political Economy*. (N. A.)

cionários pode ser apenas exercido vantajosamente através de órgãos distintos. Sua nomeação original, a função de observá-los e fiscalizá-los, o dever de fornecer ou o critério de suspender o suprimento de fundos necessários para suas operações, devem recair não sobre o parlamento nacional ou sobre o poder executivo nacional, mas sobre o povo da localidade. Em alguns Estados da Nova Inglaterra, tais funções ainda são exercidas diretamente pelo povo reunido, diz-se que até mesmo com resultados melhores do que se poderia esperar. Tais comunidades altamente educadas estão tão satisfeitas com esse modo primitivo de governo local, que não desejam trocá-lo pelo único sistema representativo que conhecem, pelo qual todas as minorias ficam destituídas de representação. Tais circunstâncias, tão peculiares, contudo, são necessárias para esse sistema funcionar na prática de forma tolerável, que, geralmente, deve-se recorrer ao plano de sub parlamentos representativos para os assuntos locais. Estes existem na Inglaterra, mas de forma muito incompleta e com grande irregularidade e falta de sistema; em alguns outros países muitos menos popularmente governados, sua constituição é bem mais racional. Na Inglaterra sempre houve mais liberdade, porém pior organização, ao passo que em outros países há melhor organização, porém menos liberdade. É necessário, então, que, além da representação nacional, deva haver representações municipais e provinciais. As duas questões que ficam para serem resolvidas são como os corpos representativos locais devem ser constituídos e qual deve ser a extensão de suas funções.

Ao considerar tais questões, dois pontos requerem igualmente a nossa atenção: como os negócios locais em si podem ser mais bem realizados e como sua realização pode ser feita de forma mais proveitosa para o cultivo do espírito público e para o desenvolvimento da inteligência. Em uma parte anterior deste trabalho, insisti em linguagem forte – dificilmente qualquer linguagem será forte o suficiente para expressar a força de minha convicção – sobre a importância daquela parte do funcionamento de instituições livres que podem ser chamadas de educação pública dos cidadãos. Ora, as instituições administrativas são o principal instrumento dessa operação. Exceto pelo papel que ela possa representar como jurado na administração da Justiça, a massa da população tem muito poucas oportunidades de partilhar pessoalmente na condução dos assuntos gerais da comunidade. A extensão da participação de cidadãos na política geral, durante o intervalo entre uma e outra eleição parlamentar, se resume a ler jornais, talvez escrever para eles, reuniões públicas e solicitações de diferentes tipos endereçadas às autoridades políticas. Embora seja impossível exagerar a importância dessas várias liberdades, tanto como garantias de liberdade quanto como meio de cultura geral, a prática que proporcionam é mais de pensar do que de ação e de pensar sem a responsabilidade de agir, o que para a maioria das pessoas representa um pouco mais do que admitir passivamente os pensamentos de outra pessoa. Mas no caso de corpos representativos locais, além da função de eleger, muitos cidadãos, por sua vez, têm a chance de se eleger e, muitos deles, quer por escolha ou revezamento, preenchem um ou mais dos numerosos cargos executivos locais. Nessas posições eles devem agir, para os interesses públicos, tão bem como pensar e falar, sendo que pensar não pode ser feito por procuração. Além disso, essas funções locais, que só são em geral procuradas pelos que ocupam posições mais elevadas, produzem a importante educação política que por esse meio é transmitida a uma classe bem mais inferior na sociedade. A disciplina intelectual que é dessa forma uma característica mais importante nos assuntos locais do que nos assuntos gerais do Estado, do mesmo modo que não há interesses tão vitais que dependam da qualidade da administração, pode-se dar maior valor à primeira consideração, e a última admite com muito mais frequência ser preterida a esta do que em assuntos da legislação geral e da condução de assuntos imperiais.

A constituição adequada de corpos representativos legais não mostra muita dificuldade. Os princípios a que a ela se aplicam não diferem, em nenhum aspecto, daqueles que se aplicam à representação nacional. A mesma obrigação existe, como no caso de função mais importante, para tornar eletivos os corpos; e as mesmas razões prevalecem como naquele caso, porém ainda com maior força, para atribuir-lhes uma base democrática mais ampla: sendo menores os perigos e as vantagens, do ponto de vista da educação e cultura populares, sendo até mesmo maiores em alguns aspectos. Como o principal dever dos corpos representativos locais consiste na imposição de impostos e gastos da receita local, o direito de votar deve caber a todos que contribuem com as taxas locais, excluindo-se todos que não o fazem. Supondo que não haja qualquer imposto indireto, qualquer taxa de *octroi* e, se houver, são apenas complementares; aqueles sobre os quais recaem seus encargos já sendo tributados diretamente. Deve-se prover a representação das minorias do mesmo modo que no parlamento nacional, existindo as mesmas razões fortes para a pluralidade de votos. Apenas não há objeção tão decisiva, no corpo representativo inferior quanto no superior, em tornar o voto plural dependente de mero critério monetário, como em algumas eleições locais em nosso próprio país, pois a distribuição honesta e parcimoniosa de dinheiro constitui uma parte tão maior da função do corpo representativo local do que do corpo nacional, que há mais justiça assim como habilidade política, em permitir uma influência proporcionalmente maior àqueles que possuem interesse financeiro maior em jogo.

Nas mais recentes instituições locais representativas, o Conselho de Guardiões, os Juízes de Paz do Distrito têm cadeira *ex officio* junto com os membros eleitos, em número limitado por lei de um terço do total. Não tenho dúvidas sobre o efeito benéfico de tal dispositivo na peculiar constituição da sociedade inglesa. Ele assegura, nesses corpos representativos, a presença de uma classe mais culta do que talvez fosse praticável para atraí-los sob quaisquer outros termos. Enquanto a limitação em número dos membros *ex officio* impede que predominem simplesmente através da força numérica, como representação virtual de uma outra classe e tendo por vezes interesses diferentes dos demais, constituem um obstáculo aos interesses de classe de agricultores ou pequenos negociantes que formam a massa dos Guardiões eleitos. Não se pode dar a mesma recomendação à constituição dos únicos conselhos provinciais que dispomos, os Tribunais Trimestrais, que consistem unicamente de Juízes de Paz, dos quais, além de seus deveres judiciais, depende o desempenho de algumas as partes mais importantes dos assuntos administrativos do país. O modo de formação de tais corpos representativos é dos mais irregulares, pois não são nem eleitos nem nomeados, em qualquer sentido adequado ao termo, mas detêm suas funções importantes, como os senhores feudais a quem sucederam, virtualmente pelo direito de seus acres. A indicação investida na Coroa ou, falando praticamente, em um deles, o Lorde Tenente, é utilizada apenas como um meio para excluir qualquer um que se julgue poder desacreditar o corpo representativo ou, vez por outra, aquele que se encontra no lado oposto à política prevalecente. A instituição é a mais aristocrática em princípio que existe hoje na Inglaterra, bem mais do que a Casa dos Lordes, pois concede dinheiro público e dispõe de importantes interesses públicos, não em combinação com uma assembleia popular, mas sozinha. A ela se agarram, com tenacidade proporcional, nossas classes aristocráticas, mas, obviamente, está em desacordo com todos os princípios que são o fundamento do governo representativo. Para um Conselho de Condado não há a mesma justificativa como para os Conselhos de Guardiões, mesmo para uma mistura de membros *ex officio* com membros eleitos. Uma vez que os assuntos de um condado, sendo objeto de interesse e atração em escala suficientemente grande para os gentis homens do país, eles não encontrariam mais dificuldades em se elegerem para o Conselho do que encontrariam em retornar do Parlamento como membros do condado.

Com respeito à circunscrição própria dos eleitorados que elegem os corpos representativos legais, o princípio, o qual, quando aplicado como regra exclusiva é inflexível à representação parlamentar, é inadequado, isto é, comunidade de interesses locais, é, neste caso, o único princípio justo e aplicável. O real objetivo de se ter uma representação local é fazer com que aqueles que têm qualquer interesse em comum, o qual não compartilham com a massa de seus concidadãos, possam administrar tais interesses conjuntos por si mesmos. O propósito será contrariado se a distribuição da representação local seguir qualquer outra regra que não seja o agrupamento de tais interesses. Há interesses locais peculiares em cada cidade, seja grande ou pequena, e comuns a todos os seus habitantes, portanto, cada cidade, sem distinção de tamanho, deve possuir seu conselho municipal. É igualmente evidente que cada cidade deva ter apenas um. Os diferentes bairros da mesma cidade raramente ou nunca apresentam qualquer divergência importante de interesse local. Todos eles exigem que as mesmas ações sejam tomadas, as mesmas despesas realizadas e, exceto por suas igrejas, o que provavelmente é desejável deixar sob simples administração paroquial, os mesmos arranjos podem ser feitos para servir a todos. Pavimentação, iluminação, fornecimento de água, drenagem, regulamentos portuários e do mercado não podem, sem grande desperdício e inconvenientes, ser diferentes para os diferentes bairros da mesma cidade. A subdivisão de Londres em seis ou sete distritos independentes, cada qual com suas disposições separadas para os assuntos locais, vários deles sem unidade administrativa mesmo dentro de seus limites, evita a possibilidade de cooperação sucessiva ou bem regulamentada para os objetivos comuns, impossibilita qualquer princípio uniforme para o desempenho dos deveres locais, obriga o governo geral a assumir para si aquilo que seria melhor deixar para as autoridades locais, caso houvesse alguma autoridade que se estendesse a toda a cidade e não servisse a nenhum propósito exceto o de manter a fantástica pompa da união entre a moderna negociação de empregados e a antiquada vaidade, a Corporação da Cidade de Londres.

Um outro princípio igualmente importante é que em cada distrito local deveria existir apenas um corpo representativo eleito para todos os assuntos locais, e não corpos representativos diferentes para diversas partes do distrito. A subdivisão de trabalho não significa cortar cada assunto público em mínimos pedaços, e sim unir tais operações da maneira adequada para que sejam desempenhadas pelas mesmas pessoas, e a separação das operações que podem ser mais bem desempenhadas por pessoas diferentes. Os deveres executivos da localidade realmente exigem a divisão por departamentos pelas mesmas razões que aquelas do Estado; são de tipos diversos, exigindo conhecimento adequado e necessitando, para seu devido desempenho, a atenção concentrada de um funcionário especialmente qualificado. Mas as razões para a subdivisão que se aplicam à execução não se aplicam ao controle. A atividade do corpo executivo não é a de realizar o trabalho, mas providenciar para que ele seja bem executado e que tudo quanto seja necessário não deixe de ser feito. Essa função pode se fazer cumprida para todos os departamentos pelo mesmo corpo superintendente e através de uma visão coletiva e abrangente muito melhor do que se minúscula e microscópica. É tão absurdo nos assuntos públicos quanto nos privados que a cada trabalhador fosse destinado um superintendente. O governo da Coroa consiste em muitos departamentos e existem muitos ministros para dirigi-los, mas tais ministros não dispõem de um Parlamento para cada um para fazê-los desempenhar suas funções. O parlamento local, assim como o nacional, tem como tarefa própria considerar os interesses da localidade em conjunto, composto de partes que devem se adaptar umas às outras e atendidas na ordem e proporção de sua importância. Há outra razão muito importante para unir o controle de todos os assuntos de uma localidade sob um único corpo representativo. A maior imperfeição das instituições populares locais e a causa principal do fracasso que, por muitas vezes, as acompanha é a capacidade inferior dos homens por quem elas quase sempre são administradas. De fato, faz parte da utilidade da instituição a natureza heterogênea de tais homens, é sobretudo essa circunstância que a torna uma escola de capacidade política e inteligência geral. Entretanto, uma escola pressupõe a existência de professores assim como de alunos: a utilidade da instrução depende grandemente de colocar espíritos inferiores em contato com os superiores, contato esse que, no curso normal da vida, é inteiramente excepcional, e a falta dele contribui mais do que qualquer outra coisa para manter a generalidade dos homens em um nível de ignorância conformada. A escola, além disso, não terá valor, será uma escola do mal ao invés do bem, se através da falta da devida fiscalização e da presença, dentro dela de uma ordem mais elevada de personalidades, permitir-se que a ação do corpo representativo, como ocorre com frequência, degenere na busca igualmente inescrupulosa e estúpida do interesse próprio de seus membros. Ora, é quase impossível induzir pessoas de uma classe alta, seja socialmente ou intelectualmente, a tomarem parte na administração local, afastados em um canto e em pequenos grupos, como membros de um Conselho de Pavimentação ou de uma Comissão de Esgotos. A atividade plena do governo local de sua cidade não é propósito suficiente para induzir os homens, cujos gostos os direcionam e cujo conhecimento os qualificam para os assuntos nacionais, a tornarem-se membros de um simples corpo representativo local, e devotar a ele o tempo e estudo necessários para fazer com que sua presença seja nada mais do que um disfarce para as negociatas de cargos de indivíduos inferiores ao abrigo de sua responsabilidade. Um mero Conselho de Obras, embora envolva a cidade inteira, certamente é composta da mesma classe de pessoas que compõem os conselhos paroquiais e de Londres; e nem mesmo é praticável ou até mesmo desejável que tal não seja a maioria, porém é importante para todas as finalidades que os corpos representativos locais estejam designados a servir, seja no desempenho esclarecido e honesto de suas funções especiais ou no cultivo da inteligência política da nação, que cada um desses corpos contenha uma parte dos melhores intelectos da comunidade, os quais são dessa forma colocados em contato perpétuo, o mais útil possível, com intelectos de grau inferior que receberão daqueles todo o conhecimento local e profissional que tenham para oferecer e os inspirará com uma parcela de suas ideias mais amplas e com os propósitos mais elevados e mais esclarecidos.

Um simples vilarejo não tem direito à representação municipal. Por vilarejo quero dizer um lugar cujos habitantes não se distinguem notoriamente por sua ocupação ou relações sociais daqueles dos distritos rurais adjacentes, e para cujas carências locais os arranjos feitos para o território vizinho serão suficientes. Esses lugares pequenos raramente possuem um público suficiente para suprir um conselho municipal razoável. Se tiverem qualquer talento ou conhecimento suficiente que se aplique aos negócios públicos, este tende a estar concentrado em um único homem, que por isso se torna pessoa predominante do local. Seria melhor que tais lugares fossem fundidos em um distrito maior. A representação local de distritos rurais naturalmente será determinada pelas considerações geográficas, levando-se em devida conta as simpatias de sentimento que tanto contribuem para que os seres humanos ajam de comum acordo, e que, em parte respeitam os limites históricos, tais como os dos condados e províncias e, em parte, comunidades de interesses e ocupações comuns, como nos distritos agrícolas, marítimos, industriais ou de mineração. Diferentes tipos de assuntos locais podem requerer diferentes áreas de representação. As Uniões de paróquias foram estabelecidas como a base mais apropriada para os corpos representativos que dirigem a ajuda à indigência; ao passo que, para os regulamentos apropriados de estradas, prisões ou policiamento, um âmbito maior será mais do que suficiente como o de um condado. Nesses grandes distritos, portanto, a máxima que dita que um corpo eletivo constituído em qualquer localidade deve exercer autoridade sobre todos os interesses comuns à tal localidade requer a modificação de uma outra, assim como devido a consideração concorrente da importância de se obter as mais elevadas qualificações possíveis para o cumprimento dos deveres locais. Por exemplo, se for necessário, e creio que seja, para a administração adequada da Lei dos Pobres que a área de tributação não deva ser maior do que a maior parte das Uniões atuais, princípio que requer um Conselho de Guardiões para cada União, ainda assim, é provável que se obtenha uma classe de indivíduos muito mais altamente qualificados para o Conselho do Condado do que aqueles que compõem um Conselho de Guardiões médio. Sobre esse fundamento poderá ser conveniente reservar para o Conselho dos Condados categorias mais elevadas dos assuntos locais, que de outra forma poderiam ter sido convenientemente administrados por cada União em separado.

Além do conselho controlador, ou sub Parlamento local, os assuntos locais possuem seu departamento executivo. A esse respeito surgem as mesmas questões relacionadas às autoridades executivas no Estado e, é possível, na maior parte, responder a tais questões do mesmo modo. Os princípios que se aplicam aos cargos públicos são, na essência, os mesmos. Em primeiro lugar, cada funcionário executivo deveria ser único, e unicamente responsável por toda obrigação a ele incumbida. Em segundo lugar, ele deveria ser nomeado e não eleito. Seria ridículo que um agrimensor, um funcionário da saúde ou, até mesmo, um coletor de impostos fosse nomeado pelo voto popular. A preferência popular usualmente depende do interesse junto a alguns poucos líderes locais que, como não se supõe que façam nomeação, não são responsáveis por ela; ou depende do apelo à compaixão, pelo fato de ter doze filhos e ter contribuído com a paróquia por trinta anos. Se em casos dessa natureza a eleição pela população for uma farsa, a nomeação pelo corpo representativo local é um pouco menos contestada. Tais corpos têm uma tendência permanente a tornarem-se associações destinadas a executar os negócios particulares de seus vários membros. As nomeações deveriam ser feitas sob a responsabilidade individual do presidente do corpo, vamos chamá-lo de prefeito, presidente do Tribunal Trimestral ou qualquer outro título. Ele ocupa na localidade uma posição semelhante à do primeiro-ministro de Estado e, sob um sistema bem organizado, as indicações e fiscalização dos funcionários locais seriam a parte mais importante de seus deveres, sendo ele próprio nomeado pelo Conselho a partir de seus membros, estando sujeito à reeleição anual ou afastamento pelo voto da assembleia.

Da constituição das assembleias locais, passo agora ao assunto igualmente importante e mais difícil das atribuições que lhes cabem. Esta questão se divide em duas partes: quais seriam suas obrigações, e se deveriam ter plena autoridade dentro da esfera de tais obrigações ou se deveriam ser responsáveis por alguma, e qual seria a interferência do governo central.

Para começar, é evidente que todos os assuntos puramente locais, tudo que diz respeito a uma única localidade, devem ser de incumbência das autoridades locais. A pavimentação, iluminação e limpeza urbana e, em circunstâncias comuns, o serviço de esgoto das casas, só são relevantes para os habitantes da cidade. A nação, em geral, interessa-se pelo bem-estar particular de seus habitantes. Todavia dentre os interesses classificados como locais, há muitos que poderiam ser chamados de locais com igual propriedade, fazendo parte, aos cuidados da localidade, de algum ramo da administração pública por cuja eficácia a nação inteira se interessa: as prisões, por exemplo, muitas das quais neste país estão sob a administração dos condados; a polícia local, a administração local da Justiça, que, em grande parte, especialmente em cidades corporativas, é desempenhada por funcionários eleitos pela comunidade e pagos com fundos locais. Não se pode dizer que quaisquer destes sejam assuntos de importância local, distintos dos assuntos nacionais. Não seria uma questão pessoalmente indiferente ao resto do país, se qualquer parte dela se tornasse um covil de bandidos ou foco de desmoralização em consequência da má administração de sua polícia; ou se, devido às regulamentações ruins das prisões, a punição que os tribunais de justiça pretendessem infligir aos criminosos ali confinados, que tivessem vindo de outro distrito ou cometido seus crimes nele, pudesse ser dobrada em intensidade ou diminuída praticamente à impunidade. Além disso, os pontos que constituem a boa administração dessas coisas são os mesmos em todos os lugares. Não existe nenhuma boa razão pela qual a polícia, as prisões ou a administração da Justiça devesse ser gerenciada em uma parte ou outra parte do reino de forma diferente. Ao mesmo tempo, corre-se um grande risco de que em assuntos tão importantes e para os quais os espíritos mais cultos disponíveis no Estado não são mais do que adequados, a média mais baixa de qualificações, com a qual só se pode contar para os serviços da localidade, venha a cometer erros de tal magnitude a ponto de se tornarem uma séria mácula para a administração geral do país. A segurança pessoal e da propriedade e igual justiça entre os indivíduos constituem as primeiras necessidades da sociedade e os objetivos primordiais do governo. Se for possível deixar tais assuntos a qualquer responsabilidade que não seja a mais elevada, não haverá nada, exceto a guerra e os tratados, que exija de qualquer maneira governo geral. Quaisquer que sejam os melhores arranjos para assegurar tais objetivos primordiais, estes devem tornar-se universalmente obrigatórios e, para garantir sua execução, devem ser colocados sob a superintendência central. É muitas vezes útil e, junto às instituições de nosso país, até mesmo necessário, pela falta de funcionários que representem o governo geral nas comunidades, que a execução dos deveres impostos pela autoridade central seja confiada a funcionários nomeados por tal comunidade para os assuntos locais. Contudo, a experiência diariamente traz a público a convicção da necessidade de se ter pelo menos inspetores nomeados pelo governo geral, a fim de fiscalizar que os funcionários cumpram suas obrigações. Se as prisões estiverem sob administração local, o governo central nomeia inspetores de prisões para cuidar para que as regras impostas pelo Parlamento sejam observadas e para sugerir outras, se o estado delas assim o exigir. Da mesma forma, há inspetores de fábricas e de escolas para zelar pela observância dos Atos do Parlamento relativos às primeiras, e pelo cumprimento das condições segundo as quais o Estado concede auxílio às últimas.

Mas se a administração da Justiça, da polícia e das prisões inclusive constitui interesse tão universal e um assunto da ciência geral independente de particularidades locais, para que possa ser, e deve ser, uniformemente regulamentada por todo o país, e sua regulamentação cumprida por mãos mais experientes e hábeis do que aquelas pertencentes às autoridades meramente locais, então também existem assuntos, tal como a administração da Lei dos Pobres, regulamentação sanitária, dentre outros, que, na medida em que são de interesse de todo o país, não podem ser gerenciados a não ser pelas comunidades para que sejam consistentes com os verdadeiros propósitos da administração local. A respeito de tais deveres, surge a questão de que até que ponto deve-se confiar plenipotência às autoridades locais que seja livre de qualquer supervisão ou controle do Estado.

Para decidir tal questão, é essencial considerar qual a posição comparativa das autoridades central e local quanto à capacidade para o trabalho e quanto à segurança contra a negligência e o abuso. Em primeiro lugar, corpos representativos locais e seus funcionários certamente serão de um nível muito mais baixo de inteligência e conhecimento do que o Parlamento e o Executivo nacional. Em segundo lugar, além de possuírem qualificações inferiores, eles são observados por opinião pública inferior e à qual também têm de prestar contas. O público, sob cujos olhos agem e por quem são criticados, é tanto mais limitado em extensão quanto geralmente bem menos esclarecido do que aquele que cerca e reprova as autoridades mais elevadas na capital. Ao mesmo tempo, a comparativa insignificância dos interesses envolvidos faz com que até mesmo o público inferior dirija seus pensamentos para o assunto menos atentamente e com menos cuidado. A imprensa e a discussão pública exercem bem menos interferência, e a que exerce pode ser desconsiderada com muito mais impunidade no procedimento das autoridades locais do que nos das autoridades nacionais. Até esse ponto, a vantagem parece inteiramente estar do lado da gestão realizada pelo governo central. Mas quando consideramos mais de perto, verifica-se que esses motivos de preferência são contrabalançados por outros de importância equivalente. Se as autoridades e o público locais são inferiores aos centrais no que concerne o conhecimento dos princípios da administração, em compensação possuem a vantagem de um interesse bem mais direto no resultado. Os vizinhos de um homem ou o proprietário das terras podem ser muito mais inteligentes do que ele próprio, e com interesse indireto em sua propriedade, mas, apesar de tudo, seus interesses serão bem mais servidos sob sua guarda do que sob a daqueles. Deve-se, além disso, lembrar que mesmo supondo que o governo central administre através de seus funcionários, estes não agem no centro, mas sim na localidade. E, por mais que o público local possa ser considerado inferior ao central, é somente esse público local que tem a chance de inspecionar tais funcionários; da mesma forma, é unicamente a opinião local que agirá de forma direta sobre sua conduta ou chamará a atenção do governo para os pontos que exijam ser corrigidos. Somente em casos extremos a opinião geral do país é levada a considerar sobre os detalhes da administração local, e ainda mais raramente ela terá meios para decidir sobre tais detalhes com a justa avaliação do caso. Ora, a opinião local necessariamente atua com mais força sobre os administradores puramente locais. Estes, no curso natural dos acontecimentos, são habitantes permanentes, sem expectativas de serem retirados do lugar quando deixam de exercer a autoridade nele, sendo que sua autoridade em si depende supostamente da vontade da população local. Não preciso insistir nas deficiências da autoridade central quanto ao conhecimento detalhado das pessoas e assuntos locais, e sobre a demasiada absorção de tempo e pensamento por outros interesses, para admitir que adquira a quantidade e qualidade de conhecimento local necessário até mesmo para resolver as queixas e reforçar a responsabilidade de um grande número de agentes locais. Nos detalhes da gestão, portanto, os corpos representativos locais levarão vantagem, porém, na compreensão dos princípios até mesmo de gestão puramente local, a superioridade do governo central, quando devidamente constituído, deve ser prodigiosa, não apenas por causa da superioridade pessoal, provavelmente grande, dos indivíduos que o compõem, e pela multidão de pensadores e escritores que se encontram, em todas as ocasiões, engajados em inculcar ideias úteis para sua consideração, mas também porque o conhecimento e a experiência de qualquer autoridade local são somente locais, confinados à sua parte do país e seus modos de gestão, ao passo que o governo central detém os meios de saber tudo que deva ser aprendido com base na experiência conjunta de todo o reino, além do fácil acesso à experiência de outros países.

Não é difícil chegar às conclusões práticas dessas premissas. A autoridade que está mais familiarizada com os princípios deve ser suprema sobre eles, enquanto se deve deixar os detalhes para aquela que tiver mais competência para tal. A principal atividade da autoridade central deverá ser dar instruções, e da autoridade local aplicá-las. O poder pode ser localizado, mas o conhecimento, para que se torne mais útil, deve ser centralizado. Em algum lugar deve haver um foco no qual todos os raios dispersos se concentrem, para que as luzes coloridas e intermitentes existentes em algum lugar possam encontrar ali aquilo que for necessário para completá-las e purificá-las. A cada ramo da administração local, que afeta o interesse geral, deverá corresponder um órgão central, seja um ministro ou algum funcionário especialmente nomeado sob as ordens do primeiro, mesmo se tal funcionário não fizer mais do que reunir informações de todos os bairros, levando a experiência adquirida de uma localidade para a outra, onde for necessário. Mas ainda há algo mais que a autoridade central deve fazer. Deve manter aberta a comunicação constante com as comunidades, informando-se através da experiência destas e vice-versa, aconselhando livremente quando solicitada, oferecendo conselhos quando se fizerem necessários, obrigando à publicidade e registro de processos, e exigindo obediência à toda lei geral que o Poder Judiciário tenha instituído com relação à gestão local. Poucos são os que provavelmente negam que algumas dessas leis devam ser instituídas. Pode-se permitir que as localidades administrem mal os próprios interesses, mas não que prejudiquem os interesses de outros e nem violem os princípios de justiça entre um indivíduo e outro, sobre os quais é dever do Estado manter rígida observância. Se a maioria local tenta oprimir a minoria, ou uma classe a outra, o Estado é obrigado a interferir. Por exemplo, todos os impostos locais devem ser votados exclusivamente pela assembleia local, mas esta, eleita unicamente pelos contribuintes, poderá elevar sua receita através de impostos de tal maneira, ou tributá-los de tal forma que uma parcela injusta seja lançada aos encargos dos pobres, dos ricos, ou de alguma classe em particular da população. É, portanto, dever do Judiciário, ao mesmo tempo em que deixa o mero volume dos impostos locais a critério da assembleia local, estabelecer de forma competente as formas de tributação e as normas de cobrança que somente as localidades terão permissão de usar. Ainda ao ministrar a caridade pública, a atividade e a moralidade de toda a classe trabalhadora dependem, na mais séria extensão, da obediência a certos princípios estabelecidos na concessão de auxílio. Embora caiba essencialmente aos funcionários locais determinar quem, de acordo com tais princípios, deve receber o benefício, o Parlamento nacional é a autoridade competente para prescrever os princípios em si; e negligenciaria uma parte muito importante de seus deveres se não instituísse normas imperativas em um assunto nacional de tão grande interesse, providenciando, de forma eficaz, que tais regras fossem cumpridas. O poder de interferência real junto aos administradores locais que seria necessário manter para o devido cumprimento das leis é uma questão de detalhe, que considero inútil abordar aqui. As próprias leis definirão naturalmente as punições e estabelecerão o modo como serão cumpridas. Talvez seja necessário, para fazer frente a casos extremos, que o poder da autoridade central devesse ampliar-se a ponto de dissolver o conselho representativo local ou de afastar o funcionário executivo local, porém não a ponto de fazer novas nomeações ou interditar as instituições locais. Onde o Parlamento não interferiu, nenhum ramo do executivo deve intervir com autoridade, e a não ser para aconselhar ou criticar, fazer cumprir as leis e denunciar ao Parlamento ou às assembleias locais sobre conduta considerada condenável, então dessa forma as funções do executivo são do maior valor possível.

Alguns poderiam achar que por mais que a autoridade central exceda a autoridade local em conhecimento dos princípios administrativos, o grande objetivo sobre o qual tem-se insistido tanto, ou seja, a educação social e política dos cidadãos, requer que eles administrem tais assuntos, muito embora de forma imperfeita, segundo sua consciência. A isto podemos responder que a educação dos cidadãos não é a única coisa a ser considerada, o governo e a administração não existem somente para tal finalidade, apesar de sua grande importância. Contudo, a objeção mostra uma compreensão muito imperfeita da função das instituições populares como meio para a instrução política. Seria apenas uma educação pobre que associasse ignorância com ignorância e deixasse que tais instituições, caso se importassem com o conhecimento, tateassem no escuro em busca desse conhecimento sem ajuda e ficassem sem ele se não o fizessem. O que se deseja é que os meios para fazer com que a ignorância perceba a si mesma, acostumando os espíritos, que apenas conhecem a rotina, a agir e, através dos princípios reconhecerem seu valor, ensinando-os a comparar os diversos modos de ação e aprender a distinguir o melhor de forma racional. Quando desejamos ter uma boa escola, não eliminamos o professor. A antiga observação "Tal mestre, tal escola" é tão verdadeira com relação à instrução dos adultos pelas atividades públicas quanto com relação à instrução de jovens nas academias e faculdades. Um governo que tenta realizar tudo é habilmente comparado pelo sr. Charles de Rémusat[40] a um mestre que realiza todas as tarefas dos discípulos por eles. Ele pode até ser muito popular dentre esses discípulos, mas os ensinará pouco. Por outro lado, um governo que não faz ele próprio coisa alguma que possa ser feita por qualquer outra pessoa e mostra a essa pessoa como fazê-lo, é como uma escola na qual não existem mestres, mas apenas professores – aprendizes que jamais receberão instrução.

[40] Em *Politique Liberne*, Paris, 1860. (N. T.)

CAPÍTULO XVI

A NACIONALIDADE RELACIONADA AO GOVERNO REPRESENTATIVO

Pode-se dizer que um número de homens constitui uma nacionalidade se estiverem unidos por simpatias comuns que não existem entre eles e quaisquer outros - o que os faz cooperarem uns com os outros com maior disposição do que com outras pessoas, desejando estar sob o mesmo governo e serem governados por si mesmos ou por uma parte deles, exclusivamente. Esse sentimento de nacionalidade pode ter sido gerado por várias causas. Às vezes é o efeito da identidade da raça e da descendência. Comunidades com o mesmo idioma e religião contribuem grandemente para tal sentimento. Os limites geográficos são uma de suas causas. Porém, a mais forte de todas é a identidade de antecedentes políticos, a posse de uma história nacional e a consequente comunidade de recordações, o orgulho e a humilhação coletivos, o prazer e o arrependimento, vinculados aos mesmos incidentes ocorridos no passado. Contudo, nenhuma dessas circunstâncias é indispensável ou necessariamente suficiente por si só. A Suíça possui um forte sentimento de nacionalidade, embora os distritos sejam de diferentes raças, diferentes línguas e diferentes religiões. A Sicília tem se sentido, ao longo de toda história, bastante distinta de Nápoles em relação à nacionalidade, apesar da identidade de religião, quase identidade de língua e um considerável volume de antecedentes históricos comuns. As províncias Flamenga e Valônia da Bélgica, apesar da diversidade de raça e língua, possuem um sentimento muito maior de nacionalidade comum do que a primeira tem com a Holanda, ou a última com a França. Ainda assim, em geral, o sentimento nacional é proporcionalmente enfraquecido pela deficiência de qualquer uma das causas que contribuem para ele. A identidade de língua, literatura, e até certo ponto, de raça e memórias, manteve o sentimento de nacionalidade com força considerável dentre as diferentes partes do nome germânico e, embora em tempo algum estivessem de fato unidas sob o mesmo governo, o sentimento jamais conseguiu fazer com que os diferentes Estados desejassem abrir mão de sua autonomia. Dentre os italianos, uma identidade de língua e literatura, longe de ser completa, combinada com a posição geográfica que os separam de outros países por uma linha distinta e, talvez mais do que qualquer outra coisa, a posse de um nome comum que lhes faz vangloriar-se das realizações passadas nas artes, nas armas, na política, na primazia religiosa, na ciência e na literatura, de todos que partilham da mesma designação, fez surgir certo sentimento nacional na população que, embora ainda imperfeito, foi suficiente para produzir os grandes eventos que ora testemunhamos, apesar de uma grande mistura de raças e de nunca terem estado sob o mesmo governo, seja na história antiga ou moderna, exceto quando tal governo se estendeu ou estava se estendendo sobre a maior parte do mundo conhecido.

Onde quer que o sentimento de nacionalidade exista com qualquer intensidade, há, à primeira vista, razão para unir os membros da nacionalidade sob o mesmo governo à parte eles. Isso quer dizer simplesmente que a questão de governo deve ser decidida pelos governados. É difícil saber o que uma divisão de uma raça humana deveria ser livre para fazer se não determinasse com quais dos vários corpos coletivos de seres humanos escolhessem para associar-se. Porém, quando um povo está maduro para instituições livres, nos deparamos com uma consideração ainda mais vital. As instituições livres são quase impossíveis em um país formado por diferentes nacionalidades. Em um povo sem sentimento solidário, especialmente se leem e falam línguas diferentes, não é possível existir opinião pública unida, necessária ao funcionamento do governo representativo. As influências que formam as opiniões e decidem os atos políticos são diferentes nas diversas partes do país. Grupos inteiramente diferentes de líderes detém a confiança de uma ou outra parte do país. Os mesmos livros, jornais, panfletos e discursos não chegam até elas. Uma parte não sabe que opiniões ou instigações estão circulando na outra parte. Os mesmos incidentes, os mesmos atos, o mesmo sistema de governo as afeta de diferentes formas e cada uma delas teme mais danos causados a si oriundos de outras nacionalidades do que oriundos do árbitro comum, o Estado. Sua antipatia mútua é geralmente muito mais intensa do que o ressentimento contra o governo. Se qualquer uma delas se sente prejudicada pela política do governante comum, será o suficiente para que outra resolva apoiar tal política. Mesmo se todos forem prejudicados, ninguém sente que pode confiar nos outros por lealdade para a resistência conjunta. A força de nenhum deles será suficiente para resistir sozinha e cada um poderá imaginar, com certa razão, considerar melhor sua vantagem tentando alcançar o favorecimento do governo. Acima de tudo, a principal e única segurança eficaz como último recurso contra o despotismo do governo é, neste caso, a falta de simpatia do exército para com o povo. Os militares formam uma parte em cada comunidade em que, pela natureza das circunstâncias, a distinção entre seus concidadãos e estrangeiros é mais profunda e mais forte. Para o resto do povo, os estrangeiros são simplesmente estranhos; para o soldado, representam homens contra quem ele poderá, no prazo de uma semana, ser convocado para lutar pela vida ou pela morte. A diferença para ele é a mesma entre amigos e inimigos – podemos até dizer entre semelhantes e outra espécie animal, pois, com respeito ao inimigo, a única lei é a da força, e o único lenitivo é o mesmo no caso de outros animais, ou seja, a simples humanidade. Soldados, para cuja percepção metade ou três quartos dos súditos do mesmo governo são estrangeiros, não teriam mais escrúpulos em esmagá-los nem mais desejo de perguntar a razão para tal do que teriam ao fazer o mesmo contra inimigos declarados. Um exército composto de várias nacionalidades não possui nenhum patriotismo a não ser a devoção à bandeira. Tais exércitos têm sido os carrascos da liberdade por toda a história moderna. O único vínculo que os mantém unidos são seus oficiais e o governo ao qual servem. Sua única concepção, se é que existe alguma, do dever público é a obediência às ordens. Um governo apoiado dessa forma, que mantém os regimentos húngaros na Itália e os italianos na Hungria pode, por muito tempo, governar em ambos os lugares com a mão de ferro de conquistadores estrangeiros.

Se dissessem que uma distinção tão amplamente assinalada entre o que é devido a um companheiro cidadão e o que é devido simplesmente a uma criatura humana, é mais digna de selvagens do que de seres civilizados, e que se deve lutar contra tal distinção com a máxima energia, então ninguém sustentará tal opinião mais intensamente do que eu mesmo. Mas tal objetivo, um dos mais dignos para o qual se possa dirigir o esforço humano, jamais poderá, no atual estado da civilização, ser favorecido mantendo-se diferentes nacionalidades de força quase equivalente sob o mesmo governo. Em um estado bárbaro da sociedade, o caso é por vezes diferente. Nesse caso, o governo pode se interessar em abrandar as antipatias das raças para que a paz possa ser preservada e o país mais facilmente governado. Mas quando existem instituições livres ou o desejo que existam, por parte dos povos artificialmente unidos, o interesse do governo se volta para uma direção exatamente oposta. Nesse caso, é mais interessante para ele manter e instigar tais antipatias para que sejam impedidos de unir-se e, dessa forma, possibilitaria que utilizasse alguns deles como instrumento para escravizar os demais. A Corte Austríaca, durante uma geração inteira, lançou mão de tais táticas como seu principal meio de governo, cujo sucesso tão fatal, na época da insurreição de Viena e da luta húngara, o povo conhece muito bem. Felizmente existem hoje sinais de que o progresso está bastante avançado para permitir que tal política não seja mais bem-sucedida.

Pelas razões anteriores, constitui em geral uma condição necessária das instituições livres que os limites dos governos devam coincidir sobretudo com os das nacionalidades. Porém, na prática, várias considerações estão sujeitas a conflitos com esse princípio geral. Em primeiro lugar, sua aplicação é frequentemente impedida por obstáculos geográficos. Existem partes, mesmo na Europa, nas quais as diferentes nacionalidades estão tão localmente misturadas que não é possível estarem sob governos distintos. A população da Hungria é composta de magiares, eslavos, croatas, sérvios, romenos e, em alguns distritos, alemães, tão misturados a ponto de ser impossível a separação local. Não há outra saída para eles a não ser fazer da necessidade uma virtude e conformar-se a viver juntos sob leis e direitos iguais. A comunidade de servidão, que data apenas da destruição da independência húngara em 1849, parece amadurecê-los e dispô-los para tal união. A colônia alemã do leste da Prússia está separada da Alemanha por parte da antiga Polônia e, sendo demasiadamente fraca para manter-se independente deve, se quiser manter a continuidade geográfica, ficar sob um governo não-alemão, ou o território polonês interposto ficará sob um governo alemão. Outra região considerável, na qual o elemento dominante da população é alemão, as províncias de Curlândia, Estônia e Livônia, está condenada a fazer parte de um Estado eslavo pela situação geográfica. Na própria Alemanha Oriental, há uma grande população eslava. A região da Boêmia é principalmente eslava, a Silésia e outros distritos, o são somente em parte. O país mais unido da Europa, a França, está longe de ser homogêneo. Independentemente dos fragmentos de nacionalidades estrangeiras em suas extremidades mais remotas, consiste, conforme o provam a língua e a história, de duas partes, uma ocupada quase exclusivamente por uma população gaulesa-romana, ao passo que, na outra, francos, burgúndios e outras raças teutônicas formam um ingrediente considerável.

Quando se faz uma concessão adequada às exigências geográficas, outra consideração puramente moral e social se oferece. A experiência prova que é possível a uma nacionalidade fundir-se e ser absorvida por outra e, sendo originariamente uma parte inferior e mais atrasada da raça humana, então a absorção lhe será de grande vantagem. Não se pode supor que não seja mais benéfico para um Bretão ou um Basco da Navarra Francesa entrar em contato com a corrente de ideias e sentimentos de um povo altamente civilizado e culto, ser membro da nacionalidade francesa, ser aceito em termos de igualdade a todos os privilégios da cidadania francesa, compartilhando das vantagens da proteção francesa e da dignidade e prestígio do poderio francês do que se amuar com suas dificuldades, relíquia meio selvagem do passado, girando ao redor da própria órbita mental pequena, sem participação ou interesse no movimento geral do mundo. A mesma observação aplica-se aos gauleses ou outros habitantes da Alta Escócia, como membros da nação britânica.

Tudo o que realmente tende à mistura de nacionalidades e à fusão de seus atributos e peculiaridades em união comum é um benefício para a raça humana. Não pela extinção de tipos dos quais, nestes casos, certamente restam exemplos suficientes, mas pela suavização de suas formas extremas e o preenchimento dos intervalos entre eles. O povo unido, tal como o cruzamento de animais, mas em grau ainda mais elevado, pois as influências na operação são morais assim como físicas, herda as aptidões e excelências especiais de todos os seus progenitores, protegido pela mistura de exageros em vícios vizinhos. Para tornar essa mistura possível, é necessário haver condições particulares. As combinações de circunstâncias que ocorrem e que afetam o resultado são várias.

As nacionalidades reunidas sob o mesmo governo podem ser iguais em número e em força, ou podem ser muito desiguais. Se forem desiguais, a menos numerosa das duas pode ser de civilização superior ou inferior. Imaginando que seja de civilização superior ela pode, através de sua superioridade, adquirir ascendência sobre a outra ou pode ser dominada por força bruta e ser reduzida à submissão. Esta última representa um desvio absoluto para a raça humana, e que a humanidade em uníssono deveria erguer-se em armas para evitar. A absorção da Grécia pela Macedônia foi um dos maiores infortúnios que já aconteceram ao mundo: a absorção de qualquer dos países da Europa pela Rússia seria semelhante.

Se a nacionalidade menor, supostamente mais adiantada em progressos, pode dominar a maior, como os macedônios reforçados pelos gregos fizeram com a Ásia e os ingleses com a Índia, frequentemente a civilização sai ganhando. Mas conquistadores e conquistados não podem, nesse caso, conviver sob as mesmas instituições livres. A absorção dos conquistadores pelo povo menos adiantado seria um mal. Estes deverão ser governados como súditos e o estado de coisas será um benefício ou um infortúnio, conforme o povo subjugado tiver chegado ou não ao estado em que não estar sob um governo livre é uma ofensa e conforme os conquistadores façam uso ou não de sua superioridade de forma calculada a adequar o povo conquistador a um estágio superior de melhoria. Esse assunto será tratado em particular no capítulo seguinte.

Quando a nacionalidade que consegue dominar a outra é ao mesmo tempo a mais numerosa e a mais avançada e, sobretudo, se a nacionalidade subjugada for pequena e não tiver esperanças de recuperar sua independência, nesse caso, se for governada com a alguma justiça tolerável e se os membros da nacionalidade mais poderosa não se tornarem odiosos por estarem investidos de privilégios exclusivos, essa nacionalidade menor gradualmente se conformará com sua posição e se fundirá com a maior. Nenhum baixo-bretão e nem mesmo nenhum alsaciano possui atualmente o menor desejo de se separar da França. Se todos os irlandeses ainda não têm a mesma disposição em relação à Inglaterra, é em parte porque são suficientemente numerosos a ponto de serem capazes de constituir sozinhos uma nacionalidade respeitável, mas principalmente porque, até muito recentemente, haviam sido governados de modo tão atroz que seus melhores sentimentos se combinaram com seus piores, para fazer surgir um amargo ressentimento contra o domínio Saxão. Pode-se verdadeiramente dizer que essa desgraça para a Inglaterra e calamidade para todo o império cessou completamente por quase uma geração. Nenhum irlandês é atualmente menos livre do que um anglo-saxão, nem possui uma cota menor de qualquer benefício, seja em seu país ou seus bens individuais, do que se tivesse nascido em qualquer outra parte dos domínios britânicos. O único agravo real remanescente na Irlanda, o da Igreja do Estado, é aquele que metade, ou quase metade, do povo da ilha maior tem em comum com ela. Não há quase nada hoje, exceto a memória do passado e da diferença na religião predominante, que mantenha duas raças afastadas, os mais capazes de quaisquer dois no mundo para se completarem um ao outro. A consciência de ser finalmente tratado não apenas com igual justiça, mas com igual consideração está rapidamente progredindo na nação Irlandesa, que vai apagando todos os sentimentos que possa torná-lo insensível aos benefícios que o povo menos numeroso e menos abastado possa usufruir a situação de concidadãos, ao invés de estrangeiros em relação àqueles que não são apenas seus vizinhos mais próximos, mas uma das nações ricas e livres, assim como uma das mais civilizadas e poderosas da terra.

Os casos em que existem os maiores obstáculos práticos para fusão de nacionalidades são quando as que se uniram quase equivalem em número e em outros elementos de poder. Em tais casos, cada uma, confiando em sua força e sentindo-se capaz de manter uma luta igual com qualquer das outras, não está disposta a fundir-se. Cada uma cultiva, com obstinação partidária, suas particularidades distintas. Os costumes obsoletos e até mesmo as línguas em declínio são revividos para aprofundar a separação. Cada uma se julga tiranizada se funcionários do povo rival exercem qualquer autoridade dentro de sua área, e tudo aquilo que se dá a uma das nacionalidades em conflito será considerado como tendo sido retirado de todas as outras. Quando as nações, desta forma divididas, se encontram sob um governo despótico que é estranho a todas elas, ou que, embora tenha sido originado de uma delas, interessa-se mais pelo próprio poder do que por simpatias de nacionalidade, que não atribui qualquer privilégio a nenhuma nação e escolhe seus meios indiferentemente de todos, então no curso de algumas gerações a identidade de situações gerará harmonia de sentimentos e as diferentes raças passarão a sentir-se, umas em relação às outras, como cidadãos do mesmo país, particularmente se estiverem espalhadas sobre a mesma região do país. Porém, se a era da aspiração a governo livre chegar antes dessa fusão ter sido concluída, a oportunidade de concretizá-la desaparece. Desde então, se as nacionalidades não reconciliadas estiverem geograficamente separadas e, especialmente, se sua posição local for tal que não haja adequação ou conveniência em estarem sob o mesmo governo, como no caso de uma província italiana sob o jugo francês ou alemão, não haverá apenas uma propriedade óbvia. Contudo, se a liberdade ou a concórdia for levada em conta, haverá uma necessidade de romperem a união completamente. Pode haver casos nos quais as províncias, após a separação, poderão de forma proveitosa permanecer unidas por um vínculo federal, mas geralmente acontece que se estiverem dispostas a renunciar à completa independência e a tornarem-se membros de uma federação, cada uma delas terá outros vizinhos, com quem preferirão unir-se, aqueles com os quais têm mais simpatias em comum, senão também maior comunidade de interesses.

CAPÍTULO XVII

GOVERNOS REPRESENTATIVOS FEDERAIS

Partes da humanidade que não estão adequadas ou dispostas a viver sob o mesmo governo interno podem, frequentemente com alguma vantagem, unir-se de forma federativa quanto às suas relações com estrangeiros, não só para impedir guerras entre si como também em favor de uma proteção mais eficaz contra a agressão de Estados poderosos.

Para que a federação seja algo aconselhável, várias condições são necessárias. A primeira é que haja uma quantidade suficiente de simpatia mútua dentre as populações. A federação obriga-as a combater sempre do mesmo lado, e se tiverem sentimentos tais, umas em relação às outras, ou diversidade tal de sentimento em relação a seus vizinhos que geralmente prefiram combater em lados opostos, não é provável que o vínculo federal seja de longa duração e nem que seja respeitado enquanto existir. As simpatias disponíveis para o propósito da federação são as de raça, idioma, religião e, acima de tudo, de instituições políticas, capazes de conduzir, ao máximo, a um sentimento de identidade de interesses políticos. Quando alguns Estados livres, separadamente insuficientes para a própria defesa, estão cercados por todos os lados por monarcas militares ou feudais, que odeiam e desprezam a liberdade mesmo no vizinho, tais Estados não têm nenhuma chance de preservar sua liberdade e seus benefícios, a não ser através de união federal. O interesse comum resultante dessa causa verificou-se ser adequado na Suíça, há vários séculos, para manter o laço federativo de forma eficiente, apesar não só da diferença de religião, quando esta era a maior fonte de inimizade política irreconciliável por toda a Europa, mas também apesar da grande fraqueza na constituição da federação em si. Na América, onde todas as condições para a manutenção da união existiam no mais alto grau, com o único obstáculo da diferença de instituições quanto à única questão da escravidão, porém da maior importância, esta única diferença foi tão longe na alienação das simpatias de uma para a outra das duas grandes divisões da União, que a manutenção ou ruptura de um vínculo de tanto valor para ambas depende do resultado de uma guerra civil obstinada.

Uma segunda condição para a estabilidade de um governo federal é que os estados separados não sejam tão poderosos a ponto de se sentirem capazes de confiar em sua força individual para a proteção contra a usurpação estrangeira. Se o forem, poderão imaginar que não ganham com a união com os demais o equivalente ao que sacrificam na própria liberdade de ação e, consequentemente, sempre que a política da Confederação, no que diz respeito a assuntos reservados à sua competência, for diferente daquela que qualquer dos membros perseguiria separadamente, a ruptura interna e seccional poderá correr o risco de chegar ao ponto de dissolvê-la devido a ausência de disposição suficiente para preservar a união.

Uma terceira condição, não menos importante do que as outras duas, é que não haja uma desigualdade muito marcante de força dentre os vários Estados contratantes. De fato, eles não podem ser exatamente iguais em termos de recursos: em todas as federações haverá uma gradação de poder entre seus membros; alguns serão mais populosos, ricos e civilizados do que outros. Há uma ampla diferença em termos de riqueza e população entre Nova York e Rhode Island, entre Berna e Zug ou Glaris. O importante é que não haja qualquer Estado tão mais poderoso do que os demais a ponto de se tornar capaz de rivalizar em força com muitos deles juntos. Se tal Estado existir nessas condições, e basta apenas um, ele insistirá em dominar as deliberações conjuntas. Se houver dois, serão irresistíveis quando estiverem de acordo e, sempre que discordarem, tudo será decidido por meio de luta por ascendência entre os rivais. Essa causa é por si só suficiente para reduzir a União Alemã a quase nada, independentemente de sua lamentável constituição interna.

Não realiza nenhum dos propósitos reais de uma confederação. Nunca conferiu à Alemanha um sistema uniforme de costumes e nem mesmo uma moeda uniforme. Apenas serviu para dar à Áustria e à Prússia um direito legal de introduzir as próprias tropas para auxiliar os soberanos locais a manter seus súditos obedientes ao despotismo. Ao mesmo tempo, com relação a interesses externos, a União tornaria toda a Alemanha dependente da Prússia, se não houvesse a Áustria, e da Áustria se não houvesse a Prússia. Nesse meio-tempo cada principezinho possui pouca chance de escolha a não ser tornar-se partidário de uma ou de outra, ou fazer intrigas junto a governos estrangeiros contra ambas.

Há dois modos diferentes de se organizar uma União Federal. As autoridades federais podem representar o governo unicamente, e seus atos podem ser obrigatórios apenas ao governo como tal; ou podem deter o poder de decretar leis e expedir ordens que obriguem diretamente aos cidadãos. O primeiro modo é o plano da assim chamada Confederação Alemã e da Constituição Suíça anterior a 1847. Foi experimentado na América por alguns anos imediatamente após a Guerra da Independência. O outro princípio é aquele da existente Constituição dos Estados Unidos e tem sido adotada nos últimos doze anos pela Confederação Suíça. O Congresso Nacional da União Americana é uma parte substantiva do governo de cada Estado individual. Dentro dos limites de suas atribuições, ele faz leis que são obedecidas por todos os cidadãos individualmente, executa-as através de seus funcionários e obriga-as ao cumprimento por meio de seus tribunais. Esse é o único princípio que se encontrou ou que algum dia, provavelmente, produzirá um governo federal eficaz. Uma união entre os governos apenas, é uma mera aliança sujeita a todas as contingências que tornam alianças precárias. Se os atos do Presidente e do Congresso fossem apenas obrigatórios aos Governos de Nova York, Virgínia ou Pensilvânia e pudessem ser efetivados através de ordens expedidas por tais governos a funcionários por eles nomeados, sob a responsabilidade dos próprios tribunais de Justiça, nenhum mandado do Governo Federal que estivesse em desagrado com a maioria local jamais seria executado. As exigências expedidas a um governo não têm nenhuma outra sanção ou meio para que se façam cumpridas a não ser a guerra, e um exército federal teria sempre de estar de prontidão para fazer cumprir os decretos da Federação contra qualquer Estado recalcitrante, estando sujeito à probabilidade de que outros Estados, que simpatizassem com que aquele que se recusa e talvez até mesmo que compartilhasse de seus sentimentos em um ponto particular na disputa, retirassem seus contingentes, isso senão os enviassem para combater nas fileiras do Estado desobediente. Tal federação é mais provável de ser a causa de guerras internas do que de evitá-las, e se tal não foi o resultado na Suíça, até os acontecimentos dos anos que imediatamente precederam 1847, foi apenas porque o Governo Federal sentiu sua fraqueza tão grandemente que mal tentou exercer qualquer autoridade real. Na América, a experiência de uma federação fundamentada nesse princípio desmoronou-se nos primeiros anos de sua existência, felizmente, enquanto os homens de amplo conhecimento e ascendência adquirida, que fundaram a independência da República, ainda estavam vivos para guiá-la através da difícil transição. O "Federalista", uma coleção de memórias escritas por três desses homens eminentes[41], explicando e defendendo a Constituição Federal enquanto ainda aguardava a aceitação nacional, ainda hoje constitui o tratado mais instrutivo que possuímos no Governo Federal[42]. Na Alemanha, o tipo mais imperfeito de federação, como todos sabem, nem mesmo satisfez o propósito de manter a aliança. Nunca impediu, em qualquer guerra europeia, que membros isolados da Confederação se aliassem a forças estrangeiras contra os demais. Ainda assim, esta é a única federação que parece possível dentre os estados monárquicos. Um rei, que detém seu poder por herança e não por delegação, que não pode ser destituído dele e nem ser responsabilizado pelo modo que o emprega por quem quer que seja, provavelmente não renunciará a possuir um exército separado ou tolerará o exército da autoridade soberana sobre seus súditos, não por meio dele, mas diretamente por meio de outro poder. Para possibilitar que dois ou mais países, sob um reinado, se reúnam em uma confederação eficaz, parece necessário que devam todos estar sob o mesmo rei. A Inglaterra e a Escócia eram federações

(41) Alexander Hamilton, James Madison e John Jay. (N. T.)

(42) *História dos Governos Federais* de Freeman, da qual apenas o primeiro volume apareceu até agora, já representa uma introdução à literatura do assunto, igualmente valiosa por seus princípios esclarecidos e domínio dos detalhes históricos. (N. A.)

dessa natureza, durante um período de meio século entre a união das Coroas e a dos Parlamentos. Tal união se mostrou eficaz, não através das instituições federais, pois não existiam, mas porque o poder régio em ambas as Constituições foi, durante a maior parte daquele tempo, quase tão absoluto que possibilitou que a política exterior de ambos fosse moldada de acordo com uma única vontade.

Sob o mais perfeito modo de federação, em que cada cidadão de cada Estado em particular deve obediência a dois governos, o de seu estado e o da federação, é evidentemente necessário que não apenas os limites constitucionais da autoridade de cada um sejam definidos com precisão e clareza, mas que o poder de decisão entre eles, em qualquer caso de discordância, não resida ou nos governos ou em qualquer funcionário sujeito e a eles, mas em um árbitro independente de ambos. Deve haver uma Corte Suprema de Justiça e um sistema de Tribunais subordinados em cada Estado da União, perante os quais tais questões sejam formuladas e cujo julgamento seja final, na última instância da apelação. Cada Estado da União, e o próprio governo federal, assim como cada funcionário destes, devem estar sujeitos a processos nesses Tribunais por excesso de poder ou por não execução de seus deveres federais e, em geral, devem ser obrigados a lançar mão desses Tribunais como instrumento para fazer cumprir seus direitos federais. Isso resulta na notável consequência, realizada de fato nos Estados Unidos, de que um Tribunal de Justiça, o mais alto tribunal federal, é supremo sobre os vários governos, tanto estadual quanto federal, tendo o direito de declarar que qualquer lei feita ou ato realizado por eles excede os poderes a eles atribuídos pela Constituição Federal, e, por consequência, não possui nenhuma validade legal. Era natural que fortes dúvidas fossem sentidas antes que a experiência fosse realizada: como tal dispositivo operaria, se o tribunal teria coragem de exercer seu poder constitucional e, se tivesse, se o exerceria de forma sábia, e se os governos consentiriam em submeter-se pacificamente à sua decisão. As discussões sobre a Constituição Americana, antes de sua adoção final, prova que essas apreensões naturais foram fortemente sentidas, mas estão totalmente apaziguadas, uma vez que, durante as duas gerações ou mais que transcorreram subsequentemente, nada ocorreu que as provasse, embora houvesse, às vezes, discordância de considerável aspereza, e que se tornaram divisas de partidos, respeitando-se os limites da autoridade dos governos federal e estadual. A ação eminentemente benéfica de disposição tão singular é provavelmente, como Tocqueville observa, em grande parte atribuída à peculiaridade inerente ao Tribunal de Justiça atuando como tal – isto é, que não declara a lei *eo nomine* e em abstrato, mas aguarda até que o caso entre dois homens seja trazido a ele judicialmente, envolvendo o ponto em questão: disso resulta o feliz resultado de que suas declarações não são feitas em estágio demasiadamente prematuro da controvérsia, precedendo-a em geral discussão bastante popular; de que o Tribunal decide após ouvir o assunto inteiramente discutido em ambos os lados por advogados de reputação; que decide, apenas de cada vez, a parte da questão que é requerida perante ele e que sua decisão, ao invés de se oferecer para propósitos políticos, é tomada pelo dever, o qual não pode deixar de cumprir, de conceder justiça imparcialmente entre os litigantes adversários. Mesmo esses fundamentos de confiança não teriam sido suficientes para gerar a respeitosa submissão com a qual todas as autoridades dispensam às decisões da Suprema Corte na interpretação da Constituição, se não fosse a completa confiança sentida não apenas na preeminência intelectual dos juízes que constituem esse exaltado tribunal, mas em sua inteira superioridade sobre qualquer imparcialidade, seja privada ou seccional. Tal confiança tem sido em geral justificada, mas não há nada que importe mais decisivamente ao povo americano do que se proteger com a mais vigilante solicitude contra tudo que apresente a mais remota tendência de produzir deterioração na qualidade de sua grande instituição nacional. A confiança da qual depende a estabilidade das instituições federais foi pela primeira vez prejudicada pela sentença que declarou a escravidão ser de direito comum e, consequentemente, legítima nos Territórios enquanto ainda não nos Estados constituídos, mesmo contra a vontade da maioria de seus habitantes. Essa decisão memorável, provavelmente contribuiu mais do que qualquer outra coisa para levar a divisão seccional à crise que fez irromper a guerra civil. O principal pilar da Constituição Americana não é forte o suficiente para sustentar muitos mais choques dessa natureza.

Os tribunais que agem como árbitros entre os Governos Estaduais e Federal, naturalmente também decidem todas as divergências entre dois Estados, ou entre um cidadão de um Estado e o governo de um outro. Uma vez que as soluções comuns entre as nações, guerra e diplomacia, são excluídas pela União Federal torna-se necessário que uma solução judicial seja fornecida em seu lugar. A Suprema Corte da Federação dispensa a lei internacional, e é o primeiro grande exemplo do que é agora uma das necessidades mais prementes da sociedade civilizada, um Tribunal Internacional real.

Os poderes de um Governo Federal naturalmente se estendem não apenas à paz e à guerra, e à todas as questões resultantes entre o país e governos estrangeiros, mas à realização de outros arranjos que são, na opinião dos Estados, necessários ao desfrute dos plenos benefícios da união. Por exemplo, é bastante vantajoso que o comércio mútuo seja livre sem impedimento de impostos de fronteira e de alfândegas. Mas tal liberdade interna não poderá existir se cada Estado tiver o poder de fixar os impostos na troca de mercadorias entre ele próprio e países estrangeiros, visto que cada produto estrangeiro introduzido por um Estado circularia nos demais. Em consequência, para todos os impostos alfandegários e regulamentações comerciais, nos Estados Unidos, existe apenas uma moeda e apenas um sistema de pesos e medidas, os quais somente podem ser garantidos se as regulamentações dessas questões forem confiadas ao Governo Federal. A segurança e rapidez da comunicação dos Correios serão prejudicadas e os custos aumentados se uma carta tiver de passar por meia dúzia de grupos de repartições públicas, sujeitos a diferentes autoridades supremas. É, portanto, conveniente que todas as agências dos Correios estejam subordinadas ao Governo Federal. Mas, em relação a tais questões, os sentimentos das comunidades estão sujeitos a serem diferentes. Um dos Estados americanos, sob a orientação de um homem que demonstrou qualidades de um pensador político especulativo superior a qualquer um que tenha aparecido na política americana depois dos autores do "Federalista"[43], pleiteou um veto para cada Estado nas leis alfandegárias do Congresso Federal. Tal estadista, em uma obra póstuma de grande competência, que foi im-

[43] John Caldwell Calhoun (1782-1850), político norte-americano. (N. T.)

pressa e amplamente divulgada pela legislação da Carolina do Sul, justificava essa pretensão baseando-se no princípio geral que limita a tirania da maioria e protege minorias admitindo-as na participação substancial do poder político. Um dos tópicos mais discutidos na política americana, durante a primeira parte deste século, era se o poder do Governo Federal deveria estender-se, e se pela Constituição estendia-se, à construção de estradas e canais à custa da União. A autoridade do Governo Federal é apenas completamente necessária em transações com potências estrangeiras. Em qualquer outro assunto, a questão depende de até que ponto o povo em geral deseja puxar a corda federal, a que porção de sua liberdade local de ação ele deseja renunciar, a fim de aproveitar mais plenamente o benefício de formar uma só nação.

Em relação à constituição apropriada de um governo federal dentro de seus limites, não é necessário dizer muito. Certamente consiste de um ramo legislativo e um executivo e a constituição de cada um está em concordância com os mesmos princípios dos governos representativos em geral. Quanto ao modo de adaptação desses princípios gerais a um governo federal, o dispositivo da Constituição Americana parece extremamente judicioso quando requer que o Congresso deva constituir-se de duas Casas e, enquanto uma delas é constituída de acordo com a população, tendo cada Estado o direito a representantes em proporção ao número de seus habitantes, a outra não deverá representar os cidadãos, mas sim os Governos dos Estados e, cada um deles, grande ou pequeno, deverá ser representado nessa Casa pelo mesmo número de membros. Essa disposição evita que qualquer poder indevido seja exercido pelos Estados mais poderosos sobre os demais e garante os direitos reservados dos Governos Estaduais, impossibilitando, até onde o modo de representação possa evitar, que qualquer medida seja aprovada pelo Congresso, a menos que aprovada não apenas pela maioria dos cidadãos, mas pela maioria dos Estados. Anteriormente já havia advertido sobre outra vantagem acidental resultante da elevação do padrão de qualificações em uma dessas Casas. Sendo nomeados por corpos escolhidos, ou seja, os poderes legislativos dos vários Estados, cuja escolha, por razões já indicadas, mais provavelmente recairá sobre homens eminentes do que por meio de eleição popular, sendo que tais corpos não só têm o poder de elegê-los, mas um forte motivo para fazê-lo e visto que a influência de seu Estado nas deliberações gerais deve ser profundamente afetada pelo valor pessoal e competências de seus representantes, o Senado dos Estados Unidos, dessa forma escolhido, quase sempre reúne todos os políticos se reputação estabelecida e elevada na União, ao passo que a Câmara dos Deputados, na opinião de competentes observadores, tem sido notável pela ausência de mérito pessoal proeminente em comparação com a Câmara Alta.

Quando existem condições para a formação de Uniões Federais eficazes e duradouras, sua multiplicação representa sempre um benefício para o mundo. Elas têm o mesmo efeito salutar que qualquer outra extensão da política de cooperação, através da qual os fracos, pela união, podem enfrentar os fortes em igualdade de condições. Diminuindo-se o número desses pequenos Estados que não estão em condições de prover a própria defesa, enfraquece-se a tentação para uma política agressiva, quer atuando diretamente por meio de armas ou através do prestígio do poder superior. Certamente isso põe um fim às guerras e disputas diplomáticas e, usualmente também à restrição ao comércio entre os Estados que compõem a União. Ao mesmo tempo, com relação às nações vizinhas, sua maior força militar é de tal natureza que está quase exclusivamente disponível para a finalidade de defesa e, muito raramente, para fins agressivos. Um governo federal não detém autoridade suficientemente concentrada para conduzir, com muita eficácia, qualquer guerra a não ser para a própria defesa, na qual pode contar com a cooperação voluntária de todos os cidadãos. Nem tão pouco será muito lisonjeiro para vaidade ou ambição nacional adquirir, por meio de uma guerra bem-sucedida, súditos ou concidadãos, mas apenas novos e, talvez problemáticos, membros independentes da confederação. A ação belicosa dos americanos no México foi puramente excepcional, tendo sido realizada sobretudo por voluntários sob a influência da propensão migratória que leva os americanos individualmente a tomar posse de terras desocupadas e, estimulados, se por qualquer motivo público, não pelo engrandecimento nacional, mas pelo simples propósito seccional de ampliar a escravidão. Há alguns sinais nos procedimentos dos americanos, nacional ou individualmente, de que o desejo de aquisição territorial para seu país como tal, exerça alguma força considerável sobre eles. Seu desejo por Cuba é, da mesma forma, puramente seccional, e os Estados do Norte, aqueles que se opõem à escravidão, de modo algum o favoreceu.

A questão pode representar em si, como na Itália em seu atual crescimento, se um país, que está determinado a ser unido, deve formar uma completa ou simples união federativa. A questão é por vezes decidida pela mera dimensão territorial do conjunto unido. Há um limite para estender o país que pode ser governado vantajosamente, ou mesmo cujo governo possa ser supervisionado de forma conveniente a partir de um único centro. Há países vastos governados dessa forma, mas são, ou pelo menos suas distantes províncias são, em geral deploravelmente administrados e, apenas quando os habitantes são quase selvagens, é que não conseguem administrar melhor seus assuntos separadamente. Tal obstáculo não existe no caso da Itália, cujas dimensões não chegam àquelas de vários estados únicos administrados muito eficientemente no passado e no presente. A questão então é se as diferentes partes da nação requerem ser governadas de um modo tão essencialmente diferente que provavelmente a mesma legislatura ou o mesmo ministério não satisfaça a todos eles. A menos que seja esse o caso, que é uma questão de fato, é melhor que estejam completamente unidos. Que um sistema totalmente diferente de leis e instituições administrativas muito diversas possa existir em duas partes de um país sem representarem obstáculo à unidade legislativa é algo que se pode provar no caso da Inglaterra e da Escócia. Talvez, contudo, tal coexistência tranquila de dois sistemas legais, sob uma legislatura unida, elaborando leis diferentes para as duas partes do país em conformidade com as diferenças anteriores, não possa ser tão bem preservada ou a mesma confiança não venha a ser sentida em sua preservação, em um país cujos legisladores estiverem mais imbuídos da mesma mania pela uniformidade, como é possível acontecer na Europa Continental. Um povo que possua tolerância ilimitada, que é característica desse país para qualquer natureza de anomalia e contanto que aqueles, cujos interesses lhe diz respeito não se sintam prejudicados por ele, forneceu um campo excepcionalmente vantajoso para tentar-se essa difícil experiência. Na maioria dos países, se o objetivo for manter sistemas diferentes de leis, provavelmente será necessário manter legislaturas distintas como seus guardiões, o que é perfeitamente compatível com um parlamento nacional sem um rei, supremo sobre todas as relações externas de todos os membros do corpo.

Sempre que não se julgar necessário manter permanentemente, em diferentes províncias, diferentes sistemas de jurisprudência e instituições fundamentais baseadas em princípios distintos, será praticável conciliar diversidades secundárias com a preservação da unidade do governo. Tudo isso é necessário para fornecer uma esfera suficientemente grande de ações às autoridades locais. Sob um único e mesmo governo central podem haver governadores locais e assembleias provinciais com objetivos locais. Pode acontecer, por exemplo, de o povo de diferentes províncias ter preferências por modos diversos de tributação. Se a legislatura geral não pudesse de fato ser guiada pelos membros de cada província, no sentido de modificar o sistema geral de tributaçao para se adequar àquela província, a Constituição poderia estabelecer que muitas das despesas do governo que pudessem tornar-se locais fossem custeadas pelas taxas locais impostas pelas assembleias das províncias, e que aquelas cuja necessidade fosse geral, tal como a manutenção do exército ou da marinha, no orçamento anual deveriam ser distribuídas entre as diferentes províncias, de acordo com uma estimativa geral de seus recursos, sendo o total designado a cada uma arrecadado pela assembleia local conforme os princípios mais aceitáveis à localidade e pago *en bloc* ao tesouro nacional. Uma prática que se assemelha a esta existia mesmo na antiga monarquia francesa, no que dizia respeito ao *pays d'etats*, cada um deles, tendo consentido ou sendo exigido a fornecer uma quantidade fixa, ficava livre para arrecadá-la dos habitantes pelos próprios funcionários, desta forma, escapando ao despotismo extorsivo dos *intendants e subdélégués* reais. Tal privilégio é sempre mencionado como uma das vantagens que contribuíram sobretudo para torná-las, como algumas delas foram, as províncias que mais se desenvolveram na França.

A identidade do governo central é compatível com muitos graus diferentes de centralização, não apenas administrativa, mas até mesmo legislativa. Um povo pode ter o desejo e a capacidade de união mais íntima do que meramente federativa, embora suas peculiaridades e antecedentes locais tornem desejáveis consideráveis diversidades nos detalhes de seu governo. Mas se houver um desejo real em todas as partes para tornar a experiência bem-sucedida, raramente haverá qualquer dificuldade em não apenas preservar tais diversidades, mas fornecer-lhes a garantia de um dispositivo constitucional contra qualquer tentativa de assimilação, exceto pelo ato voluntário daqueles que fossem afetados pela mudança.

CAPÍTULO XVIII

GOVERNO DE POSSESSÕES POR UM ESTADO LIVRE

Estados livres, como todos os outros, podem deter possessões adquiridas por conquista ou por colonização. A Inglaterra é um dos maiores exemplos dessa natureza na história moderna. É uma questão da maior importância indagar como tais possessões devem ser governadas.

É desnecessário discutir o caso de pequenos postos, como Gibraltar, Aden ou Heligoland, que são mantidos apenas como posições navais ou militares. O objetivo naval ou militar é, neste caso, primordial, e os habitantes não podem, por causa dessa situação, participar do governo local, embora tenham permissão e todas as liberdades e privilégios compatíveis com tal restrição, incluindo a livre administração dos assuntos municipais. Como compensação por serem localmente sacrificados à conveniência do Estado governante, eles deveriam ter direitos iguais aos dos habitantes do local em todas as outras partes do império.

Territórios exteriores, de determinada dimensão e população, os quais são mantidos como possessões, ou seja, que estão sujeitos, mais ou menos, a atos do poder soberano do país principal, sem serem igualmente representados, se é que o são afinal, em sua legislatura, podem ser divididos em duas classes. Alguns são compostos de povos de civilização similar à do país governante, aptos e maduros para o governo representativo, tal como as possessões britânicas na América e na Austrália. Outros, como a Índia, ainda estão longe de tal situação.

No caso de possessões de primeira classe, a Inglaterra realizou, com rara perfeição, o verdadeiro princípio de governo. Este país sempre se sentiu de certa forma sob a obrigação de conceder às populações exteriores do mesmo sangue e mesma língua e, mesmo a algumas que não o eram, instituições representativas formadas segundo as suas. Contudo, até a presente geração, tem se mantido no mesmo nível ruim que os outros países com relação ao autogoverno que permitiu que exercessem através das instituições representativas que lhes concedeu. Exigia ser o supremo árbitro até mesmo de assuntos puramente internos, conforme suas ideias e não as deles, de como tais assuntos podiam ser mais bem regulados. Essa prática era um corolário natural da teoria imperfeita de política colonial, outrora comum em toda a Europa e, até agora, não completamente abandonada por qualquer outro povo, a qual considerava as colônias tão valiosas por constituírem mercados para os produtos nacionais, que podiam ser mantidas inteiramente para nosso próprio país. Tal privilégio era tão altamente valorizado que achamos que valia a pena comprar, permitindo às colônias o mesmo monopólio, que era exigido para os nossos produtos, para os produtos delas nos respectivos mercados. Esse plano notável, tanto para enriquecê-los quanto a nós mesmos, fazendo com que cada um pagasse enormes somas ao outro, deixando cair a maior parte no caminho, esteve abandonado por algum tempo. Contudo, o mau hábito de interferir no governo interno das colônias não terminou imediatamente quando abandonamos a ideia de tirarmos algum proveito dele. Continuamos a atormentá-los, não para proveito próprio, mas para uma seção ou facção entre os colonos. Tal persistência em dominação custou-nos uma rebelião canadense, ante que tivéssemos a feliz ideia de abandoná-la. A Inglaterra era como um irmão mais velho malcriado, que insiste em tiranizar os mais jovens por simples hábito, até que um deles, provido de espírito de resistência, embora com força desigual, intima-o a desistir. Fomos sensatos o suficiente para não precisar de um segundo aviso. Uma nova era na política colonial das nações começou com o Relatório de Lorde Durham[44], monumento imperecível da coragem, patriotismo e liberdade esclarecida desse nobre, e da inteligência e sagacidade de seus coautores, o sr. Wakefield e o saudoso Charles Buller[45].

(44) John George Lambton, conde de Durham (1792-1840), político britânico, foi governador do Canadá e seu *Relatório sobre o Canadá* foi elaborado em 1839. (N. T.)

(45) Refiro-me aqui à *adoção* dessa política melhorada, e não, é claro, de sua sugestão original. A honra de ter sido seu primeiro campeão pertence, sem dúvida alguma, ao sr. Roebuck. (N. A.)

Hoje, é um princípio fixo da política da Grã-Bretanha, professado em teoria e fielmente obedecido na prática, que as colônias de raça europeia, igualmente à metrópole, possuam a mais ampla autonomia de autogoverno. Permitiu-se a elas constituir seu próprio governo representativo livre, modificando-o de forma que julgassem adequada às constituições já então muito populares que havíamos concedido a elas. Cada uma é governada pelo próprio legislativo e executivo, constituídos em princípios altamente democráticos. O veto da Coroa e do Parlamento, embora nominalmente reservado, é apenas exercido, e isso muito raramente, em questões que concernem ao império e não somente à colônia em particular. A interpretação liberal que foi dada à distinção entre questões imperiais e coloniais é demonstrada pelo fato de que todas as terras não ocupadas nas regiões atrás de nossas colônias americanas e australianas foram abandonadas à direção, sem o nosso controle, das comunidades coloniais, embora pudessem, sem cometer injustiça, ter sido mantidas nas mãos do Governo Imperial para serem administradas visando maior vantagem de futuros emigrantes de todas as partes do império. Dessa forma, cada colônia possui tanto poder sobre seus assuntos quanto teria se fosse um membro de federação, mesmo a mais livre. Tal poder é muito mais completo do que lhe caberia sob a Constituição dos Estados Unidos, sendo até mesmo livre para tributar, a seu bel-prazer, as mercadorias importadas do país materno. Sua união com a Grã-Bretanha é o mais suave tipo de união federal, porém não chega a ser uma federação rigorosamente igual, pois a metrópole detém para si os poderes de um Governo Federal, embora reduzidos na prática a seus limites mais estreitos. Essa desigualdade é, até onde vai, uma desvantagem para as possessões que não têm voz na política estrangeira, mas são obrigadas pelas decisões do país superior. São compelidas a juntar-se à Inglaterra na guerra, sem serem, de forma alguma, consultadas antes de se engajarem.

Aqueles, felizmente não são poucos, que acham que a justiça é tão obrigatória nas comunidades quanto nos indivíduos, e que os homens não têm permissão de fazer a outros países, por suposto benefício do próprio país, aquilo que seria injustificado fazer a outros indivíduos para seu benefício, sentem que até mesmo essa quantidade limitada de subordinação constitucional da parte das colônias seja uma violação de princípio, e têm frequentemente se ocupado de procurar meios para evitá-la. Com essa visão, alguns propuseram que as colônias deveriam devolver representantes à legislatura britânica e outros propuseram que nossos próprios poderes, assim como de seus Parlamentos, devessem estar confinados à política interna e que deveria haver um outro corpo representativo para assuntos estrangeiros e imperiais, no qual as possessões da Grã-Bretanha fossem da mesma forma representadas, e com a mesma inteireza da própria Grã-Bretanha. Haveria nesse sistema uma federação perfeitamente igual entre metrópole e suas colônias, então não mais possessões.

Os sentimentos de equidade e as concepções de moralidade pública, dos quais emanam tais sugestões, são dignos de todo o louvor. Contudo, as sugestões em si são tão inconsistentes com os princípios racionais de governo que se duvida que qualquer pensador racional os tenha aceitado como uma possibilidade. Países separados pela metade do globo não apresentam as condições naturais para estarem sob um único governo, ou mesmo para serem membros de uma federação. Se tivessem suficientemente os mesmos interesses, não teriam e nunca terão, hábito suficiente para se reunirem com intuito de tomar resoluções. Não fazem parte do mesmo público, não discutem ou deliberam na mesma arena, mas em separado, e possuem apenas um conhecimento bastante imperfeito do que se passa na mente dos outros. Nem mesmo conhecem os objetivos uns dos outros. Pergunte a qualquer inglês se gostaria que seus destinos dependessem de uma assembleia que fosse constituída de um terço de americanos britânicos, e outro terço de sul-africanos e australianos. Entretanto, chegaríamos a esse ponto se houvesse algo como representação justa e igualitária, e todo mundo sentisse que os representantes de Canadá e Austrália, mesmo em questões de natureza imperial, não pudessem conhecer ou sentir qualquer interesse pelos assuntos, opiniões ou desejos de ingleses, irlandeses e escoceses? Mesmo para finalidades estritamente federativas, não existem condições que consideramos essenciais para uma federação. A Inglaterra é suficiente o bastante para a própria proteção sem as colônias, e estaria em uma posição muito mais forte e mais digna se estivesse separada delas do que reduzida a simples membro de uma confederação americana, africana e australiana. Além e acima do comércio do qual ela poderia igualmente desfrutar após a separação, a Inglaterra tira pouco proveito, exceto em prestígio, de suas possessões e o pouco que aproveita fica contrabalançado pelas despesas que tais possessões lhe causam e pela disseminação que exigem da força militar e naval, que, em caso de guerra e qualquer temor real desta, necessitariam do dobro ou do triplo do que seria necessário para a defesa do próprio país.

Mas embora a Grã-Bretanha passasse perfeitamente bem sem suas colônias e, embora baseada em todos os princípios de moralidade e justiça, devesse consentir em sua separação quando chegasse a hora e, depois de tentar a melhor forma de união, desejassem deliberadamente separar-se, existiriam fortes razões para manter o atual vínculo tênue de ligação, contanto que não se torne desagradável ao sentimento de qualquer uma das partes. É um passo, até onde alcance, em direção à paz universal e cooperação geralmente amistosa entre as nações. Torna a guerra impossível entre um grande número de comunidades de outra forma independentes e, além disso, impede que qualquer uma delas seja absorvida por um estado estrangeiro e torne-se fonte a mais de força agressiva para alguma potência rival, ou mais despótica ou mais íntima, que talvez não seja sempre tão sem ambição ou tão pacífica quanto a Grã-Bretanha. Pelo menos conserva os mercados de diferentes países abertos uns aos outros e impede a exclusão mútua por meio de tarifas hostis, que nenhuma das grandes comunidades da humanidade, exceto a Inglaterra, até agora superou completamente. No caso das possessões britânicas existe a vantagem, especialmente valiosa hoje, de acrescentar à influência moral e à ponderação nos conselhos do mundo, o poder que, de todos os existentes, mais bem compreende a liberdade e, sejam quais forem os erros cometidos no passado, atingiu a maior porção de consciência e princípio moral ao lidar com estrangeiros do que qualquer outra nação parece conceber como possível ou reconhecer como desejável. Portanto, desde que a união possa apenas vigorar, enquanto realmente vigora, na posição de uma federação desigual, é importante considerar quais meios podem ser usados para evitar que essa pequena porção de desigualdade seja onerosa ou humilhante para as comunidades que ocupam posição menos elevada.

A única inferioridade necessariamente inerente ao caso é que a metrópole decide, tanto pelas colônias quanto para si mesma, sobre assuntos de guerra e paz. Ganham, em troca, a obrigação da metrópole em repelir agressões dirigidas a elas. Contudo, exceto quando a comunidade menor é tão fraca que a proteção de uma potência mais forte se torna indispensável, a reciprocidade da obrigação não equivale inteiramente à não admissão de se fazer ouvir nas deliberações. Portanto, salvo aquelas que, como as dos Kaffir ou da Nova Zelândia, forem empreendidas a favor da própria colônia, os colonos não devam, sem solicitar voluntariamente, ser convocados a contribuir com qualquer coisa para as despesas, exceto aquilo que se possa solicitar para a defesa local específica de seus portos, praias e fronteiras contra invasão. Além disso, como a metrópole reivindica o privilégio, por iniciativa própria, de tomar medidas ou de manter uma política que possa expor as colônias ao ataque, é justo que ela se responsabilize por uma parte considerável do custo de sua defesa militar mesmo em tempos de paz; e na sua integridade, naquilo que depender de um exército sempre a postos.

Mas há um meio ainda mais eficaz do que esses, pelo qual, e em geral somente através dele, é possível conceder plena equivalência a uma comunidade menor por fundir sua individualidade, como uma potência substantiva entre nações, na individualidade maior de um império vasto e poderoso. Tal expediente indispensável e, ao mesmo tempo, suficiente que satisfaz de imediato às exigências da justiça e as crescentes exigências da política é abrir o serviço do governo, em todas as partes do império, aos habitantes da colônia, em termos de perfeita igualdade. Por que ninguém jamais ouve qualquer sopro de deslealdade vindo das Ilhas no Canal Britânico? Pela raça, religião e localização geográfica que pertencem menos à Inglaterra do que à França. Porém, enquanto desfrutam, como o Canadá e a Nova Gales do Sul, de completo controle sobre seus assuntos internos e seus tributos, cada cargo ou dignidade que depende da Coroa está livremente aberto aos nativos de Guernsey ou Jersey. Generais, almirantes, nobres do Reino Unido têm-se originado dessas ilhas insignificantes, não havendo nada que impeça que também primeiros-ministros delas se originem. O mesmo sistema com referência às colônias foi iniciado por um esclarecido Secretário da Colônia, desaparecido muito prematuramente, o sr. William Molesworth, quando indicou o sr. Hinckes, um líder político canadense, a um governo nas Índias Ocidentais. É uma visão muito superficial dos princípios da ação política em uma comunidade, que considera tais coisas sem importância porque o número daqueles realmente em posição de beneficiar-se de tal concessão pode não ser tão considerável. Esse número limitado se comporia precisamente daqueles que têm mais força moral sobre os demais, e os indivíduos não são tão destituídos do senso de degradação coletiva a ponto de não sentir que uma vantagem até mesmo de uma única pessoa, devido a uma circunstância que todos têm em comum com ela, seria uma afronta para todos. Se impedirmos que os líderes de uma comunidade ergam-se perante o mundo como seus chefes e representantes nos conselhos gerais da humanidade, devemos tanto à sua legítima ambição quanto ao justo orgulho de a comunidade conceder lhes, em troca, uma oportunidade igual de ocupar a mesma posição proeminente em uma nação de poder e importância maiores.

Até aqui discutimos sobre as possessões cuja população se encontra em um estágio suficientemente avançado para se adequar ao governo representativo. Mas há outras que não alcançaram tal estágio e que, se mantida de qualquer forma, devem ser governadas pelo país dominante ou por indivíduos por ele delegados para essa finalidade. Esse modo de governo é tão legítimo quanto qualquer outro, se for o único que, no atual estado da civilização do povo subjugado, mais facilite sua transição a um estado superior de aperfeiçoamento. Existem, como já vimos anteriormente, condições da sociedade nas quais um despotismo vigoroso é em si o melhor modo de governo para ensinar ao povo aquilo que especificamente lhes falta para torná-lo capaz de uma civilização mais elevada. Há outras nas quais o simples fato de o despotismo não produzir qualquer efeito benéfico e, tendo as lições que ele ensina já sido completamente aprendidas, mas, nos quais, não existindo qualquer princípio de aperfeiçoamento espontâneo no povo em si, quase a única esperança que lhes resta em direção ao avanço depende da chance de contarem com um bom déspota. Sob um despotismo nativo, o bom déspota é acidente raro e transitório. Todavia, quando o domínio sob o qual se encontram é o de um povo mais civilizado, tal povo deve estar apto a supri-lo constantemente. O país governante deve ser capaz de fazer por seus súditos aquilo que faria uma sucessão de monarcas absolutos, assegurados pela força irresistível contra a precariedade de autoridade que acompanha os despotismos bárbaros e habilitados pelo próprio gênio a anteciparem tudo o que a experiência ensinou à nação mais avançada. Essa é a regra ideal de um povo livre sobre um povo bárbaro ou semibárbaro. Não precisamos ver tal ideal realizado a não ser que, ao se aproximar dele, os governantes sejam responsáveis pela negligência em relação à mais elevada confiança moral que possa ser delegada a uma nação. Contudo, se não almejarem tal ideal, então serão considerados usurpadores egoístas no mesmo nível em criminalidade que quaisquer daqueles cuja ambição e voracidade têm zombado, de era em era, do destino da humanidade.

Como já é uma condição comum, a qual rapidamente tende a tornar-se universal, das populações mais atrasadas serem mantidas sob a direta sujeição às mais avançadas ou estarem sob sua completa ascendência política, aparecem nessa era do mundo alguns problemas mais importantes do que como organizar esse governo a fim de torná-lo bom e não um mal para o povo subjugado, fornecendo-lhes o melhor governo atual que se possa conseguir com as condições mais favoráveis e aperfeiçoamento permanente no futuro. Porém, o modo para adaptar o governo a essa finalidade não é de forma alguma tão bem compreendido quanto as condições de um bom governo em um povo capaz de governar a si próprio. Podemos até dizer que tal modo não é compreendido de forma alguma.

A questão parece perfeitamente fácil aos observadores superficiais. Se a Índia, por exemplo, não se encontra apta a governar a si mesma, tudo que parece ser necessário é que deva haver um ministro para governá-la e que tal ministro, assim como todos os outros ministros britânicos, seja responsável perante o Parlamento Britânico. Infelizmente, esse modo, embora seja o mais simples para tentar governar uma possessão, é provavelmente o pior, mostrando naqueles que advogam a seu favor uma total falta de compreensão das condições de um bom governo. Governar um país sob a responsabilidade de seu povo e governar um país sob a responsabilidade para o povo de um outro são duas coisas bem diferentes. O que faz a excelência da primeira é que a liberdade é preferível ao despotismo, mas a última *é* despotismo. A única escolha que o caso admite é de despotismos, e não é certo que o despotismo de 20 milhões seja necessariamente melhor do que o de alguns ou o de um apenas. Contudo, é absolutamente certo que o despotismo daqueles que nem ouvem, nem veem e nem sabem nada sobre seus súditos tenha muitas probabilidades de ser pior do que aquele dos que sabem. Usualmente não se imagina que os agentes imediatos da autoridade governamental governem melhor só porque o fazem em nome de um senhor ausente, e daquele que possui milhares de interesses mais urgentes a atender. O senhor pode mantê-los em rigorosa responsabilidade imposta por pesadas penalidades. Todavia, é muito questionável se tais penalidades venham a recair no lugar certo.

É sempre com grandes dificuldades, e de forma bastante imperfeita, que um país possa ser governado por estrangeiros, mesmo quando não existe nenhuma disparidade extrema, em hábitos e ideias, entre os governantes e os governados. Os estrangeiros não sentem como o povo. Não são capazes de julgar, pela maneira pela qual um fato aparece em seus espíritos ou lhes afete os sentimentos, como afetará os sentimentos ou aparecerá nos espíritos da população subjugada. O que o nativo de um país, de capacidade prática média, conhece como se fosse por instinto, eles têm de aprender devagar e de modo imperfeito pelo estudo e pela experiência. As leis, os costumes, as relações sociais, para os quais eles têm de legislar, ao invés de estarem familiarizados com tais coisas desde a infância, lhes serão todas estranhas. Para que tenham conhecimento detalhado terão de depender da informação dos habitantes nativos, sendo que é difícil saber em quem confiar. A população os teme, suspeita e provavelmente os odeia, raramente os procura, exceto por propósitos interesseiros, e tendem a supor que os que os submetem servilmente são os dignos de confiança. O perigo está em desprezar os habitantes nativos e o perigo para estes é não acreditar que qualquer coisa que os estrangeiros façam possa ser para seu proveito. Esta é só uma parte das dificuldades que têm de enfrentar os governantes que tentam honestamente governar bem um país no qual são estrangeiros. Superar tais dificuldades em qualquer extensão será sempre uma tarefa de grande esforço, a qual requer um grau muito elevado de capacidade dos administradores principais e um grau quase tão alto entre os subordinados. A melhor organização de tal governo é aquela que assegurar melhor o trabalho, desenvolver a capacidade e colocar os elementos de maior valor nas posições de maior confiança. A responsabilidade em uma autoridade que não realizou qualquer parte do trabalho não adquiriu qualquer capacidade e, na maior parte das vezes nem mesmo tem consciência da necessidade de uma ou de outra, em qualquer extensão em particular, não pode ser considerada como um expediente bastante eficaz para realizar esses objetivos.

O governo de um povo por si só tem um significado e uma realidade, mas um governo de um povo por outro não resiste e nem poderá resistir. Um povo pode manter um outro sob tutela ou preservá-lo para seu uso, ou seja, um lugar de onde tirar dinheiro, uma fazenda de gado humano que trabalhe em proveito dos próprios habitantes. Mas, se o bem dos governados é incumbência propriamente de um governo, é inteiramente impossível que um povo se encarregue dele diretamente. O máximo que pode fazer é nomear uma comissão de alguns de seus melhores homens para lidar com ele. Para estes a opinião do próprio país não pode servir nem de guia no desempenho de sua tarefa e nem de juiz competente para julgar o modo em que ela foi desempenhada. Imagine que alguém considere como os próprios interesses seriam governados se não conhecessem ou cuidassem mais dos próprios assuntos do que conhecem e cuidam dos assuntos dos hindus. Mesmo essa comparação não dá uma ideia adequada da situação do caso, pois um povo assim indiferente à política de modo geral, provavelmente concordaria com o governo de modo simples e não se importaria com ele, ao passo que, no caso da Índia, um povo tão ativamente político como o inglês, no meio da concordância habitual, uma vez ou outra interfere e, quase sempre, onde não deve. As verdadeiras causas que determinam a prosperidade ou a miséria, o aperfeiçoamento ou a deterioração dos hindus, estão afastadas demais para que façam parte de sua percepção. Eles não têm conhecimento necessário para suspeitar da existência de tais causas e muito menos para julgar como operam. Os interesses mais importantes do país podem ser administrados sem a aprovação do povo, ou podem ser mal geridos quase de forma abusiva sem lhes atrair a atenção. Os objetivos pelos quais eles se sentem principalmente tentados a interferir e controlar o procedimento de seus delegados são de dois tipos. Um deles consiste em fazer com que os nativos "engulam" as ideias inglesas, por exemplo, através de medidas de conversão ou atos ofensivos, intencionais ou não intencionais, aos sentimentos do povo. Essa distorção de opinião no país governante é exemplificada de forma instrutiva, tanto mais porque nada se almeja exceto a justiça e a imparcialidade quanto se pode esperar de pessoas realmente convencidas, pela demanda ora tão geral na Inglaterra para que se ensine a Bíblia nas escolas do governo, se assim desejarem alunos ou seus pais. Do ponto de vista europeu, nada pode ter melhor aspecto ou parecer menos sujeito à objeção em razão da liberdade religiosa. Aos olhos asiáticos, a questão é bem outra. Nenhum povo asiático jamais acredita que um governo coloque seus funcionários pagos e a máquina oficial em movimento a menos que empenhado em um objetivo e, quando empenhado, nenhum asiático acredita que um governo, exceto se for fraco e desprezível, persiga tal objetivo pela metade. Se as escolas e professores do governo ensinassem o cristianismo, não importa que prometam ensiná-lo apenas àqueles que espontaneamente o procurem, então nenhuma evidência conseguiria persuadir os pais de que meios impróprios foram utilizados para tornar seus filhos cristãos, ou de qualquer modo, proscritos do hinduísmo. Se, ao final, pudessem ser convencidos do contrário, seria apenas por inteiro fracasso das escolas, dessa forma conduzidas, em convertê-los. Se o ensino tivesse o menor efeito em promover seu objetivo, ele comprometeria não apenas a utilidade e até mesmo a existência da educação do governo, mas talvez a segurança do próprio governo. Um protestante inglês não seria facilmente induzido, pela renúncia à conversão, a colocar seus filhos em um seminário católico romano: os católicos irlandeses não mandarão seus filhos às escolas que possam convertê-los em protestantes, e esperamos que os hindus, que creem que é possível perder os privilégios do hinduísmo por ato meramente físico, irão expor seus filhos ao risco de tornarem cristãos!

Este é um dos modos no qual a opinião do país dominante tende a agir de forma mais maléfica do que benéfica sobre a conduta de seus governadores delegados. Em outros aspectos, sua interferência é provavelmente exercida com mais frequência onde for exigida mais pertinentemente, ou seja, a favor de algum interesse de colonizadores ingleses. Estes têm amigos em seu país de origem, têm órgãos, têm acesso ao público, têm um idioma em comum e ideias comuns com seus compatriotas. Qualquer queixa vinda de um inglês é ouvida com mais simpatia, mesmo se nenhuma preferência injusta for intencionalmente concedida a ela. Ora, se há um fato que toda experiência comprove, é aquele em que, quando um país subjuga outro, os indivíduos do povo governante que recorrem ao país estrangeiro para fazer suas fortunas, são, dentre todos os outros, aqueles que mais precisam ser mantidos sob a mais rigorosa restrição. Eles representam sempre uma das maiores dificuldades do governo. Armados de prestígio e cheios de arrogância desdenhosa da nação conquistadora, têm seus sentimentos inspirados pelo poder absoluto, sem qualquer sentimento de responsabilidade. Em um povo como o da Índia, os maiores esforços das autoridades públicas não são suficientes para a proteção eficaz dos fracos em relação aos fortes e, de todos os fortes, os colonizadores europeus são os mais fortes. Onde quer que o efeito desmoralizador da situação não seja corrigido, em grau mais notável, pelo caráter pessoal do indivíduo, eles continuarão a considerar o povo do país simples pó sob seus pés. Parece-lhes monstruoso que quaisquer direitos dos nativos possam ser obstáculo às suas menores pretensões. O mais simples ato de proteção aos habitantes contra qualquer ato de poder por parte deles pode ser considerado útil a seus objetivos comerciais, e então denunciam e o considera, sinceramente, uma ofensa. Tão natural é essa condição de sentimento em uma situação como a deles que, mesmo ante o desencorajamento que até aqui as autoridades governamentais encontraram, é impossível que o espírito não irrompa constantemente, mais ou menos. O governo, ele próprio livre de tal espírito, nunca será suficientemente capaz de contê-lo nos jovens e novatos, mesmo dentre seus funcionários civis e militares, sobre quem ele possui tanto mais controle do que sobre os residentes independentes. Como se dá com os ingleses na Índia, assim também ocorre com os franceses na Argélia e com os americanos nos territórios conquistados no México. Também parece que o mesmo acontece com os europeus na China e até mesmo já no Japão. Não há nenhuma necessidade de relembrarmos como se deu com os espanhóis na América do Sul. Em todos esses casos, o governo ao qual tais aventureiros particulares estão sujeitos é melhor do que eles e faz o máximo que pode para proteger os habitantes nativos contra eles. Até mesmo o governo espanhol assim procedeu, de forma sincera e resoluta, embora de maneira ineficaz, como sabe todo leitor da história instrutiva do sr. Helps[46]. Tivesse o governo espanhol sido diretamente responsável perante a opinião espanhola, poderíamos duvidar se o tivesse tentado, pois os espanhóis, sem dúvida, teriam tomado partido de seus amigos e parentes cristãos ao invés dos pagãos. Os colonizadores, não os nativos, tem os ouvidos do público em casa; são eles cujas afirmações passam por verdades, porque são os únicos que possuem os meios e o motivo para pressioná-los com perseverança sobre o espírito público desatento e desinteressado. A crítica desconfiada com a qual os ingleses, mais do que qualquer outro povo, costumam examinar a conduta de seu país em relação a estrangeiros, é usualmente reservada para o procedimento das autoridades públicas. Em todas as questões entre governo e indivíduo, a suposição no espírito de cada inglês é que o governo não tem razão. E quando o inglês residente concentra a artilharia da ação política inglesa contra qualquer dos baluartes erguidos para proteger os nativos contra suas usurpações, o executivo, com as veleidades reais, mas frágeis, de algo melhor, geralmente acha mais seguro para seus interesses parlamentares, e de qualquer modo menos incômodo, desistir da posição disputada do que defendê-la.

O que torna a situação pior é que, quando o espírito público é invocado, como, para seu crédito, o espírito inglês costuma ser extremamente aberto, em nome da justiça e filantropia, em favor da raça ou comunidade subjugada, existe a mesma possibilidade de se perder o alvo. Na comunidade subjugada também há opressores e oprimidos, indivíduos ou classes poderosas e escravos prostrados diante deles, e são os primeiros, e não os últimos, que possuem meios de acesso ao público inglês. Tirano ou libertino que tenha sido destituído do poder do

(46) Arthur Helps, autor de *A Conquista Espanhola na América*, em 4 volumes, obra publicada em Londres entre 1855 e 1861. (N. T.)

qual abusou, ao invés de punição, é apoiado em riqueza e esplendor tão grandes quanto jamais usufruiu, uma panelinha de proprietários de terras privilegiados que exigem que o Estado abra mão em favor deles de seu direito reservado da renda das terras, ou que sentem como agravo qualquer tentativa de proteger as massas contra sua extorsão. Estes não têm nenhuma dificuldade em obter apoio interessado ou sentimental no Parlamento Britânico e na imprensa. Os milhares de silenciosos não conseguem nenhum.

As observações anteriores exemplificam a aplicação de um princípio, o qual podemos chamar de óbvio, não fosse o fato de que quase ninguém parece estar ciente dele, que, enquanto a responsabilidade para com os governados é a maior de todas as seguranças para um bom governo, a responsabilidade para com qualquer pessoa não só apresenta tal tendência, como provavelmente causa tanto mal quanto bem. A responsabilidade dos governantes ingleses da Índia perante a nação britânica é principalmente útil porque, quando quaisquer atos do governo são colocados em dúvida, ela assegura a divulgação e a discussão. A utilidade que daí surge não requer que o público em geral compreenda o ponto em questão, contanto que haja indivíduos entre eles que o façam, pois, uma responsabilidade simplesmente moral não sendo responsabilidade para com todo o povo, mas para com cada pessoa em separado, dentre o povo que forme um julgamento, as opiniões podem pesar assim como contar, e a aprovação ou desaprovação de uma pessoa bem versada no assunto poderá contrabalançar a de milhares que nada sabem sobre ele absolutamente. Se dúvida alguma, é um controle útil sobre os governantes imediatos que os obriga a se colocarem na defensiva e, que uma ou duas pessoas do júri formarão opinião digna de ter em relação à sua conduta, embora a dos que restam seja provavelmente, em vários pontos, pior do que nenhuma. Tal como é, esse é o volume de benefícios para a Índia oriundo do controle exercido sobre o governo indiano pelo Parlamento e o povo britânico.

Não será tentando governar diretamente um país como a Índia, mas dando-lhe bons governantes, que o povo inglês poderá cumprir seu dever para com aquele país; e dificilmente podem achar que é pior do que o ministro do gabinete inglês que pensa na política inglesa e não na indiana; que não permanece no cargo por tempo suficiente para adquirir interesse inteligente em um assunto tão complicado e sobre quem a opinião publica facciosa montada no Parlamento, consistindo de dois ou três oradores fluentes, age com tanta força como se fosse genuína, enquanto ele não fica sob nenhuma das influências de treinamento e posição que o levariam ou o qualificariam a formar uma opinião honesta de sua própria. Um país livre que tenta governar uma possessão distante, habitado por um povo diferente, através de um ramo de seu Executivo, quase que inevitavelmente falhará. O único modo que provavelmente terá qualquer chance de sucesso tolerável seria governar através de um corpo delegado de caráter comparativamente permanente, permitindo à Administração Estadual inconstante direito de inspecionar e opinar de modo negativo. Tal corpo realmente existia, no caso da Índia, e receio que tanto a Índia quanto a Inglaterra terão de pagar uma severa pena pela política míope pela qual esse instrumento intermediário de governo foi abandonado.

De nada valerá dizer que tal corpo delegado não terá todos os requisitos de um bom governo e, acima de tudo, não terá aquela identidade completa e sempre atuante de interesse pelo governado, a qual é tão difícil de obter mesmo onde o povo a ser governado esteja até certo ponto qualificado para cuidar dos próprios assuntos. Um bom governo real não é compatível com as condições do caso. Existe apenas a possibilidade de escolha entre imperfeições. O problema consiste em construir o corpo governante de forma que, sob dificuldades da situação, tenha tanto interesse quanto possível em bom governo, e o menor possível em mau governo. Ora, tais condições são mais encontradas em um corpo intermediário. Uma administração delegada sempre possui essa vantagem sobre uma direta, que ela não tem, nenhum dever a cumprir, exceto para com os governados. Não há nenhum interesse a considerar exceto os deles. Seu poder de tirar proveito de mau governo pode ser reduzido a uma quantidade singularmente pequena, podendo ser mantido inteiramente livre da influência dos interesses individuais ou de classe de qualquer pessoa. Quando o governo da metrópole e do Parlamento são controlados em razão das influências parciais no exercício do poder a eles reservado em última instância, o corpo intermediário se apresenta como advogado certo e campeão da possessão perante o tribunal imperial. Além disso, o corpo intermediário, no curso natural das coisas, é composto principalmente de pessoas que adquiriram conhecimento pessoal dessa parte dos interesses de seu país, foram preparadas para ele dentro do próprio país e fizeram de sua administração a principal ocupação de suas vidas. Providos destas qualificações e não estando sujeitos a perder seus cargos por acidentes da política da metrópole, identificam o caráter e a consideração com seu encargo especial e possuem um interesse muito mais permanente no sucesso de sua administração e na prosperidade do país que administram do que um membro do gabinete sob constituição representativa possivelmente teria no bom governo de um país, exceto aquele a que serve. Na medida em que a escolha daqueles que administram o local passe para esse corpo, as nomeações são mantidas fora do turbilhão da negociata partidária e parlamentar, livre da influência daqueles motivos de patrocínio, de recompensa de adeptos, ou de suborno daqueles que fossem contrários, que são sempre mais fortes junto aos estadistas de média honestidade do que um sentimento consciente do dever no sentido de nomear o indivíduo mais adequado. A fim de colocar, o máximo possível, essa classe de nomeações a salvo é de maior importância do que o pior que possa acontecer a todos os outros cargos no estado, pois, em qualquer outro departamento, se o funcionário não está qualificado, a opinião geral da comunidade lhe indicará, até certo ponto, o que fazer. Contudo, na posição dos administradores de uma possessão em que o povo não está em condições de tomar o controle em suas mãos, o caráter do governo depende inteiramente das faculdades morais e intelectuais dos funcionários individualmente.

Não será demais repetir que em um país como a Índia, tudo depende das qualidades pessoais dos agentes do governo. Essa verdade é o princípio fundamental da administração indiana. No dia em que se pensar que a nomeação de pessoas para cargos de confiança pode ser feita por motivos de conveniência, prática já tão criminosa na Inglaterra, com impunidade na Índia, será o início do declínio e a queda do império inglês naquele país. Mesmo com sincera intenção de se dar preferência ao melhor candidato, não bastará confiar no acaso para conseguir pessoas adequadas. O sistema deve ser moldado para formá-las. Até agora assim foi feito, e porque assim se fez, nosso governo na Índia tem durado e tem sido de constante aperfeiçoamento, embora não muito rápido, em prosperidade e boa administração. Muito rancor tem se manifestado atualmente contra esse sistema e muita ansiedade tem sido demonstrada para derrubá-lo, como se educar e treinar os oficiais do governo para sua função fosse algo inteiramente sem razão e sem defesa, uma interferência injustificável nos direitos da ignorância e inexperiência. Existe uma conspiração tácita entre aqueles que gostariam de negociar os cargos indianos mais importantes em favor de suas relações lá, e aqueles que, já estando na Índia, reivindicam sua promoção de uma fábrica de anil ou do gabinete do procurador para administrar a justiça ou fixar os pagamentos devidos ao governo por milhões de pessoas. O "monopólio" do Serviço Civil, que tanto se ataca, é como o monopólio de cargos oficiais pelo foro. Sua abolição seria como abrir uma banca no Westminster Hall ao primeiro que chegasse e cujos amigos atestassem ter ele folheado, uma vez ou outra, algum volume de Blackstone[47]. Se algum dia tivesse sido adotado o processo de enviar indivíduos deste país, ou encorajá-los voluntariamente, para que assumissem altos cargos sem terem aprendido seu ofício passando pelos cargos inferiores, os cargos mais importantes seriam conferidos a parentes distantes e aventureiros sem vínculo com nenhum sentimento profissional com o país ou com o trabalho, desprovidos de qualquer conhecimento prévio e apenas ansiosos para ganhar dinheiro rapidamente e voltar para casa. A segurança do país consiste em enviar aqueles que forem destinados a administrá-lo na juventude, apenas como candidatos, para começar do mais baixo degrau da escada, subindo mais alto ou não, conforme se mostrarem qualificados após um determinado tempo. O defeito do sistema da Companhia das Índias Orientais foi imaginar que, embora se procurasse cuidadosamente os melhores homens para os postos mais importantes e, contudo, se um funcionário permanecesse no serviço, a promoção, embora pudesse demorar, viria finalmente de uma forma ou de outra, para o mais competente assim como para o menos

[47] William Blackstone (1723-1780), jurista inglês; aqui se alude à obra *Commentaries on the Laws of England*, em 4 volumes, publicada em Oxford entre 1765-1769. (N. T.)

competente. Devemos lembrar que mesmo as qualificações inferiores, dentre um corpo de funcionários, consistiam de homens que haviam ingressado no serviço e o desempenhado por muitos anos, pelo menos sem desonra, sob o olhar e a autoridade de um superior. Mas embora isso diminuísse o mal, este ainda assim era considerável. Um indivíduo que nunca se qualifica para tarefas que não sejam de um assistente, deve permanecer assistente por toda a vida, dando lugar à promoção de mais jovens. Salvo essa exceção, não tenho conhecimento de qualquer falha no antigo sistema das nomeações indianas. Já havia recebido a outra maior melhoria de que era suscetível, a escolha dos candidatos originais através de concurso, o que, além da vantagem de recrutá-los em grau mais elevado de diligência e capacidade, é recomendável por não possibilitar, a não ser por acaso, qualquer vínculo pessoal dos candidatos para os cargos com os que têm voz ativa para conferi-los.

Não é de forma alguma injusto que os funcionários públicos, dessa forma selecionados e treinados, devam ser os únicos a serem escolhidos para cargos que requeiram conhecimento e experiência, especialmente em relação à Índia. Se uma porta para cargos mais altos, sem passar pelos mais baixos, é aberta mesmo para uso ocasional, pessoas influentes tanto baterão nela que será impossível mantê-la fechada. A única exceção é para o mais alto dos cargos. O vice-rei da Índia inglesa deve ser uma pessoa escolhida dentre todos os ingleses por sua grande capacidade geral de governar. Se a possuir, tal pessoa estará apta a distinguir nos outros, aproveitando para seu uso, o conhecimento e julgamento especial sobre os assuntos locais que ela mesma não teve a oportunidade de adquirir. Existem boas razões pelas quais, salvo os casos excepcionais, o vice-rei não deva ser um membro do serviço regular. Todos os serviços têm, mais ou menos, seus preconceitos de classe, dos quais o supremo governante deve estar isento. Nem os homens, embora capazes e experientes, que passaram suas vidas na Ásia, provavelmente terão as ideias europeias mais avançadas na arte de governar, a qual o governante principal deve executar e ajustar aos resultados da experiência indiana. Ora, sendo de uma classe diferente e, especialmente se escolhido por autoridade diferente, ele raramente terá qualquer parcialidade pessoal que possa prejudicar sua nomeação para algum cargo. Essa grande garantia para concessão honesta de patrocínio existia com rara perfeição sob o governo misto da Coroa e da Companhia das Índias Orientais. Os administradores supremos de cargos, o governador geral e os governadores eram nomeados, embora de fato não formalmente, pela Coroa, ou seja, pelo governo geral e não pelo corpo intermediário e, provavelmente um grande funcionário da Coroa não tivesse um único vínculo pessoal ou político no serviço social, ao passo que, no corpo delegado, muitos deles próprios tendo servido no país, tinham e provavelmente deveriam ter tais ligações. Essa garantia de imparcialidade ficaria muito prejudicada se os servidores civis do governo, mesmo embora tendo sido enviados na juventude como meros candidatos a empregos, tivessem de vir, em uma proporção considerável, da classe da sociedade que origina vice-reis e governadores. Mesmo o concurso inicial seria então uma garantia insuficiente. Excluiria a simples ignorância e incapacidade, obrigaria jovens de família a iniciar a corrida com o mesmo volume de instrução e habilidade que outras pessoas, seria impossível colocar o filho mais estúpido no serviço da Índia, como poderia ser feito com a Igreja. Contudo não haveria nada para evitar mais tarde a preferência indevida. Todos, igualmente desconhecidos e obscuros para o árbitro de sua sorte, em grande parte do corpo de servidores não mais estariam pessoalmente, e em número ainda maior politicamente ligados a ele intimamente. Os membros de certas famílias e de classes mais elevadas e de ligações influentes geralmente subiriam mais rapidamente do que seus concorrentes e seriam frequentemente mantidos em posições para as quais não fossem capazes, ou colocados naquelas para as quais outros fossem mais qualificados. As mesmas influências entrariam em jogo, o que afetaria as promoções no exército e, somente aqueles, se existissem tais milagres de simplicidade, que acreditassem que estas são imparciais, esperariam simplicidade nas da Índia. Receio que esse mal não possa ser remediado por meio de quaisquer medidas gerais que possam ser tomadas sob o atual sistema. Nenhuma delas gerará um grau de segurança comparável àquele que um dia originou-se espontaneamente do assim chamado governo duplo.

O que se considera como grande vantagem no caso do sistema inglês na pátria-mãe, tem sido calamidade na Índia. Desenvolveu-se por si, não em virtude de um projeto pré-concebido, mas por sucessivos expedientes e pela adaptação da máquina originariamente criada para uma finalidade diferente. Como o país do qual dependia sua preservação não era aquele de cujas necessidades se originou, o espírito desse país não percebeu os benefícios práticos, tornando-se aceitável apenas se tivesse havido recomendações teóricas. Infelizmente, era exatamente isso de que parecia estar destituído e, indubitavelmente as teorias comuns de governo não as forneceram, estruturadas da maneira como o foram as teorias para situações que diferem, em todas as características mais importantes, do caso em questão. Mas no governo, assim como em outros departamentos da atividade humana, quase todos os princípios duradouros eram primeiro sugeridos pela observação de algum caso em particular, no qual as leis gerais da natureza agiam por combinação de circunstâncias novas ou previamente não percebidas. As instituições da Grã-Bretanha e as dos Estados Unidos têm se distinguido ao sugerir a maioria das teorias de governo que, por boa ou má sorte, estão agora, no curso das gerações, despertando novamente a vida política nas nações da Europa. O governo da Companhia das Índias Orientais teve como destino sugerir a verdadeira teoria de governo de uma possessão semibárbara por país civilizado e, depois de tê-lo feito, perecer. Seria sorte singular se, ao final de mais duas ou três gerações, esse resultado especulativo devesse ser o único fruto remanescente de nossa ascendência na Índia. Se a posteridade disser de nós que, tendo esbarrado acidentalmente com arranjos melhores do que nossa sabedoria pudesse algum dia imaginar, o primeiro uso que fizemos de nossa razão desperta foi destruí-los, permitindo que o bem que estava em curso de ser realizado se desvanecesse e se perdesse por ignorância dos princípios em que se baseava, *Di meliora*[48]. Contudo, se fosse possível evitar um destino tão infeliz para a Inglaterra e para a civilização, deveria ser através de concepções políticas bem mais amplas do que meramente a prática inglesa ou europeia pode fornecer, e através de um estudo muito mais profundo da experiência indiana e das condições do governo indiano, do que políticos ingleses ou aqueles que proporcionam opiniões ao público inglês têm até agora demonstrado qualquer desejo de empreender.

(48) Expressão latina que significa "que os deuses (nos tragam) coisas melhores" ou "que os deuses (nos deem) melhor sorte", extraída do livro *De Senectute*, de Marcus Tullius Cicero (106-43 a.C.), escritor e filósofo latino. (N. T.)